莆田学院莆仙文化研究院　编
陈春阳　刘福铸　编著

至道清風

莆籍廉官
天台知县
郑至道文化

海峡出版发行集团 ｜ 海峡文艺出版社

编委会

主　　任：翁若平　周瑞祥
副 主 任：黄鹏飞　戴祐坤
成　　员：陈春阳　刘福铸　黄少强
　　　　　林　韬　俞国峰　蒋长春
　　　　　陈祖芬　方　芳　宋晨晖
　　　　　吴　瑜
编撰单位：莆田学院莆仙文化研究院
　　　　　莆田学院廉洁文化研究中心

序

莆田市，地处福建省沿海中部，史称兴化、兴安，又称莆阳、莆仙，包含原莆田、仙游二县，北宋至明正统间还包括析置的兴化县。莆田县于南朝陈光大二年（568）初置，隋代两度置废，唐武德五年（622）后稳定下来。仙游县、兴化县未置县前，其疆域亦皆属于莆田县，所以大莆田地区概念本来就包括仙游县。千余年来，莆田习儒成风，文教发达、科甲兴盛，英才辈出、文脉绵长，人文蔚为壮观，故素有"文献名邦、海滨邹鲁"之美誉。自隋朝开创科举制度至清代科举终结的近1300年间，莆仙产生了2482名进士，21名各类科举状元。若以古代中国一个县统计，莆田县赢得了"科举进士第一县"的赞誉。地以人贵，人以地传。莆田以其厚重的历史文化积淀，孕育了一批又一批的杰出人物。"二十四史"及《清史稿》立传的莆仙名人近百人。文教的发达，使得古代的莆仙代出重臣显宦。据统计，历史上曾有18人官至宰辅，34人官至尚书，有御史给事中246人。流传有"一朝三宰相""一门九刺史""陈氏五侯""六部尚书占五部"等美谈。在文学诗词创作上，莆仙人也展现出辉煌的成就，清代《四库全书》收录的莆仙人著述在八闽名列第一。

北宋莆田人郑至道，虽官止天台知县，但《天台县志》《台州府志》《浙江通志》《大明一统志》皆将他列入名宦，是莆田优秀知县代表性人物之一。莆仙历史上有基层县令经历的官员达1500余人，这些官员大都是进士举人出身，长期受儒家文化的浸润，具备广博学识与较高修养，诚实守信、勤勉尽责、勤政恤民、清正廉洁，在地方治理过程中展现出良好的人格魅力，受到地方士民的拥戴，有的还得到社会公众赠予的谣谚或嘉号褒扬。如宋代有"松关留郑"的天台知县郑至道、有"古循吏风"的龙溪知县林迪、有在官清俭人称"耐贫翁"的滁州知州许巽；明代莆田县人洪楷和其堂侄洪珠先后任绍兴知府，德政惠民，民众有"大洪小洪，先后同风"谣谚之颂，明代还有号"廉退君"的冀州知州林思承、有刚方清约号"三不要"（不要官、不要钱、不要命）的温州推官魏一恭、有官至户部郎中人号"清白吏"的方守、有食惟盐菜人称"林盐菜"的郁林知州林长懋；清代有号"彭青天"的三河知县彭鹏，有称"安静之吏"的元氏知县林夔等等，这些都是赞颂官吏政风和德行的生动体现。

清人蓝鼎元说："人物为一郡之柱础，乡邦之光耀。"一代又一代的莆田名人，以其杰出的才能和突出的贡献，为后人留下了宝贵的文化遗产和精神财富。当今，历史名人作为一种城市符号，能够让人们对这座城市产生最深刻的印象、最直观的体验，具有很高的代表性和识别性。因此，加强对历史名人特别是名人正确的思想理念和价值观的继承弘扬，是当前复兴传统文化的一项重要工作。挖掘地方文化遗产，宣传讲好名人故事，展现真实、立体、全面的名人形象，对于加深本土历史文化价值认识和提升文化自信，都是很有必要的。

莆田古代名人众多，重臣显宦往往历史记述详尽，文献史料丰富完备，故历来研究宣传者众。除此之外，还有一大批的地方基层名宦，他们多数在外地为官，虽没有影响国家大计或改变庙堂大策的丰功伟绩，却在主政治理一方社会期间，对当地社会，为当时百姓作出了突出的贡献，在其所治地方往往留下了很好的口碑，不少事迹为当地百姓所传诵。这些人很少引起故乡学者的关注。现在，莆田学院莆仙文化研究院两位专家率先选择莆籍廉官天台知县郑至道作为研究对象，对郑至道的生平事迹以及时空影响作了较为深入的研究，并将书名称为《至道清风——莆籍廉官天台知县郑至道文化》。编写和宣传"文献名邦"莆田的基层优秀官员事迹专著，是莆仙文化研究的一个新尝试，其目的是通过对不同层次清官廉吏嘉言懿行的析精剖微，汲取他们崇德尚廉、廉为政本、持廉守正等方面的精神精髓，从而学习古代廉官克己奉公、清廉自守的可贵情操，以生动真实的历史人物，教育引导广大党员、干部增强清清白白做人、干干净净做事的自觉性，助力新时代廉政文化建设。希望本书的撰写出版，能为今后写作类似人物提供一份样本，供后之研究者甄采参考。

莆田学院党委书记　翁若平
莆田学院党委副书记、校长　周瑞祥

目 录

第一章 文献名邦与廉官郑至道精神特质 ········· 1
第一节 宋代莆田文献名邦与清廉文脉 ········· 1
一、唐五代文献名邦的形成基础 ········· 3
二、宋代文献名邦的确立 ········· 4
三、宋代莆田清廉文化的形成 ········· 8
四、史书记载的宋代莆田清官典范 ········· 12

第二节 郑至道价值观形成的思想渊源 ········· 16
一、受郑氏"开莆来学"文化的影响 ········· 17
二、受文献名邦传统道德的影响 ········· 18
三、受莆田儒文化及理学家族的影响 ········· 19
四、受家风族范、孝廉文化的影响 ········· 21
五、受莆田崇德行善俗尚的影响 ········· 22
六、受先贤示范及师友劝率的影响 ········· 23

第三节 郑至道及莆田廉官精神特质 ········· 24
一、忠于本心，清正廉洁 ········· 25
二、民本思想，崇尚德政 ········· 27
三、廉洁奉公，恪尽职守 ········· 28
四、清正治家，言传身教 ········· 29

第二章 莆阳郑氏源流 ········· 31
第一节 郑氏的起源 ········· 31
一、汉族的郑氏 ········· 33

二、外族汉化改姓的郑氏 …………………………………… 34
第二节　中原郑氏入闽 ………………………………………… 34
　　一、晋代郑氏入闽 …………………………………………… 34
　　二、唐代及以后郑氏入闽 …………………………………… 35
第三节　郑氏"开莆来学" ……………………………………… 36
　　一、入莆郑氏 ………………………………………………… 36
　　二、"开莆来学"史实考辨 ………………………………… 37
第四节　莆阳郑氏宗支 ………………………………………… 43
　　一、郑露为莆田郑氏之祖 …………………………………… 43
　　二、郑庄为仙游浔阳郑氏之祖 ……………………………… 44
　　三、郑淑为仙游巩桥郑氏之祖 ……………………………… 46
　　四、迁播外地的南湖郑氏 …………………………………… 47

第三章　郑至道家族世系及生平传略 …………………………… 49
第一节　莆田后埭郑氏 ………………………………………… 49
　　一、莆城后埭文化地理 ……………………………………… 49
　　二、"开莆来学"标志坊 …………………………………… 51
　　三、郑氏后埭阜房世系 ……………………………………… 53
第二节　郑伯玉"三世青云"家族 …………………………… 55
　　一、郑伯玉生平略历 ………………………………………… 55
　　二、郑伯玉世族科第 ………………………………………… 57
第三节　廉官郑至道生平传略 ………………………………… 59
　　一、郑至道任职及后裔 ……………………………………… 59
　　二、郑至道勤于著述 ………………………………………… 61

第四章　郑至道定居天台及传说意蕴 …………………………… 62
第一节　郑至道定居地广龙郑村简介 ………………………… 62
　　一、白鹤镇广龙郑村及郑氏概况 …………………………… 63
　　二、广龙郑村文物遗迹 ……………………………………… 65

第二节　天台县有关郑至道的民间传说 …………………… 71
　　一、"松关留郑"传说 …………………………………… 71
　　二、五峰楼的传说 ………………………………………… 72
　　三、广龙郑村龙泉井传说 ………………………………… 72
　　四、首定刘阮传说发生地 ………………………………… 73
　　五、桃源洞赏花传说 ……………………………………… 74
第三节　"广龙留郑"等事迹及其影响 ……………………… 76
　　一、郑至道事迹影响的文献记载 ………………………… 76
　　二、"广龙留郑"彰显郑至道在天台的德政 …………… 78
　　三、"广龙留郑"反映郑至道的士大夫精神 …………… 79
　　四、开发桃源衍化成一种文化现象 ……………………… 79
　　五、刘阮传说的文化延伸 ………………………………… 81

第五章　莆田台州关系及郑至道贡献 …………………………… 87
第一节　莆田与台州天台关系概述 …………………………… 87
　　一、"文献之邦"与"文物之邦" ……………………… 88
　　二、莆田迁居台州的著名人物 …………………………… 90
　　三、台州与莆田的宗教信仰文化交流 …………………… 95
第二节　郑至道的为官理念和政绩 …………………………… 104
　　一、为政宽简 ……………………………………………… 105
　　二、专于教化 ……………………………………………… 106
　　三、匡正风俗 ……………………………………………… 107
　　四、重视商业经济 ………………………………………… 107
　　五、重视旅游文化 ………………………………………… 109
　　六、"和合文化"思想的源头 …………………………… 111
第三节　郑至道对天台和合文化的贡献 ……………………… 112
　　一、天台的"和合文化"精髓 …………………………… 113
　　二、郑至道对"和合文化"的助益 ……………………… 115

第六章　郑至道著述综考 ································· 119
第一节　郑至道的诗及题刻 ······························· 119
　　一、郑至道存诗 ··· 119
　　二、郑至道题刻 ··· 123
第二节　郑至道的《刘阮洞记》等碑记 ······················ 125
　　一、《刘阮洞记》碑记 ·································· 125
　　二、《金文藏院记》碑 ·································· 127
第三节　郑至道的《谕俗编》 ····························· 127
　　一、《谕俗编》七篇说明 ································ 127
　　二、《谕俗编》七篇全文 ································ 128
第四节　《谕俗编》的续补 ······························· 133
　　一、《琴堂谕俗编》说明 ································ 134
　　二、《琴堂谕俗编》应序和左序 ·························· 134
　　三、宋代应俊、彭仲刚辑补《谕俗编》 ···················· 136
　　四、元代左祥补续《谕俗编》 ···························· 175
　　五、《谕俗编》续补作者简介 ···························· 177

第七章　郑至道思想理念的现代价值 ······················· 179
第一节　郑至道思想理念的现代文化价值 ··················· 179
　　一、郑至道的思想理念 ·································· 180
　　二、旅游文化价值 ······································ 182
　　三、品牌文化价值 ······································ 184
　　四、莆田与台州的文化交流价值 ·························· 188
　　五、加强莆仙名人宣传的价值 ···························· 189
第二节　郑至道思想理念的现代教育价值 ··················· 190
　　一、郑至道的家国道德观的教育价值 ······················ 191
　　二、郑至道思想理念对乡村治理的价值 ···················· 197
　　三、郑至道思想理念的"为政以德"教育价值 ·············· 199
第三节　郑至道思想理念对人民公仆的警示价值 ············· 202

一、人民公仆须有"为民役"的自我警示…………… 203
　　二、人民公仆须有去除"官本位"意识的警示…………… 203
　　三、人民公仆须树立勤政廉政观念的警示…………… 204
　　四、人民公仆须廉洁从政，保持公仆本色的警示…………… 206

附录一　历代咏赞南湖郑氏三贤诗联选…………… 207
　壹　历代诗咏选录…………… 207
　　一、唐代至元代诗咏选…………… 207
　　二、明代诗咏选…………… 210
　　三、清代至民国诗咏选…………… 222
　　四、当代诗咏选…………… 228
　贰　当代楹联作品选录…………… 235
　　一、南湖郑三先生祠联（2副）…………… 235
　　二、凤凰山"开莆来学"新坊联（1副）…………… 235
　　三、仙游园庄郑庄郑淑祠堂联（1副）…………… 235
　　四、仙游郑氏通德祠联（1副）…………… 235
　　五、南山松柏同题联（15副）…………… 235

附录二　古代兴化郡与台州的官员交流…………… 238
　　一、兴化郡莆仙人任职台州官员…………… 238
　　二、台州人在兴化郡莆仙任职官员…………… 252
　　三、在台州和兴化莆仙两地任职的官员…………… 256

附录三　莆仙与台州的诗联交往…………… 260
　壹　莆田人咏台州名胜诗…………… 260
　贰　台州人咏莆田名胜诗…………… 266
　叁　莆田、台州两地文人官员交往诗…………… 273
　　一、〔宋〕刘克庄与台州文人（3首）…………… 273
　　二、〔宋〕戴复古与莆田文人（9首）…………… 274

三、〔明〕林俊与台州官员（9首）……………………………… 276
　　四、〔明〕柯潜与台州文人（2首）……………………………… 278
　　五、〔明〕黄仲昭与台州官员（1首）…………………………… 279
　　六、〔明〕陈音与台州官员（3首）……………………………… 279
　　七、〔明〕黄廷用与台州官员（1首）…………………………… 280
　　八、〔明〕周如磐与台州官员（1首）…………………………… 281
　　九、〔明〕王弼与莆田文人（5首）……………………………… 281
　　十、〔明〕谢铎与莆田文人（19首）……………………………… 282

附录四　郑至道兴化军同科进士录………………………………… 288
　　一、元丰二年（1079）时彦榜进士简述………………………… 288
　　二、元丰二年（1079）兴化军同科进士名录…………………… 289

附录五　郑至道《谕俗编》书影…………………………………… 292

附录六　郑至道《刘阮洞记》书影………………………………… 297

后记…………………………………………………………………… 299

第一章 文献名邦与廉官郑至道精神特质

莆田素有"文献名邦"之誉,名人则是文献名邦的一个重要标志。名人文化是指与名人有关的一切物事,包括名人的精神品格以及名人的社会影响等。莆田名人的清廉品格、莆田廉政文化传统的形成与地理环境、历史背景以及崇学尚礼的文化环境等因素皆有密切关系。莆田宋代廉官郑至道是莆田众多基层官员的代表性人物之一,其思想理念和精神特质的形成同样与莆田地理环境和人文生态环境息息相关。

第一节 宋代莆田文献名邦与清廉文脉

宋代的莆田既是"文献名邦",也是"文化名邦",其重要标志是教育昌盛,文化发达。自唐宋以来,士大夫家庭重视教育的风气已然演变为莆田的民风俗尚。"家诗书、户弦诵",家家户户教子读书,结果是取得进士资格的人员很多,对莆田的家族文化、科举文化、清廉文化等精神文化的形成和发展起到了重要作用。莆田历史积淀极其丰厚,钟灵毓秀,人文荟萃,宋代硕儒辈出，学术盛行，文风郁盛，故有"文献名邦""海滨邹鲁"之誉。今天，许多地方都自称"文献名邦"，但莆田是历史上第一个被称为"文献名邦"的地方。南宋大儒朱熹诠释"文献"云："文，典籍也；献，贤也。"（《论语集注》卷二）用现在的话说，"文"指的是有关典籍的文字资料，"献"指的是多闻而熟悉掌故的人，也即名人。因此"文献名邦"必须具备两个条件：一是要有丰富的能够反映当地政治、经济、文化的重要典籍史料；二是要有杰出的人才和名家及学术流派等。"文献名邦"作为莆田美称，起源于唐代，形成于宋代。明嘉靖四十四年（1565），莆田知县徐执策在莆田兴化古城县巷南北两端奏建牌坊，匾曰"莆阳文献""海滨邹鲁"；万历十六年（1588），知县孙继奏改为"壶兰雄邑""文献名邦"。光绪十一年（1885），知县徐承禧重修"壶兰雄邑"坊；光绪二十八年（1902），邑人进士江春霖等重修"文献名邦"坊。新时期兴化府历史文化古街又复建"壶兰雄邑""文献名邦"二坊。莆田"文献名邦"名副其实，为世人所称颂。明崇祯朝，莆田人黄献臣（皇胲）辑编《武经开宗》十卷，东阁大学士兼吏部尚书曾樱序云："莆阳文献甲天下，固不乏塞塞桓桓之彦，堪为国家勒钟鼎殊勋，标铜柱奇猷。"[1]可见"莆阳文献"令誉由来已久。

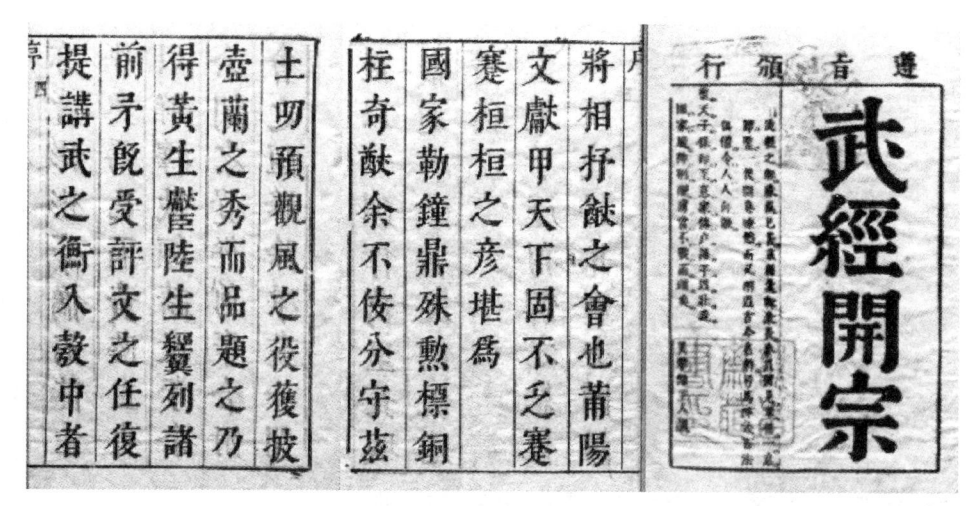

《武经开宗》书影

---

[1]〔明〕黄献臣：《武经开宗》曾序，明崇祯九年（1636）日本刻本。

清廉文化是文献名邦的内涵之一。清心寡欲、廉洁奉公，既是居官之政风，也是为人之秉性。莆田官员中拥有一大批在全国有声望的清廉官员，以其崇高的品德和品行，成为官员中的典范。廉官胸怀安民济世的心志、严于律己的精神，在岗位上建功立业，青史留名。他们为国为民作出重要的历史贡献，为莆田赢得声誉，名传千古，功不可没。当然，莆田廉官群体的形成、价值观的形成，并非一日之功，这与莆田特殊的人文环境之浸润影响有直接的关系。

一、唐五代文献名邦的形成基础

南朝陈光大二年（568）莆田置县，此后又废而复置。至唐武德五年（622），莆田县第三次稳定置县后，莆仙才开始真正形成民系。到唐末五代，莆仙地域文化已逐渐形成。在历次的南迁汉人中，不少士人是学有专长的政治家、科学家和艺术家。唐代以后，莆田地区更出现重教兴学、科甲联翩的盛况。兴化士子宦游京师和全国各地，带回了先进的中原文化，在中原文化与本土文化融合过程中，他们通过各种渠道传播、传授文化知识，进一步提升了莆仙人口的文化素质，这些都是"文献名邦"形成的基础。具体说，有以下几个方面的表现：

（一）开始出现影响历史的人物

南朝梁、陈时期的"南湖三先生"，也称南湖郑氏三先生，即郑露、郑庄、郑淑三位族兄弟，他们"开莆来学"，倡学南闽，开启了莆阳文化教育之先河。而后之"十室九书堂，龙门半天下"，皆以湖山之绝响振之。其后，唐代九牧林家的进士林藻（765—840），是福建历史上有文献记载的第二位进士，也是第一位著名书法家、文学家。林藻曾官殿中侍御史，他忠于国家，直言敢谏。唐五代时，福建文坛主要代表人物为莆田人黄滔和徐寅。王审知为闽王时，莆人翁承赞（859—932）拜为同平章事，擢居相位，后又封晋国公，开创"四门学""以教闽士之秀者"。唐代莆田宗教界名人、高僧在全国有影响者亦不乏其人，如精于堪舆的涵江人妙应禅师，曹洞宗创始人之一的本寂禅师，"遇苦即止"开创黄檗宗的六祖弟子名僧正干，开创仙游九座寺的智广等高僧。

（二）已然形成重教尚学的风气

唐贞观（627—649）间，莆田县学建立，圣历二年至长安四年（699—704）间，仙游县学建成。唐代书堂私学兴起，莆田"以读书为故业""儒风大振"。莆仙浓厚的读书风气，对推动莆仙地区早期文教事业起到了重要作用。

（三）初现科举成就与名人著述

重教的风气，促进了人才的培养。科举制度创立于隋代，福建科举人才肇始于唐代，莆仙科举辉煌成就亦初现于唐代。据《福建教育史》考证，唐五代福建进士56人，莆仙占8人；五代福建进士8人，莆田占2人[1]。唐代福建进士最多的地区为福州，莆仙居第二。其时兴化府尚未成立，莆仙只有两个县，因此若从人口比例平均数上看，则莆仙人中进士的比例已是最高。据文献记载，唐五代莆仙有史可稽文人19人、著述书目30多种，这在福建，成就也是非常突出的。

二、宋代文献名邦的确立

宋太平兴国五年（980），兴化军独立设置，名列"八闽"之一。兴化（莆仙）地域文化特色更趋成熟，彰显出其独立性和稳定性。南北宋时代，兴化军创造了灿烂的地域文化，使兴化莆田成为名扬天下的"文献名邦""文化之邦""海滨邹鲁"。宋代是莆仙政治精英辈出的时代，宋《仙溪志·宋人物》载："宋世异人辈出，甲于他邑。庆历之谏臣，元祐之君子，乾道之相业，其人物之懿，真足为国家麟凤。"[2] 莆仙人才，"其中以事业自见者，代不乏人"。宋人王迈《兴化军修学增廪记》云："思昔吾邦，为元老大臣，则有若正献陈公（俊卿）、正简叶公（颙）、庄敏龚公（茂良），相业光明，宗社嘉赖；为耆师巨儒，若艾轩林公（光朝）、湘乡（郑厚）、夹漈（郑樵）二郑公，与近世复斋陈公（宓）；或勋业不竟，或肥遯自高，或急流勇退，皆得以并祠学宫，清风凛凛，百世可仰。"[3] 莆人刘克庄在《仙溪志序》中亦云："有列于庆历谏官者，有危言说论相望于元祐党籍者……其他魁彦胜流，不可胜书。"据不完全统计，莆仙人物列入《宋史》正传的有33人、附传的8人，位居相位者3人、执政者10人，官终六部

---

1 刘海峰、庄明水：《福建教育史》，福建教育出版社，1996年版，第22—33页。
2〔宋〕黄岩孙：《仙溪志》卷四，福建人民出版社，1989年版，第71页。
3〔明〕周瑛、黄仲昭：《重刊兴化府志》卷二十七，蔡金耀点校，福建人民出版社，2007年版，第724页。

尚书者 16 人、侍郎者 22 人，官终郡守者 97 人。还有许多任职于中央和地方各级行政部门的官员，难以一一计数。这么多的莆仙人活跃于宋代政坛，其作用和影响是不言而喻的。正因为如此众多的官员任职于各地，各展所学，各尽职守，所以莆仙之盛名才会远播全国各地，成为名扬天下的东南名邦。对此，明嘉靖间邑人尚书林云同说得再清楚不过了："顾吾兴化，地隘而辖小，积薄而赋廉，实不足以当江南一县之半，岂非以人才接踵比肩，遂称海内一名邦也哉……如先进所称'海滨邹鲁'者然耶！"[1] 助力宋代莆田确立文献名邦的要素是多方面，归纳起来，起码有以下诸端：

（一）辈出的人才

政治家方面，北宋时期莆田有蔡氏"一门三宰相"，还有陈洪进、潘承祐、留居道、陈靖等官居宰辅者。南宋时莆仙位居宰相、参知政事的则有：叶颙、陈俊卿、龚茂良、郑侨、陈卓、陈文龙、黄镛等人。宋代兴化还有一大批其他著名人物，如政治家、书法家、文学家、农学家等。其中有书法家、农学家，名列"宋四家"之一的蔡襄；有状元人物如吏部尚书徐铎、黄公度、薛奕；还有著名的理学家、慈善家李富，古代三大史学思想家郑樵，著名理学家人称"南夫子"的林光朝，南宋文坛宗主刘克庄，等等。久居庙堂历仕多朝的宋代莆籍官员不少，如礼部尚书方应发为"三朝元老"，工部尚书刘榘"历事四朝"，礼部尚书林英、工部尚书刘克庄皆"历事五朝"。这些朝廷重臣对中国历史都产生一定的影响。

（二）兴盛的教育

两宋时期，兴化军不但官学"雄冠一时"，民间重教兴学亦蔚然成风，影响较大的书堂、书院就有 30 多所，这在当时的福建是名列前茅的。兴化地区到宋代进入一个重要的教育发展昌盛时期，"儒风大振"，成为远近闻名的"文化之邦"。所谓"三家两书堂""比屋业儒，俊造如林；诗书礼义，为八闽之甲"[2]

---

[1]〔清〕官兆麟、廖必琦等修：《（乾隆）兴化府莆田县志》卷九，莆田市荔城区方志委点校，方志出版社，2017 年版，第 310 页。
[2]〔明〕李贤等撰：《大明一统志》卷七十七"兴化府"，三秦出版社，1990 年影印本，第 1188 页。

等，就是当时海滨邹鲁、文献名邦的写照。教育的兴盛，为人才的成长、文风俗尚的形成奠定了坚实基础。

（三）鼎盛的科甲

两宋是兴化士子应举仕进的第一个高峰。据统计，两宋时期共举行118次进士考试，全国录取进士28933人，其中福建进士7144人（引美国学者贾志扬统计），名列全国第一。而区区只有三个县的兴化军，却举进士1026人，诸科、特奏者等742人，为福建进士总数的25%，占莆田进士总数（自唐至清）的74%左右。也就是说，宋代所取进士中，每39人中就有一个是莆田人[1]。无论是从考取进士的绝对数来看，还是按照人口比例来算，宋代莆阳科举成就都居于福建乃至全国前列。另外，宋代兴化军考取的1000余名进士中，获等级较高者众多。"龙虎榜头孙嗣祖，凤凰池上弟联兄""一科文武两状元""枌榆未三里，魁亚占双标""四异同科，七名联第""父子一榜""昆季同年"等等，都是宋代的莆田科举佳话。宋度宗曾称赞曰："莆，文献之邦也。"一代名相王安石也发出赞叹："兴化多进士，就乡举者常八九百人。"朱熹则称"莆人物之盛，皆兹山（壶山）之秀所钟也"。

（四）闽学之重镇

南宋理学大师朱熹因在福建讲学，其众多弟子为福建人，形成的学派世称"闽学"，又称为"紫阳学派"。南宋莆田地区，也是朱子理学（闽学）发展的核心区之一。据考查，与朱熹理学有关的莆阳门人，就有20多人。如玉湖陈氏家族的陈宓、陈守、陈定、陈宇、陈址、陈均，方氏家族的方士繇、方大壮、方符、方耒、方来、方壬，还有黄士毅、郑可学等等。另外还有再传弟子，如陈宓门人黄绩、蔡渊门人陈光祖、陈淳门人陈沂、方士繇门人方丕父，以及潘柄门人苏国台等。学术方面也形成了一些学派，如南宋代莆田理学的红泉学派，由南宋中后期延续至元初的仰止学派。由此可见，宋代的兴化军亦是理学的传播和发展重镇。

（五）藏书之渊薮

藏书之多寡，往往是一个地区文化是否兴盛的重要标志。宋代兴化地区，

---

[1] 林国平、彭文宇主编：《莆田通史》，社会科学文献出版社，2021年版，第198页。

藏书之多在全国首屈一指，是名副其实的藏书之乡。方氏"万卷楼"是全国民间藏书及字画最多的藏书楼。大量的藏书楼使莆仙地区成为当时全国的图书荟萃之地，校雠学兴盛之邦。宋人周密《齐东野语·书籍之厄》云："近年惟直斋陈氏书最多，盖尝仕于莆，传录夹漈郑氏、方氏、林氏、吴氏旧书至五万一千一百八十馀卷，且仿《读书志》作解题，极其精详。"[1] 南宋陈振孙的目录学名著《直斋书录解题》就是主要借助莆人藏书完成的。

（六）如林之著述

宋代兴化名家辈出，著述如林。据统计，著书作者达250余人，著作2632部，5000余卷，现存63部。被收录《四库全书》的有35部838卷，存目8部17卷，有15位词人作品收录《全宋词》[2]。因此宋代莆仙人著述收录《四库全书》的，亦居福建八府之最。宋代兴化不乏史学大家，其中徐师仁成为"极天下之选"的修史之人；陈居仁在孝宗时诏修《高宗政要》；陈均辑成《宋编年举要》《备要》二书；郑樵独立完成的纪传体巨著《通志》200卷。文学名家，更是灿若繁星。刘克庄是江湖诗派领袖，著有《后村先生大全集》196卷，其诗作近五千，仅次于陆游。

（七）繁荣的艺术

宋代也是莆仙地区各类艺术开始发展繁荣的时期。其中书画名家辈出，令人瞩目，最为当世所推重、影响至今的书法家，有名列宋代四大书法家之首，书艺高深、心正品高的蔡襄；有"意气赫奕，光彩照人，有大字冠绝古今"的蔡京；有"得古笔法，尤工大书""遒劲处不减君谟"的陈谠。科举时代，莆仙文人几乎皆擅书法，如陈俊卿、刘克庄、柯梦得、方信孺及民族英雄状元陈文龙等皆有书迹拓本传世。绘画方面，南宋莆田人徐少高"善写真"；陈文颀工书善画；仙游余日华，诗书画三绝。而有"南戏活化石"之誉的莆仙戏前身兴化杂剧、傀儡戏，在宋代莆仙地区更已是家喻户晓。刘克庄《田舍即事》咏云："儿女相携看市优，纵谈楚汉割鸿沟。山河不暇为渠惜，听到虞姬直是愁。"[3]

---

[1]〔宋〕周密：《齐东野语》卷十二，上海书店影印本，1990年版，第271页。
[2] 林国平、彭文宇主编：《莆田通史》，社会科学文献出版社，2021年版，第212页。
[3]〔宋〕刘克庄：《后村先生大全集》卷十，四部丛刊本。

又《闻祥应庙优戏甚盛二首》云："空巷无人尽出嬉,烛光过似放灯时。山中一老眠初觉,棚上诸君闹未知。"[1] 以上都是宋代兴化地区艺术繁荣的史证。

(八) 多元的宗教

宋代兴化军也是一个名副其实的多元宗教信仰荟萃之地。汉传佛学各宗派在莆田均有传播,两宋时期福建新建寺院总数达1165座,其中兴化军49座,莆田41座,仙游8座[2]。《仙溪志》云:"晚唐以来,地有佛国之号。"道观历史悠久,兴化军道教在宋代达到鼎盛。三清殿古建,被誉为"古建之花"。宋代兴化的民间信仰更是丰富多姿,妈祖信仰、陈靖姑信仰、杨太师信仰、张公信仰、吴妈信仰、陈公圣侯信仰、钱妃信仰等,宋代开始在兴化大地形成并流行传播,显示出莆仙作为海洋文化地区所具有的包容性和开拓性。特别是妈祖信俗自北宋诞生后,经历代统治者和士人的推崇,传播至中国大部分省市县,并走出国门,如今已传播至世界50多个国家和地区。莆仙宗教信俗文化实为难得的文化遗产。

三、宋代莆田清廉文化的形成

莆田为文献名邦,教育发达,科第兴盛。科举人才无一不是经历过儒家伦理道德几十年浸淫的,因此传统道德代代传承,清官循吏遂代不乏人。那些刚正耿直、尽忠竭力的清官事迹,那些廉洁自守、清白奉公的循吏言行,汇成了内涵丰富的莆田古代清廉文化。莆田自古有敦朴、忠厚、淳风、善俗、正气的政治生态和社会氛围。莆田作为莆仙文化的发祥地、闽文化的承载地、理学思想的重要传承地,其古代传统风气、风俗礼仪、民风民情、文化风尚等都独具地方文化特色。自唐代以降,莆阳文坛,人才济济,这些知识分子无论在朝在野,皆以持身廉洁、著书立说为平生快事。文化教育发达,文人士大夫众多,儒家思想深入民心,使得莆仙人特别崇尚传统道德,士大夫皆以名节相砥砺,十分重视气节,当遭到外敌入侵与民族压迫时,总会出现一大批刚正不阿、以

---

1 〔宋〕刘克庄:《后村先生大全集》卷二十一,四部丛刊本。
2 林国平、彭文宇主编:《莆田通史》,社会科学文献出版社,2021年版,第237页。

身殉职的文官武将。他们宁死不屈,前仆后继,体现了强烈的汉民族气节和中华民族精神。因此,清廉文化的形成,也是由多方面因素共同促成的,试归纳于下。

(一)孝廉传家的家教传统

莆仙官员以读书起家、和顺齐家、勤俭治家、谨慎保家、忠孝传家。史书记载各类官员大多清廉为民、胸怀国事,其孝善于家、忠君爱民的优良品德,与其受优良家风家训的长期熏染密切相关。莆田家风文化遗存丰富,莆田陈氏《仰止堂乡约与规约》《了凡四训》所载林氏家风故事,蕴含丰富的廉洁元素。以德治家,注重家风教育,优秀的家规家训流传千古,于古于今皆堪为楷模。这些家风家训一方面是承先,重视继承先人之志;另一方面是启后,冀望子孙推崇忠孝节义、尊尚礼义廉耻,要求后人慎独、敬恕、忍让、谨慎等。莆田家族普遍重视子孙的道德文章训育,教育子孙后代秉持祖德,弘扬家风,认真为人处事当官。乾隆《兴化府莆田县志·人物志》云:"正学兴而名臣儒者相望,忠孝著而事业文章煌然。赴义如饴,洁身恐浼,谷隐幽人,乡称善士。"[1] 廉洁沐家风,忠孝传家远。遵守家风族范、传承孝义廉节是莆田世家望族的普遍共识。莆田家族科举人才多,出仕官员多,士人以廉洁从政、忠于家国为荣,以贪贿搜刮民财、奸佞祸国为耻,这种社会风尚通过家族传承,进而影响整个莆田地区,许多家族都建祠堂,修家谱,立家范,立祠堂记和德政碑,要求后代"克绍箕裘",传承优良传统,将有学识、有德行、有才能、有操守、不营私、有抱负、有担当作为立家之本,长葆门第不衰,延续家族荣光,营造出浓厚的社会正气氛围,对莆田清廉文化的形成产生了积极影响。

(二)风俗醇厚的社会氛围

莆田民风淳朴,文化特色鲜明。莆田又是南国水乡,境内水网密布,千百年来依水而居使得这里风俗淳朴,人物秀雅。明何乔远《闽书》云:"莆,壤地褊小,善国也。壶山、兰水,映带秀发。故其人好礼而修文,士相矜以名节……出则竖名皇路,居则扫轨衡门。气韵之所以歔吹,布韦蓬藋莫不顾化。老生儒

---

[1]〔清〕宫兆麟、廖必琦等修:《(乾隆)兴化府莆田县志》卷十六,莆田市荔城区方志委点校,方志出版社,2017年版,第468页。

宿出而授经近县，步趋坐立，造次不失。下至洒削卖浆之伦，未尝敢岸帻科头行衢道。贫家觳豆数行，秩秩有序，吾伊之声，比屋而闻。通有韵之文，十人以三四。故其学书不成者，挟以游四方，亦足以糊其口。"[1] 宋理学家林光朝与薛守书亦云："莆僻在海隅，而习俗好尚，有中州遗风，即恬渐竞，质渐奢，而中流之砥，犹不乏人。"[2] 明《兴化府志·风俗志》亦云："莆田旧习俭啬勤力，衣服古朴，重廉耻，以读书为故业，科名之盛，甲于闽中。至论忠孝大节，则前辈风概，有足以摩激千古者。"[3] 莆田丰富醇厚的乡风民俗、独具特色的乡土乡情、深沉丰厚的文化积淀；那些传承了千百年的村规民约、家风祖训，以及那些代代相传的宣扬"读可修身、讲信修睦、天道酬勤、宁静致远、积善成德、自尊自强、诚信为本、仁义兴家、以和为贵、同舟共济、心怀感恩、立德树人、行善至乐"的传统美德，都铸就了莆田官员"讲仁爱、重民本、守诚信、崇正义、尚和合、求大同"的民族精神和优秀基因。明吕一静万历甲戌《兴化府志序》说："志人物应选者、树功者、忠孝廉介节义者，森森毕举，足征莆田之盛矣。"[4] 以忠报国，感义捐躯，文章垂金石，仁宦利人民。莆郡称文献，翩翩佳风俗。乾隆《仙游县志》载刘克庄谓仙游"水深土厚，所产皆秀杰""有列于庆历谏官者，有诡言谠论，相望于元祐党籍者。有与邹道卿同贬者，有为乾道名宰相者。其他魁彦胜流，不可胜书"。蔡襄曾自述"居言诤触权贵，所以获全而器使之，悉赖天聪"。所有这些都表明莆田善俗之社会氛围影响莆田官员的执政理念和风骨。莆城县巷自古立有"善俗""淳风"两牌坊，非为虚夸标榜。

（三）忠惠之风的士人风骨

"挠万物者莫疾乎风，风俗之于人之心，始乎微，而终乎不可御者也"，这是清代曾国藩在《原才》中所说的一段话，说明风俗对于人心的巨大影响。

---

[1]〔明〕何乔远：《闽书》卷三十八"风俗志"，福建人民出版社，1994年版，第945页。

[2]〔清〕宫兆麟、廖必琦等修：《（乾隆）兴化府莆田县志》卷二，莆田市荔城区方志委点校，方志出版社，2017年版，第97页。

[3]〔明〕周瑛、黄仲昭：《重刊兴化府志》卷十五，蔡金耀点校，福建人民出版社，2007年版，第436—437页。

[4]〔清〕宫兆麟、廖必琦等修：《（乾隆）兴化府莆田县志》卷首，莆田市荔城区方志委点校，方志出版社，2017年版，第26页。

北宋蔡襄的"忠惠之风",对莆田官员文化产生重要影响。乾隆《仙游县志·人物志》"风节"指出:"考先正骨鲠之概,刚正之风,至今犹赫赫若前日。"纵观整个宋朝,朝廷都非常重视台谏制度,不仅百官受到台谏监督,皇帝也要受到台谏制约。尤其是在宋仁宗一朝,涌现了诸多因敢于犯颜直谏而名震天下的千古名臣,如范仲淹、欧阳修、包拯等。这些名臣最初都是成名于御史、谏官任上。但是,被誉为"北宋第一谏臣"的是蔡襄,后人誉称"忠惠之风"。莆田蔡宅古代就立有"忠惠坊"。蔡襄的诤谏敢言对莆田御史文化产生重要影响。近代徐鲤九云:"自蔡忠惠《四贤一不肖》诗传诵天下后,吾郡士大夫益以气节自励。"[1] 清朝仙游名士林有融(欧邹楼)在《枫亭志》序言中也自豪地写道:"盖天下称闽中理学渊薮,实至唐始有闻人。而莆郡文献名邦,亦至宋而极盛。其首倡莆学,为南湖郑氏三先生,肇自有唐之前,而未甚著盛。其理学,则莆南夫子艾轩林氏先生著矣,然已在宋过江之后。其先是而开闽学,为侯官陈襄、陈烈、周希孟、郑穆海滨'四先生'。则我端明蔡公守福州时,实始尊礼倡率而推荐之,是道学宗工而大有造于吾闽。意公之于闽,其或有先于杨、游之衍,道南之绪者矣。朱子谓范公振作士大夫之功为多,又谓欧公知贡举,文章自是变而复古,观蔡公厉名节,振士气,为文章,于范、欧二公何如也。蔡公与范、欧齐名。"[2] 泉州对蔡襄的评价,从乾隆《泉州府志》"风俗"中可见一斑:"泉自唐以来,席相、常衮倡导于前,蔡襄、王十朋诸贤激扬于后,重以紫阳过化之区,薪传不绝,乡先生遗泽类足以陶淑后辈,海滨邹鲁之称,厥有由也。"[3]

(四)奕代相传的清风廉迹

莆仙古代累计有牌坊700多座,不少牌坊以歌颂莆仙民风民俗醇厚以及官员为官清廉为主题。如兴化军城古谯门前有"五劝坊","五劝"谓"孝义、务学、谨身、勤力、蓄积"。宋代古谯门前有"镇雅坊",劝官员廉操知耻;莆田县治前有"简肃坊",意为简约而严肃,为政宽简。古谯楼横街北之新路有"善俗坊",以莆俗淳厚良善而立。"文献名邦坊""善俗坊""壶兰雄邑坊""淳

---

[1] 张廷银:《方志所见文学资料辑释》,北京图书馆出版社,2006年版,第301页。
[2] 蔡建华、何文光主编:《枫亭志》,方志出版社,1999年版,第433页。
[3] 〔清〕怀荫布、黄任等:《(乾隆)泉州府志》卷二十,《中国地方志集成·福建府县志辑》,上海书店出版社,2000年影印本,第481页。

风坊"，意为莆田有良好的风俗、淳厚朴实的风土人情。兴化县治前有"制锦坊"，喻县令等贤者辈出。古谯门附近有"澄清坊""激扬坊"，意为能肃清混乱，激浊扬清。还有"纲纪一方坊""旬宣四郡坊""贞度坊""肃僚坊"等，都蕴含官员要清慎、廉勤，为民办实事等涵义。还有寓意教育、教化、仁爱、敦厚的"成德坊""风化之原坊""礼乐三千坊""宫墙万仞坊""适正坊"等。莆田是"御史之乡"，历代有御史239人、封赠御史118人，这些清官中的清官，致力于重振纲纪、整顿吏治，逝后大都入祀乡贤祠，为莆田文献名邦留下丰富的文化遗产。他们立身行事，正气凛然，完全符合"树坊立传、旌表德行"的标准，因而在莆田大地上留下了"都宪坊""联宪坊""两朝侍御坊""名世上卿""四辅名臣""少保贞肃""三部尚书""宫保尚书""平章硕""大司徒""大司马""天部亚卿""三代司马""四世名宦"等几十座明显带有御史、谏官清官色彩的监察官牌坊及"四贤祠"等纪念性建筑，其人其事名垂青史、流芳百世。

四、史书记载的宋代莆田清官典范

宋代莆田士大夫的政治理想和道德责任来源于莆田兴盛的儒学教育。莆仙官员在良好的文化教育氛围中自少熟读经书，修养德行。士大夫们身体力行地实践着廉洁自律、淳厚坦诚、谦逊恭谨的道德准则。这些名人中不乏遍施德政、为官清正廉洁、决狱公平、勤于政事、以刚正敢言声名海内的清官。史书记载的宋代莆田清廉官员甚多，代表性人物举例如下：

宋代长泰县知县、龙溪县尉黄颖，生活俭朴，为官清廉，临终，嘱子黄公坦曰："吾宁可埋葬道侧，亦不可受人财物治丧。汝遵吾之命乎？"长泰、龙溪两县"士民争赍金帛以赙，公坦一无所受"。时有士人十分钦佩黄颖的清节高行，就写了《哭黄仲实》诗："谁能抱清节，死亦照人寒。白发古君子，青衿旧长官。俸钱还药尽，旅榇到家难。若葬路旁上，自然神物安。"史学家黄仲昭评曰："父之道行之于子，可以为世楷范也。"

又如宋仁宗朝，举天下廉吏凡四十九人，德州通判仙游人许稹其一也。许稹，升监察御史后，惜未入朝即病故。

宋代蔡氏家族蔡襄官宦生涯37年，为政清廉，忠国惠民。蔡襄弟蔡高"敏于为吏"，廉洁爱民，是"天下奇才"，欧阳修《蔡君山墓志铭》称赞开封府太康县主簿蔡高英年早逝，留下一男二女，其妻程氏年方20岁，生活清苦，县乡亲及亲友募捐200两白银欲为其夫办理丧事，程氏却哭道："吾家素来廉洁，不可以此玷污吾夫。"蔡襄曾孙蔡洸，清廉勤政，任镇江知府时，遇大旱，百姓筑陂抗旱保苗，时宋军军队要通航，漕司下令要求镇江府拆毁陂坝，蔡洸宁愿得罪漕司，亦拒不撤陂，终保庄稼丰收。百姓编歌谣颂曰："筑我陂渠啊，灌溉我田园；不夺农时啊，全靠我蔡公。"蔡洸任户部尚书时，为曾祖蔡襄请谥"忠惠"，赠太师。洸曾有名言："财无渗漏，则不可胜用。"其为官十分廉洁，所得俸每以赈亲族之贫者，去朝之日，囊无余资。仕至户部尚书、徽猷阁学士，卒年57岁，入祀仙游乡贤祠，《宋史》有传。蔡襄七世孙蔡规甫，历惠安、古田知县。后升任潮州（今属广东）通判，淳祐七年至八年（1247—1248）任潮州知事。他博学好古、居官廉介，施德政，政声显著，民德之。蔡规甫卸任后定居于海阳县辟望，其后代播迁潮汕各地。

宋左朝请大夫、赠少保朱绂廉勤方严，指陈时政，不畏权势。宋徽宗念朱绂忠耿敢言，擢宝文阁待制、真定府路安抚使。

宋代莆田人徐确，蔡京执政时，徐确改守江州。崇宁四年（1105），徽宗大兴土木，筑宫观，命宦官四出，舟楫载"花石纲"运至开封，徐确拒不从命。时司谏陈瓘因反对蔡京执政，谪居荒地。徐确时与之书信往来，且写信对蔡京道："莹中久废，宜平前冤，以伸忠义之气。""莹中"即陈瓘，字莹中。陈瓘闻知后十分感动，叹道："不意莆田乃有此人。"徐确性刚多略，宦绩廉明，与人交尚义，励节谊，入为尚书刑部员外郎，转朝奉郎致仕。

宋进士莆田人黄国镇为福清尉，为官廉洁自恃，孤介不可犯。

宋元符三年（1100）李釜榜进士姚安仁，系莆田姚姓首个登第者。莆邑名儒，知书达礼，精研《四书》《五经》。官至文林郎，政和间（1111—1118）任永春知县。有姓联称："宋代文林郎，书经二部；明朝光禄卿，廉能一等。"

宋莆田人黄琮，任闽清知县，时徽宗崇奉道教，福建安抚使黄裳命令下属各县，强行向老百姓征收几百万钱财，用于兴办道藏馆。黄琮怜百姓疾苦，决定拒不执行征收令，亲自赶到安抚衙门，陈述利害关系，并且拿出了自己四个月俸禄，替一县百姓交征收款。民感其德，立祠祀之。改任泉州同安（今厦门市同安区）县令，赈饥谨，止横敛、均赋役，精敏治辨，民复祠之。后宋徽宗下诏，赐给章服，提升为漳州通判。宣和初，朝廷评选县级清官，福建有黄琮、陈麟、翁谷三人入选，时号"闽部三循吏"。三人之中黄琮又位居第一。黄琮性孝清廉，平日多蔬食，但日市肉四两供母，母丧，哀痛不食。居官三十年，无一夫之田，五亩之宅。退休后居衡门18年，处之泰然，粗衣淡饭，年八十，卒于家。参知政事龚茂良有感于黄琮清廉平生，作《挽通判黄子方》诗云："角中燕散紫云旁，袖手清寒白日长。八十年来贫且乐，先生有道出羲皇。"

宋承奉郎，转朝奉大夫莆田人吴公诚为官清廉，历官三十年始终如一，凡衣服布帛，家人所须，悉因乡里市致，未尝取之民，奉祠日，计所受俸，自费用之外，余悉委于官，死之日家无余资。

宋仙游人傅伫仕宦三十年，廉洁自律，俭朴平易，不取例外之银，家中无购置一分田产。疾逝前，告诫子孙："居官主清、治家主严、奉先主敬、叙族主恩，造次颠沛必立忠信。"卒后陆游铭其墓。

宋莆田人林霆，躬行仁义，清正廉明，不尝谋求仕进，为官四十年，只历仕五任。

宋仙游人苏钦，子孙三代居官清廉。擢守巴州，陛辞，高宗宣谕之曰："巴去朝廷远甚，卿到彼存抚百姓，务令镇静。"钦奏曰："臣当宣布朝廷宽大，期于不扰。"上首肯之。苏钦廉俭出于天性，政事基于文学，割俸市田，分给诸弟。作《富义堂记》，以示子孙。黄仲昭评其"莅官以廉惠称，居家以孝友称，其内外行之兼备"。苏钦子苏洸，廉介有父风，檄摄倅帅府，又摄高州（今属广东）。寻以廉吏举之。廉介有守，折节与交。匾所居曰"止足"。亲戚或有请托者，谢之。苏洸胸次坦夷，表里洞彻，为政务兴利除害，所至皆有惠政，称"廉吏"。后县令高之美赠以诗曰："四郡甘棠清到底，一枝丹桂庆流芳。"一时以为美谈。苏钦孙、苏洸子苏权任梧州推官，广西提刑蔡戡闻苏权有廉名，檄摄帅属。苏权慎守共职，政绩卓著，颇得士民拥戴，改秩奉议郎，赐绯鱼袋。至官不久卒，人多痛惜之。

宋仙游人陈可大，以决狱公平称，人誉为"神明"。靖康元年（1126），调知长乐县兼县尉。发展农业，兴修水利，兴建多处陂塘灌溉农田，还兴办学校。县人为立《陈公齐贤碑》，纪念其德政。绍兴四年（1134），知肇庆府，减轻百姓负担，并设法解决百姓实际困难，清正廉洁，两袖清风回故里，百姓建生祠挂肖像供奉。回乡后热心于家乡公益事业。

宋莆田玉湖陈俊卿家族，以廉政著称于世。左仆射陈俊卿抑私党、奖廉退、整吏治、求人才；凡外官入朝，皆详问时政得失、人才贤否。陈俊卿次子陈守，守受其学，宽宏刚正。朱熹题其书室曰"敬恕"，以父荫补官，历大府寺丞、工部员外郎，凡六授郡符，三持使节，俱以廉介称，官终将作监，封开国男，赐金紫服。陈俊卿子陈宿以荫历监福州海口镇税、泉州市舶务，所到皆以廉著称，家人非时需，铢茗勺酒胥吏惮宿不敢与。调惠安（今属泉州）知县，靖州（今属湖南）通判。嘉熙三年至淳祐元年（1239—1241）任南剑州知州。每到一方，增学廪，创病坊，缮废桥，虽花费甚多，却从不吝惜。泉州知州真德秀曾上奏表扬陈宿吏治有方。大理司直陈增为人笃实，"不知世有诡遇速化之事"，廉俭谦抑，"衣裘虽故敝不忍易，自奉养如一老书生"，修身治家主于忠厚，与邻里交无违言，参政鹤山魏公（魏了翁）书其匾。

宋仙游人林澧，为建州职幕，以廉勤自持。朱熹喜其操行，刮目待之，书问往复，相期甚厚。任崇安县（今武夷山）知县，清静不扰，士民为之立祠，有林长官庙存。后入祀仙游乡贤祠。

宋仙游人姚宗之，任江南西路提点刑狱，刚方廉直，事亲孝，与人忠。适有戚进位枢管，庆者盈门，宗之独未尝至。每语人云："事唯公故明，唯勤故敏。"方崧卿称其言可为"莅官之范"。

宋莆田人林枅，为人刚方廉介，居官惜民财，宽民力。史称其"持节分阃（任京外要职），所至有声""吏畏民怀，为当世所称道"。林枅善诗文，与杨万里交好，杨万里名诗《晓出净慈寺送林子方》即为杨万里送别林枅到福州任知州时所写。

宋莆田人方崧卿，知南安军。持身廉洁，谨小慎微，施政平和简易，甚得民心，著廉直声。

宋莆田人卓先，任建宁军节度推官，其居官廉靖，每言论据经是古，与人寡合，受到名臣陈宓的器重。

宋莆田人方士端，任福清知县，不贪利禄，品格高尚。明代池显方在《大同赋》赞其"豪俊拔俗，而廉慎倜傥"，历祀同安名宦祠的官员有33人，其名列其中。深得朱熹的器重，二人成为好友。朱熹学生方来。宋庆元五年（1199）特奏名进士。历官迪功郎、梧州（今属广西梧州）司法。朱熹与方来游，尝大书"廉、勤、公、恕"四字褒赠，后经过莆田，闻方来卒，往哭之，且绕转墓葬哀悼不已。

宋莆田人柯立义，初任恭城薄尉，为官清廉，恪尽职守，敬业勤政，洁身自好，严于律己，声誉鹊起，名闻遐迩。端平二年（1235）举荐擢升为广东高凉通判，勤政爱民。主政后殚精竭虑，整饬风纪，兴利除弊，缉匪捕盗，保境安民，尊儒倡教，扶掖后学，开荒垦田，疏溉浚淤。高凉郡境一时秩序井然，郡富民殷，市井繁华。尝言："为官者贪一文，即不值一文！"屡屡告诫属吏诫贪、诫诈、诫色。他出生于书香世家，人情练达，温良恭俭，仁义孝悌，乐善好施。刚正不阿，嫉恶如仇，后迁广东吴川，成为粤西柯氏始祖。

宋代还有居官所至有廉名的永春知县仙游人蒋有秋，为官清廉；一生清贫的泉州知州莆田人刘克逊；专以廉俭节缩为事，盐使欲增收赋税，则加以制止，自名居室为"廉村"的潮州知州兴化县人薛季良；历官十三年，以廉洁自警，深受百姓拥戴的都官员外郎仙游人王里；忤贾似道，两疏致仕，事亲孝，以为人恭俭洁廉著称的化州知州莆田人余谦一；等等。

莆田文化发达，宋代莆田也是理学之邦，理学所提倡的品德思想，塑造了莆籍官员捍卫道统的执着性和刚正义烈的忠诚性。以一代谏臣蔡襄引领的忠惠之风，对莆田后世清廉文化产生重要影响。莆田家族文化、科举文化、藏书文化及名人廉政思想等，融合多种因素，形成了莆田独特的清廉文化现象。

第二节　郑至道价值观形成的思想渊源

莆田进士郑至道于元祐元年（1086），以雄州防御推官，改知浙江台州天台县。他爱护百姓，为政宽简，专务教化，深受当地百姓爱戴。在天台曾作《谕俗编》七篇：即《孝父母》《爱兄弟》《睦宗族》《恤邻里》《重婚姻》《正丧服》

《重本业》。他希望通过教化，使少长有序，亲友有义，士农工商，各安其业。天台知县任满，百姓攀留不忍其行，郑至道因此留住天台松关，至今流传有"松关留郑"的故事。郑至道是宋代一位居官清正、声名远播的地方官，《天台县志》《台州府志》《浙江通志》《大明一统志》均将其列为名宦。

郑至道作为一名优秀的进士，也是一名廉官，其所受影响是多方面。首先是中国古代儒家倡导的"修身、齐家、治国、平天下"的理念，涉及个人修养、家庭管理、国家治理等多个方面。《礼记·大学》提出："古之欲明明德于天下者，先治其国；欲治其国者，先齐其家；欲齐其家者，先修其身。"其次是民本思想，郑至道是儒家民本思想的忠实践行者。"民惟邦本，本固邦宁。"民本成为古代中国廉政实践的政治标准，它要求官员执政时要以百姓的意志为出发点，建设百姓期待的政治清明、廉洁公正的社会，就是以民为本的廉政。第三是追求贤人政治，中国古代各个思想学派均主张贤人政治，虽然各派的侧重点不同，但核心是让最具才能的人来统治和管理国家，选贤任能成为廉政实践的重要措施。

廉官郑至道之所以能形成正确的思想理念和价值观，与他家乡莆田深厚的历史文化底蕴是分不开的。莆仙文化是闽文化的重要组成部分，是中华优秀传统文化的一部分，促其形成的人文社会因素包括区划历史变迁、政治、经济、教育、宗教、习俗等。人文荟萃的文献名邦莆田，文化名人众多，具备产生"莆田清官现象"的文化土壤。而深层原因则是以深厚莆仙文化为根基的人文环境，它凝聚着人的文化品格与主体素质，文化观念与文化模式。总之，郑至道价值观形成，是有多方面的思想渊源的。

一、受郑氏"开莆来学"文化的影响

郑至道的先祖郑露，开创了莆田教育先河，其为官理念深受影响。南朝梁陈以前，莆仙大地尚处于初期农耕社会开发阶段，生产力和社会发展水平都不高，也未有县级建制，文化教育处于相对落后状态。梁陈时期，郑氏的"开莆来学"，开启了莆仙教育史的新纪元。莆仙开始形成重教尚学风气，赢来了"三家两书堂"最初的文教昌盛局面，在福建教育史上也占据重要地位。从继承传统理念的层面来看，则是开创了儒学伦理教育的先河，彰显出孝悌、友爱、行善、育人等珍贵的品质。为彰扬南湖三先生开莆倡学之功，后人在莆城建有"开莆

来学""倡学南闽"纪念牌坊。南朝郑露三先生的"开莆来学",对莆仙人接受儒家教化起到了积极作用。当时中原地区不少世家望族,大都先迁居福州平原、兴化平原,而后再向福建其他地区和粤琼地区迁移发展。如福建大姓陈氏、林氏、郑氏、黄氏、方氏,还有蔡氏、翁氏、傅氏等。中原士族对东南科举文化发展,有很大的推动贡献。

入唐后,莆仙形成若干个以家族、乡族为核心的文化教育中心,推动了莆仙文化教育进步。"开莆来学"奠定了教育宏基,吸纳和传播中原先进文化,让莆仙成为名副其实的"海滨邹鲁"。明天顺间翰林侍读学士林文《南湖郑三先生祠堂记》云:"莆人业儒,实自(南湖三)先生始。至唐贞元中,吾祖藻、蕴二公,欧阳詹公,相继以明经、进士登第,为闽人倡。乾宁中,黄滔、翁承赞联举进士。至宋熙宁中,徐铎、薛奕以文武魁天下。绍兴中,黄公度、陈俊卿以魁亚齐名,当时有'诗书比屋,俊造如林'之称,又有'十室九书堂,龙门半天下'之美。诗书礼乐甲于八闽,文风几于邹鲁。学者私相庆曰:'莆儒风之盛,实由三先生讲学以倡之。'此百世之公论也。"[1]诚哉斯言。

二、受文献名邦传统道德的影响

从郑至道在天台知县任上"为政宽简""专于教化""除旧革新,匡正风俗"等实践行动可看出,其为官深受文献名邦传统道德的影响。莆田文物繁盛,文教发达,人才辈出,为世人所赞叹。在莆仙地域文化中,科举文化显得非常突出且具鲜明特色,其外在表现就是"科甲鼎盛,簪缨蝉联",尊师重教,人才辈出。莆仙古代教育事业是颇为发达的,尤以宋、明两代,科甲鼎盛,甲于八闽。直至近代,莆仙的教育和文化事业也还是比较发达的。教育的发达普及,为莆仙营造了一种从师尚学、读书仕进和尊重人才、尊重知识的良好氛围,形成了一种"视书为财""爱书如宝"的人生观、价值观共识,从而培育出大批勤政廉政、克己奉公的清官廉吏。

作为文献名邦,宋代莆田书院、书堂林立,科举文化发达,科举人才无一

---

[1] 郑振满、(美)丁荷生:《福建宗教碑铭汇编:兴化府分册》,福建人民出版社,1995年版,第104页。

莆田凤凰山名人牌坊群

不经历儒家伦理道德几十年的熏染,因此传统道德代代传承,监察御史、清官循吏遂代不乏人。这些官员大多出身进士、举人,德才兼备,当时社会选择官员亦重视"尚贤取廉"。

三、受莆田儒文化及理学家族的影响

郑至道是在莆田家乡接受儒家思想教育的进士,深受莆田书院文化和理学文化的影响。宋代,兴化地区创建的书院、书堂,兼具管理、读书、讲学、藏书、祭祀和学术研究等多项职能。它们和全国其他地方创办的书院一样,在中国古代教育史上独树一帜,是古代民间聚徒讲学或者学者聚会研讨的场所。如枫亭会元书院(后改会心书院),北宋初,进士林迪等曾在此讲学,蔡襄、

枫亭重建的会心书院

第一章 文献名邦与廉官郑至道精神特质 19

蔡高兄弟曾在这里读书，皆中进士；蔡京、蔡卞兄弟也在书院读书，熙年三年，兄弟俩双双考中进士，后蔡京官至宰相，蔡卞当了副相。宋代木兰溪之旁的郑氏书堂，木兰陂北的木兰书堂，仙游县阳澄坑（今仙游县石苍乡）的澄坑书堂，兴化县（今属涵江区）的夹漈书院、南峰学堂、溪东草堂、芗林讲堂等书院书堂，则都是郑氏族贤所创办。

宋代兴化军书院昌盛主要有以下几个原因：一是经济发展，重教兴学的传统开始形成，一些富裕家庭重视对家族子女的教育，相继开办义斋、书堂，延师教授子弟，在这其中，有不少进士出身的人回乡后也创办书院，为家乡培养人才；二是一些地方官员支持甚至亲自出面办书院，还亲自到书院讲学，对推动兴化地方教育起到了重要作用；三是一批有较高儒学修养和学术水平的学者在书院授徒讲学，书院既重教育，又兼学术研究，吸引一批批学子入学；四是书院培养出一批批人才，不少人中了进士，影响越来越大，对学子向学入仕起到直接的激励作用；五是兴化素有"家贫子读书"的文化传统，学子们乐于勤奋学习。

莆仙儒学文化深厚，理学家族影响力大。理学家庭文化培植着莆阳耕读文化，使之不断走向繁盛，诗礼传家蔚然成风。莆仙御史多、清官多，传家清廉思想为清官文化的形成营造了良好的文化氛围。宋朝是莆仙儒学思想的兴盛时期，儒学是培养社会道德与正义的中流砥柱。儒家所提倡的品德、思想，对官员的意志、人格产生了一定的影响。儒家文化中人生价值、从政理想、荣辱道德观的思想内涵，为传统廉政制度直接输送了丰富的文化养料。儒家文化还通过其广泛的社会影响力，以文学、艺术等多种方式，构筑了有利于廉政建设的文化氛围。在这种整体氛围的感染熏陶和教育培养下，从政官吏中的一部分人不仅从行为上接受了廉政制度的客观约束，而且在一定程度上开始了道德上对廉洁从政的自觉追求。

理学具有强烈的实践性，渗透于社会生活的方方面面，构成一种复杂的文化形态，对莆田官员执政理念产生深刻影响。早在五代末、宋初，莆田理学立有五规：一曰修身慎行，二曰立志抗节，三曰潜心经术，四曰学通世务，五曰限日收功。莆田林光朝是"伊洛之学"首倡东南的理学家，莆田理学家们的价值观念以及当时理学思想在社会的突出表现，呈现出鲜明的特征，莆田理学家捍卫道统的执着性、兼容并蓄的融合性、慕道安贫的理想性、学贵践履的务实性和刚正义烈的忠诚性等，形成了独具特色的莆田理学文化。另外，莆仙理学家族势力在当时也非常强大，在宋元到明代理学学案中占有一定的地位。

四、受家风族范、孝廉文化的影响

郑至道家族是莆田大姓望族后埭郑氏，深受家风族范、孝廉传家文化的影响。清康熙《南湖郑氏大宗谱》卷三载有"五规六矩"[1]。"五规"指"修、接、落、留、屏"五条家族传宗入谱方面的道德标准。"六矩"指"祭尚、令名、载籍、物产"等六条族人应遵守的祭祀生活方面规则。如"五规"之第一规"修"写道："修，曰在位，曰有德，曰能文。《礼》：三世不修谱，谓之不孝。然必在位、有德、能文三者，而后可以修也。"又如第五规"屏"写道："屏，曰乱族者屏之。古者乱族及盗，三创不改，则宗子纠其族，屏之关国，不与同宗族，绝屏，如没后无嗣，而又无有可留，故亦屏之。"又如"六矩"之第二矩写道："二曰令名，忠、孝、节、义、俭、勤，凡此六令名，有一于世，则登之谱。《礼》：先世有德弗传，不仁也。且以劝将来云。"所谓"令名"即美好的声誉。郑氏宗族家规认为凡是在忠、孝、节、义、俭、勤这六个方面只要在某一个方面有

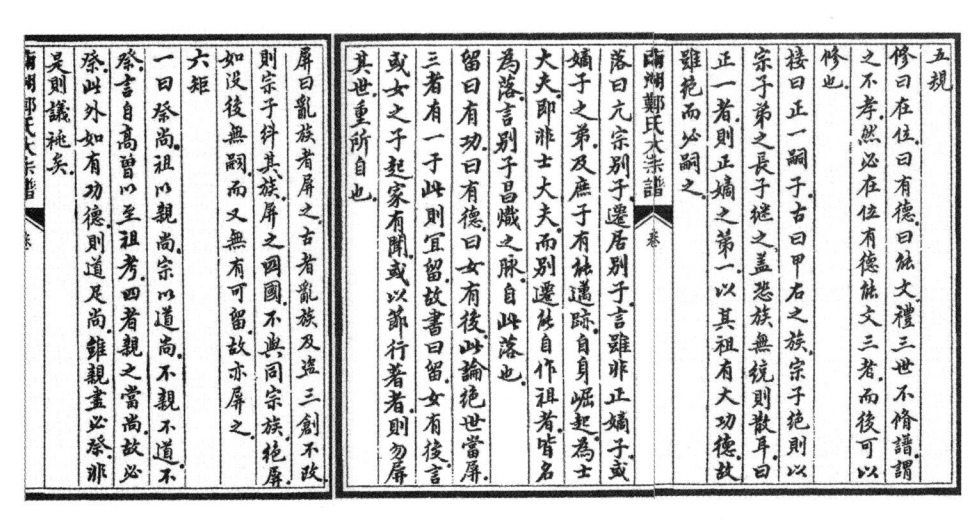

清《南湖郑氏大宗谱》书影

1〔清〕郑时敏重修：《南湖郑氏大宗谱》卷三，康熙乙未年（1715）刻本。

突出表现的，姓名事迹就应该载入族谱，否则就是不仁。载入族谱，既可以表彰模仿，又能够劝励后人。又如第四矩写道："四曰物产，男勤五谷以为种，女勤六艺（原注：桑、葛、绵、麻、棕、苎）以为蓄。言舍种蓄五谷、六艺之类，皆非本务。"在封建农业社会，男耕女织，各安其分，成为农村家庭的理想模式，也是儒家男女有别、男主外女主内思想的体现。《南湖郑氏族谱》载族训云："端己正人，朴实和亲。明理诚信，敦宗睦邻。纲常礼义，孝悌如卿。仁义厚道，清廉分明。以德立本，处世佑铭。惟耕惟读，家业丰盈。南湖继始，荥阳东映。遵纪守礼，福泽樾荫。"[1] 莆田士人接受儒家思想熏陶，以忠于家国、廉洁从政为荣，以奸佞祸国、贪贿祸民为耻，涌现出大批名震京闽、青史留名的勤政廉政、克己奉公的廉吏直臣。莆仙家族中，克绍箕裘、承继家风，立志成为报国为民的清官廉吏者，代不乏人。入唐后，莆仙就形成若干个以家族、乡族为核心的文化教育中心，推动了莆仙文化教育进步。科举制的兴起，为两宋莆仙家族的崛起和兴盛提供了合法、便捷而且切实可行的途径，使得每个家族都十分重视科举；同时也为每个家族提出了保持竞争实力的要求，使得每个家族时刻都要关注与科举相关的教育。莆仙家族科举人才多，出仕官员多，形成了互相学习、清白为官的共识。大多家族都建有家族总祠和支族祠堂，修家谱，立家范，要求后代踵武前贤，延续家族荣光，形成了浓厚的社会氛围。这种社会风尚对莆田廉政文化传统的形成，产生了积极影响。乾隆《兴化府莆田县志》记载的莆田林孝子阙、郭孝子阙、忠孝祠、笃孝祠等纪念性建筑，充分体现了当地对孝廉家风文化的重视。

五、受莆田崇德行善俗尚的影响

风俗醇美，是宋、明史志对莆郡风俗的一致结论。而这种醇美风俗，是同儒学发展、文教兴盛息息相关的，是儒文化南移的必然结果。史家认为，儒学本身就是一种源于古代中原地区的风俗文化，反映出古代中原地区的民族精神。儒学是对古老文化的概括，是中华民族智慧的结晶。其宗旨即为以仁爱为核心的人伦文化，反映中华民族的美德。明弘治《兴化府志》谓"终篇所述，皆以

---

[1] 黄祖绪：《百家家训·郑氏家训》，中国文史出版社，2016年版，第123页。

修政立事、济人利物、移风易俗为主",故专设"风俗志"一卷,概论风俗之道,并扼要例举莆仙风俗之特异。谓:"莆田旧习俭啬勤力,衣服古朴,重廉耻,以读书为故业,科名之盛,甲于闽中。"[1]这是说莆田旧习尚主要是节俭勤力,衣服古朴,注重廉耻,检点言行,以读书仕进为祖上传下的家业;科甲之盛,甲于闽中。莆仙民风淳朴,文化特色鲜明,表现于戏曲、语言、风俗、饮食、民间艺术等诸多方面。莆仙先民多聚族而居,互相帮扶,共同发展。家族则重视修建祠堂和编修族谱,同时制定家规、家训,承传优秀家风。

莆仙民俗文化体现了精、勤、俭、孝等特点。莆仙戏、莆仙岁时节会及民众活动都喜以团圆为主题,从中折射出莆仙民众浓厚的家庭亲情和家族意识,这种意识通过耳濡目染,潜移默化,代代相承。莆阳家族的成员一般能自觉地维护本族利益的统一性,避免因利益矛盾而损害孝悌伦理道德。莆阳丰富多彩的乡风民俗、独具特色的乡土乡情、深沉丰厚的文化积淀,体现于那些传承了千百年的村规民约、家风祖训,以及那些代代相传的宣扬"读可修身、讲信修睦、天道酬勤、宁静致远、积善成德、自尊自强、诚信为本、仁义兴家、以和为贵、同舟共济、心怀感恩、立德树人、行善至乐"的传统美德,铸就莆阳官员们"讲仁爱、重民本、守诚信、崇正义、尚和合、求大同"的民族精神和优秀基因。

六、受先贤示范及师友劝率的影响

"莆城巨域,人物英英。"(明状元柯潜语)从唐中后期开始,莆仙人才在福建历史上占据重要地位。宋、明两朝,莆仙更以其鼎盛的科举为依托,孕育了一批又一批的杰出人物,先贤示范、师友劝率,不乏"力学践行,师表后进""致君泽民,又安宗社""随所任使,克举厥职""事亲从兄,笃于爱敬""委身徇国,舍命不渝"之典型。莆阳的名相良臣、忠臣循吏,往往高风亮节、清俭正直、勇于改革,影响一朝一代政坛和官场风气,这些人是莆仙古代官员的代表性群体。特别是莆阳御史,多直心、直言、直行,敢与朝廷奸邪作斗争,宣扬"贵廉洁,贱贪污"的社会道德,对当时官场和政风的匡正改良起到一定

---

[1]〔明〕周瑛、黄仲昭:《重刊兴化府志》卷十五,蔡金耀点校,福建人民出版社,2007年版,第436—437页。

的作用。然而他们大多仕途坎坷，多因居官刚正不阿所致。

弘扬清明正气，营造良好的社会政治生态是莆仙社会的普遍共识。乾隆《兴化府莆田县志·风俗》载："吾郡雅称文献，翩翩然佳风俗也。士大夫质行醇谨，至临大事，辄复以风节相高，以故叩阍抗疏，间出郎署，不独居言路者持谔谔论也。"[1] 乾隆《仙游县志》亦载："余读邑乘诸列传，见庆历、元祐间乡先正气节凛然，窃叹扶舆磅礴之气郁为端人正士……生其间者，试登高而望远，蔡忠惠、叶正简诸公不且呼之欲出乎！"刘克庄序《仙溪志》谓："地以人重，瞻言耆旧，有列于庆历谏官者，有危言谠论，相望于元祐党籍者，有与邹道卿同贬者，有为乾道名宰相者。其他魁彦胜流，不可胜书。"[2] 乾隆《仙游县志·人物志》"风节"中指出："儒者正色立朝如大冬严雪，则风节著焉。己不肯以色假，何妨笑比河清；人不敢以私干，庸至心不水若。考先正骨鲠之概，刚正之风，至今犹赫赫若前日。"[3] 另外，莆仙民风特别重视为先贤树碑立传，设立名宦祠、乡贤祠、忠义孝悌祠等祭祀名贤。莆田先贤慷慨耿直、临事敢言、刚正不阿、清正廉洁的行事作风无疑对后世学子产生了积极的示范作用。

第三节　郑至道及莆田廉官精神特质

郑至道为北宋元丰二年（1079）进士，知天台县，秩满，又授乐昌知县。执政天台期间，他"为政宽简，专务教化"，其事迹载入雍正《浙江通志·名宦九》。郑至道作为一名清官循吏，在天台任上得到众多百姓的拥戴。他重视教化百姓，贴近百姓生活，提出"士农工商"此四者"皆百姓之本业，自生民以来，未有

---

[1]〔清〕官兆麟、廖必琦等修：《（乾隆）兴化府莆田县志》卷二，莆田市荔城区方志委点校，方志出版社，2017年版，第97页。
[2] 仙游县地方志编纂委员会编：《仙游县志》，方志出版社，1995年版，第1215页。
[3]〔清〕胡启植、叶和侃等：《（乾隆）仙游县志》卷三十四，中国文史出版社，2019年版，第462页。

能易之者也"的观点,这对发展当地经济,改善百姓生活有重要参考意义。郑至道为政期间,大力发展教育事业,提倡明礼以知耻荣,处家宽容忍让等。《琴堂谕俗编》说:"孝友、忠信、务本、节用之类……若广其传,则可为天下劝,岂独为是邦劝?"处理诉讼时则注重公平公正,秉公执法,赢得百姓拥戴。廉官郑至道的精神特质与莆田先贤勤政廉洁的清官特质一脉相承,在从政为官方面,表现出可贵品格:一是居官清慎,勤于政事,为政端平,不徇私情,清讼牒,均徭役,多善政;二是勤政爱民,励精图治,选贤任能,体察民情,倾听民声,多德政;三是廉明拒贿,吏民畏怀,倡廉惩贪,清白奉公,改革税制,多惠政;四是刚直不阿,严正执法,风纪凛然,直谏敢言,广扬直声;五是赈济灾民,兴利除弊,重农兴学,长留清誉。

据不完全统计,历代担任过知县、通判、知州、知府等地方官职位的莆籍官吏,多至近1500人,在古代人治色彩浓厚的氛围中,他们中的许多人都能廉洁自守,秉公执法,维护社会公平,留下不少可歌可颂的事迹。莆田古代清官循吏是一个庞大的群体,明代何乔远《闽书》立传人物中被列为清官者达156人。这些官员对社会和一方民众都产生过很大的影响,立下显赫功业。他们的精神是"文献名邦"内涵的重要组成部分,值得弘扬。

一、忠于本心,清正廉洁

郑至道的《谕民书》七篇,内容都与中国传统的人伦关系有关。中国传统的人伦称为"五伦",指父子、兄弟、夫妇、君臣、朋友,具体表现为父子有亲、长幼有序、夫妇有别、君臣有义、朋友有信。教化百姓就是要引导百姓修养身心,促进上述良好人伦关系的形成。传统文化提出了个人修养的八个方面,称为"八德":孝、悌、忠、信、礼、义、廉、耻。"忠"从敬"天"开始,传统文化的"天"相当于我们现在所说的宇宙规律。敬天,就是遵循宇宙规律,之后是"观天道以明人道",上面所谈论的"五伦"关系与"八德"修养均以"忠"为根本。传统观念认为,人是"天"运化而成的,人心本来与天相通,但在成长的过程中容易受以自我为中心的意识影响而偏离"本心","忠"的内涵之一就是要忠于本心,也即我们现在所说的"不忘初心"。

郑至道拥有良好的家教和文化修养,同时也在政治和文化领域有着出色的

《大明一统志》书影

表现和成就，为所辖地区社会稳定和进步做出了不少贡献。实际上，从莆仙这片土地走出的官员，多能"持身皎如玉雪""不戚戚于贫贱，不汲汲于富贵"，这既是他们居官之政风，也是做人的秉性。莆仙清官廉吏以"君子之道也，贫则见廉，富则见义，生则见爱，死则见哀"（《墨子·修身》）的君子观来看待贫富，他们是物质上的"穷人"，精神上的"富人"。他们坚持做人的底线，不将个人利益得失与官途仕运挂钩，用自己的真才实干来掌握自己的仕途命运，用廉洁奉公的初心达成"穷则独善其身，达则兼济天下"的使命。

莆阳清官始终坚守忠于本心、清正廉洁的品质和传统。宋孝宗曾问莆田人叶颙："卿当官，以何为先？"叶颙答道："臣之当官，每以公忠为先。既尽公忠，则不为朋党，不畏强御。以之为台谏，则持正论；以之坐庙堂，则行正道。处富贵而不以为荣，当鼎镬而不以为惧。公忠二字，其用甚大，未有一日舍之而安者。"莆田官员们真正做到"公忠"二字。清则公，清则忠；清则刚，清则得民心、留清名。

二、民本思想，崇尚德政

《尚书·五子之歌》说："民惟邦本，本固邦宁。"无民则无家，无家则无国，无国则无君。忠于祖国，必然要忠于人民，以民为本，尊重人的尊严与价值。重民爱民思想源于儒家"仁政"与"民本"学说。莆仙文化中内蕴爱民恤民的价值理念和道德要求，宋代发祥于妈祖文化的传说故事，便体现了人们对神女护国庇民品德的称颂和敬仰。莆田廉官深受莆仙爱民理念的传统文化影响，他们为民兴利除弊，同情百姓遭遇，纠正假案、错案，减少灾民田赋，提出许多利国利民的主张和解决民生问题的办法。"和谐"是中国传统法律文化的最高价值理想，郑至道通过教化民众和提升经济发展水平，平息缓和官民矛盾，维护法律秩序和社会和谐。

莆仙官员在"民为贵，社稷次之，君为轻"理念的影响下，成为民本思想的忠实践行者。郑至道在《谕俗编》开篇指出："县令之职，所以承流宣化，于民为最亲，民不知教，令之罪也。"即县令是最为亲民之官，负责地方的民政、财政、教化等各个方面，在宋代君臣眼中，其重要性是不言而喻的。作为县令，郑至道勤政爱民，励精图治，体察民情，倾听民声，多德政，留下"松关留郑"的美谈，地方史志将其列为浙江"三贤令"之一。郑至道一系列理念，对浙江天台文化产生了一定的影响。

民本理念在莆仙宋代官员思想体系中极其普遍。如蔡襄立足于民生，服务于大众，以实现国泰民安、国祚久远为目的。其"选材以治民、礼治以化民、济世以安民、节用以宽民"等政治观点的提出，与国势衰微、政治姑息保守、民不聊生等社会现实息息相关。蔡襄重视调查研究，体察国情民意，强调任材以宜、委之欲专、知人善任等政治主张的贯彻执行；注重社会实践，提出跻俗于礼、兴儒学、敦教化、明令戒谕、禁奸豪、均民力、恤穷民、宽民力、除恶吏的观点。蔡襄提倡社会的全面进步，强调富国强兵必须与安民一起考虑，要求政府施政必须兼顾公私之利益，反对竭泽而渔。以上种种正是其民本思想的体现。莆田龚茂良出任广东提刑、广州知府期间，以安民济世为首务，兴建广州府学及番禺、南海县学，发展地方教育，收葬中原衣冠迁客遗骸，受到当地老百姓的爱戴。龚茂良在担任江西转运判官、隆兴知府时，当地连年大旱，龚茂良奏免郡县积税，索缴富户欠税，开仓赈灾，开展灾后防疫医治，救活了数百万人。在隆兴府的救荒工作，可以说是他在地方任上最大的贡献，依靠果敢的行政组织能力与精准的判识，及时采取了切实可行的救治措施，救民于水火。龚茂良所提议的救济之法，后人仍在沿用。

三、廉洁奉公，恪尽职守

从古到今"廉洁"都是考察官员的重要标准。汉代的时候，"孝廉"是选拔任用官员的科目之一。"廉洁奉公"指为官一任，不贪污，不受贿，不以权换钱，忠诚正直地奉行公务，与"廉明公正""廉能清正"等意思相通。古人说："善张网者引其纲，不一一摄万目而后得。"（《韩非子·外储说右下》）廉政之纲，即在"廉"字，廉是"吏德"，古代十分重视这方面的教化，从书院教育、家庭教育和朝廷教育三个方面开展廉政教育，以此传播廉政信条，力图使官吏自我约束、自我克制。其中，书院教育强调孝亲、爱民、忠君；家庭教育旨在防止"居官必贿"，祸及全族身家性命。学子踏入仕途后，则以帝王训诫为主，对官吏经常施行"仁、义、廉、耻"的朝廷教育。郑至道本是一位廉官，但他在清廉自守的同时，致力于教化民众，促进社会和谐，提升民众法治意识，为整个社会营造良好的官民互动的政治环境，这是极其难得的。

宋代莆田官员治理一方，多能勤于政务，提高社会治理开发的力度，发展地方经济。据载，宋代天台的经济有长足的发展，天台的农田水利，特别是毛笋、山竹，以及青瓷、铜铁工具、银器、造纸诸业发达起来，并远销省内外。天台乡民用青竹、桑皮和山麻皮制作的玉版纸、花笺纸、南屏纸，颇有声名。苏轼在《杂志》中称："吕献可遗余天台玉版，过澄心堂。"意思是天台的玉版纸，比当时海内有名的澄心堂纸还要好。天台县西水南村还开采银山，冶炼白银，颇具规模，远销省内外，这是台州历史上首次出现的作坊手工业。此番成就离不开地方官员廉洁奉公，恪尽职守，发展地方经济，提高百姓生活水平的多方努力。这是一名优秀官员的集中体现。郑至道所在的天台是一个山区县，经济量小，生活条件差，十分考验地方官员的治理水平，郑至道在教化民众的同时，支持商业经济发展，这是难能可贵的，也是郑至道读书明理和为官智慧的体现。

宋代莆田官员丁伯桂也是"清、慎、勤"的典型，他居官为民，民心信服。在他赴任广南东路南海知县时，刘克庄尝撰诗为其送行。诗云："不用急符催，先行要看梅。岁时亲祭海,休沐(休假)必登台。鲍井聊供饮,韩碑待拭苔。遥知蛮俗喜,令尹带琴来。"此诗勉励他以梅花傲雪御寒的贞洁品性,确立清廉坚贞的信念,居官清正;发扬唐名臣、潮州刺史韩愈办教育、驱鳄鱼,为民众做好事的传统。丁伯桂到任后,开放古井给民众汲水,见井边百姓排长队取水,常发生冲突,就派人修井,在井口加上九孔石井盖,方便百姓同时汲水。其后,丁伯桂任广东梅州府教授和肇庆府通判等职。任上,"清廉耿介,执法严明,奸豪凛畏,民心信服,一境肃然",出现全境安定,秩序良好的局面;又于任上主持纂修《肇庆府志》。他曾经对人说:"居家如此,居官如此。若为富贵谋,非所学矣。"

四、清正治家,言传身教

莆田士大夫历来重视家风的传承。读书入仕,居官清廉成为传统,且蔚然成风。郑至道在《谕俗编》中引述经典中的言论和故事,系统阐述了修身、治家、教子等方面的思想。如《孝父母》中除阐述子弟孝顺父母的道理外,还分析了父母对于不孝之子的难言之情。一个人品德形成的关键在于教化,郑至道清廉为民、胸怀国事、孝善于家、忠君爱民的优良品德,与其受优良家风家训的长期熏染密切相关。莆田家风文化遗存丰富,莆田郑氏、陈氏、林氏等家风故事都蕴含丰富廉洁元素,以德治家,注重家风教育。注重清正治家,言传身教的家族,也出现不少清白门风的典型事例。诸如宋宣和中,四川转运使苏钦与其子苏洸被赞为"父子廉吏";泉州通判林孝渊与其弟漳州知州林孝泽被赞为"兄弟双廉";而林孝泽之子福州知州林枅,也是个刚方廉介,清德律贪,亲故不敢请托谋私的清官;状元郑侨坚守民族气节,一生为官廉洁,忠君爱民,宋光宗曾赞云:"朝野臣僚能如侨卿之爱民,则天下安矣。"[1]这些廉官循吏的出现并非偶然,应是家族重视清廉教育的结果。

又如宋宣和中,南剑州通判傅佇,仕宦三十年,家产无所增益。病危时,诫诸子曰:"吾平生无愧俯仰。殁后,汝曹居官主清,治家主严,奉先主敬,

---

[1] 仙游浔阳郑谱编委会:《荥阳南湖仙游浔阳郑谱上·郑侨墓园》,仙游浔阳郑谱编委会,2005年版,第54页。

叙族主恩，造次颠沛必立忠信。能用吾言，虽贫贱犹为有德君子。不然，猎取光显，奚为哉！"[1]宋天圣中，秘书郎福州左司理方峻，居家匾曰"植德堂"，居所凿井及泉后，祷曰："愿子孙居官清白如此水。"[2]

郑至道的精神特质是莆田廉官循吏群体的代表之一。这个群体以修身、齐家、治国、平天下的价值观、世界观为人生支柱，以温、良、恭、俭、让为传统美德，以仁、义、礼、智、信为道德伦理，以忠、孝、勇、恭、廉为人格典范。他们的德性与品行，主清俭、讲操守、讲公心、重声名、淡名利，强调忠诚、敬慎和民本思想，提倡忠诚为国家、以民众利益为出发点的民本思想，关注国家的安定与繁荣，强调忠诚于国家是爱国的最高境界。《管子·牧民》说："政之所兴（行），在顺民心；政之所废，在逆民心。"[3]可见爱国者必须爱民，爱民必须廉政，这也是莆田独特的清廉文化的精神特质所在。

---

[1]〔宋〕陆游：《傅正议墓志铭》，《中华文学百家经典·陆游集》，时代文艺出版社，2002年版，第254页。

[2]〔清〕李清馥：《闽中理学渊源考》卷九，《影印文渊阁四库全书》第460册，北京出版社，2012年版，第155页。

[3]魏承思：《管子解读：领导的智慧》，上海人民出版社，2020年版，第253页。

第二章 莆阳郑氏源流

中国郑姓来源复杂，是一个多民族、多源流的姓氏，主要源自先秦子姓、姜姓、姬姓以及少数民族改姓等。郑姓在宋代《百家姓》中排名第七位。根据国家自然科学基金委支持的一项最新研究表明，至2006年，按人口排序，郑姓在中国大陆为第21大姓，在台湾是第12大姓。大陆郑姓人口约为936万，约占大陆总人口的0.78%。据2020年全国人口普查资料显示，郑姓在福建约有127.89万人，占全省常住人口3.08%，郑姓在百家姓排名中居第8位。据《莆田市姓氏志》载，截至2007年底，莆田市郑氏人口为190150人，为莆田市第四大姓。

第一节 郑氏的起源

郑姓，据中国社会科学院等部门2006年调查统计，按人口数量算，郑姓排在中国姓氏第21位，主要分布于福建、浙江、台湾等地区。

先秦姓、氏有别，郑樵《通志·氏族略》云："三代之前，姓、氏分而为二，男子称氏，妇人称姓。氏所以别贵贱，贵者有氏，贱者有名无氏……姓所以别婚姻，故有同姓、异姓、庶姓之别。"可见"氏"的重要作用是"以别贵贱","姓"的重要作用是"以别婚姻"。姓是母系血统的族称，用以区别于他族，氏虽不同，然可能是同姓者，就不可联姻，这是为了尽量避免近亲繁衍。氏则是从姓分封出去的，可标明出身贵贱。故西周文王之子姬友，封于郑，子孙的姓氏便是姬姓郑氏。至三代之末的春秋战国时代，礼乐崩坏，适应中央集权的郡县制逐渐取代了分封制。姓氏亦逐渐合二为一，郑氏、郑姓也成为了同义词。

古时有"奠"字无"鄭"字，"鄭"字是"奠"的孳乳字。学者指出："殷商甲骨文见有'奠'（古'鄭'字，今简化作'郑'）字。此字于卜辞主要作族地名或人名。商代的奠地为今郑姓的发祥地，其地望及后世的隶属关系比较稳定。"[1]"奠"就是"鄭"，其本义是设置祭祀。甲骨文中"奠"字的形状是在案几上放一把酒壶。原形字例如[2]：

　　（《合集》536宾一类）

　　（《合集》9080宾二类）

　　（《合集》19558宾三类）

　　（《合集》32183历二类）

　　（《合集》27999无名组）

　　（《合集》41866黄组）

殷墟甲骨文"奠"早期字形的写作像无圈足的一个盛酒器大口尊"酉"置于"一"上，晚期于字形下部追加两短横作为装饰。诸家皆释此字为"奠"，于卜辞中一般用作族地名、人名或祭名。"酉"字的本义是指八月新黍子酿造的酒，字形是一个酒坛的形象，引申为酒器之意。在古代能执掌酒业和主持祭祀的官是十分有地位的，往往由部落首领的亲人所担任，所在氏族自然称为奠氏族，奠人所在地方成为奠地，建立了城堡就成为奠邑，因春秋时作诸侯国名，为区别字义，遂加"邑"旁，演化为"鄭"，成为国名和姓氏常用字。

---

[1] 王建军、王雪菲：《殷卜辞所见"奠（鄭）族"及相关问题》，《中原文物》，2021年第4期。

[2] 引自王建军、王雪菲《殷卜辞所见"奠（鄭）族"及相关问题》一文。《合集》指郭沫若主编、胡厚宣总编辑的《甲骨文合集》。

一、汉族的郑氏

古代汉族的郑氏,主要有三大来源,即:子姓、姜姓和姬姓。

(一)子姓郑氏

第一支为子姓郑氏,来源最古。传说黄帝的后裔契,发明了刻木记事,被赐姓子,其后代汤建立了商朝。到商王武丁时,武丁的儿子被封为奠侯,以主持祭奠用酒而得名,为商朝一诸侯国。奠、郑古为一字,奠国即郑国。子姓郑国最初在商朝都城近地的北郑,今河南濮阳西南古帝丘之地,后来为防周、羌之敌,西迁到商朝西疆的南郑,在今陕西华县东。公元前1046年周灭商,子姓郑国也随之灭亡,周人迁子姓郑人到渭水上游,约在今陕西宝鸡附近。子姓郑氏的历史至少有3200多年,这支最古老的郑姓,人寡势弱,以后一直无闻,可能淹没于姬姓郑氏之中。

(二)姜姓郑氏

姜姓郑氏,出自姜太公吕尚之后。周灭商后,周武王封姜太公之少子井叔于郑,以统治子姓郑人,史称西郑,其故城在今陕西省凤阳。周穆王夺西郑为下都,姜姓郑国实际灭亡。国人姓奠井氏,或写为郑井氏,亦即郑氏,这支姜姓郑氏距今也有3000年的历史,但后来史书上未见这支郑姓的去向,学者推测可能亦淹没于姬姓郑氏之中了。

(三)姬姓郑氏

姬姓郑氏是后起之郑,但其后代最多。西周厉王小儿子、周宣王的庶弟姬友,因封于郑,谥号桓,史称郑桓公。其封地郑国(棫林)在今陕西华县西北(一说凤翔),史称南郑。周幽王时,桓公任周朝司徒,他见西周将亡,于是将部族、家属、财产连同商人东迁于东虢(今河南荥阳东北)和郐(今河南密县东南)之间,同商人订立互助盟约,助力其建立新郑国(东郑)。公元前771年,犬戎联军攻陷西周都城镐京,周幽王与郑桓公一同遇害,西周灭亡。东周初,桓公之子掘突在新郑继位,史称郑武公。武公辅佐平王东迁洛邑,建立东周。期间先后攻灭了东虢和郐,在溱、洧间建立新郑国,迁都新郑(今河南新郑),是为春秋郑国。郑武公、郑庄公相继为东周平王的卿士,郑国一度曾是春秋初期的强国,子孙繁盛,皆以郑为姓氏。郑国前后历23位君主,431年,后渐衰弱,公元前376年,韩哀侯出兵灭郑幽公,郑国被吞灭。郑国子孙以国名为氏,散布于陈、宋之间。姬姓郑氏有 2800 多年的历史。

二、外族汉化改姓的郑氏

历代还有一些源自外族的汉化改姓的郑氏，其来源历史，颇为复杂。例如：两汉时南蛮土家族的五大汉化姓氏中，就有郑氏[1]。朝鲜半岛新罗国第三代国王仿汉制，其中珍支部被封为郑氏。唐朝南诏国白族有一支郑氏，自称为南诏国世子之师、四川相州人郑回后裔。北宋金国女真人石抹氏族，亦改为汉姓郑。清朝满洲八旗舒穆禄氏、郑佳氏、郑讷鲁特氏等氏族，在清朝灭亡后均改为汉姓郑。其他还有来源于蒙古族、瑶族、彝族、黎族、羌族、京族、东乡族、锡伯族、纳西族、哈尼族、裕固族、回族等民族的汉化郑氏。

第二节　中原郑氏入闽

据《新唐书·宰相世系表》《元和姓氏纂》《北史》等文献记载，公元前 376 年，韩哀侯灭郑幽公后，郑国子孙播迁陈、宋（今河南东部）之间，以国为氏。幽公生公子鲁，鲁六世孙荣，号郑君，生子郑当时，西汉时为大司农，迁居荥阳开封，遂为荥阳人。郑当时为荥阳郑氏实际上的祖先，故后代有"天下郑氏出荥阳"之说。

一、晋代郑氏入闽

入闽郑氏，也以荥阳郑氏为主。据记载，郑氏入闽始于西晋。永嘉之乱，中原板荡，郑姓为"衣冠始入闽者"八族之一。晋惠帝时，荥阳郑桓公第三十九代裔孙郑庠，字文序，官安东太守，因避八王之乱，迁居安徽寿春山。

---

[1]《后汉书·南蛮西南夷列传》卷八十六载，古巴郡"南郡蛮本有五姓"，包括巴氏、樊氏、瞫氏、相氏、郑氏五大氏族群体。

晋怀帝永嘉元年（307）八月，挈家南渡。居江苏丹阳郡秣陵县（今江宁县）长平寺东，后世皆尊郑庠为渡江始祖。

郑庠次子郑昭，字元质，永嘉元年随父南渡，官任龙骧将军，入闽后官任泉州（旧泉州即今福州）、建安刺史，后调任晋安（福州）太守。郑昭入闽时初居侯官（今福州），转永福（今永泰）。经莆田见南湖山耸翠环拱，甚爱之，遂将荥阳郑氏先祖骨骸迁葬于南湖山之阳，史称"郑十二坵"。福建郑氏素尊郑昭为入闽始祖。

郑庠、郑昭画像（《浔阳郑氏族谱》）

二、唐代及以后郑氏入闽

唐代，中原汉人南迁移民形成第二波高潮，河南郑氏大举迁徙入闽。一是唐总章二年（669），河南光州固始人陈政、陈元光率府兵入闽平定"蛮獠啸乱"，开发漳州，其将校中有郑时、郑正等人，后落籍漳州，传衍闽南、广东等地。二是唐光启元年（885）始，河南光州固始人王潮、王审知兄弟开闽，其部将中有荥阳郑氏五十八代孙郑威等人入籍于闽，后裔繁衍于闽之大田、仙游、南安等地。

宋初，河南光州固始原南唐后主李煜之女高阳公主驸马，官驸马都尉、银青光禄大夫郑体恭，字崇谦，以懿戚避地入闽，居江南龙峰玉井（今福州仓山区后坂），为入榕郑氏一支。

明洪武八年（1375），南京应天府江陵郑俊，随军入闽，官定海所指挥，天顺三年（1459），其子郑洪仪定居连江芦湾乡，为连江郑氏一支。

洪武末年，郑瓒领军入驻延平卫（今南平市），永乐年间（1403—1424）到罗源县西兰后路垦荒种田，其后定居于此，为罗源郑氏一支。明代中叶，河南荥阳郑太原，随戚继光部将入闽平倭，后留守福清，其后裔郑学底定居福清县城后埔街，为福清郑氏一支。

明万历二十年（1592），郑榕由河南荥阳入闽，居漳州府海澄县三都永昌堡官宅社，置产祀祖，为海澄一世祖。

以上为郑氏历代主要入闽人士和散居各县情况。据 2020 年全国人口普查资料显示，郑姓在福建约有 127.89 万人，占全省常住人口 3.08%，在百家姓排名中居第 8 位。

第三节　郑氏"开莆来学"

荥阳郑桓公第 39 世裔孙郑庠，渡江居江苏丹阳秣陵（今江宁县）。郑庠子孙众多，散居于福建、浙江等省十多个州郡。郑庠次子郑昭，为郑桓公下第 40 世裔孙，字元质，永嘉元年随父南渡。官任龙骧将军，入闽后又官任建州、泉州、温州、处州、杭州、苏州等州郡尉，持节都督平南将军、庐陵内史，封开国侯。后改福州刺史，遂定居福州（晋安）。其后郑昭又改任泉州刺史，"道经莆城，见南湖山耸翠环拱，遂卜葬祖坟十二坵于南湖山之阳"，史称"郑十二坵"。明末郑凤超作南湖郑氏谱序则认为迁郑氏祖坟十二坵于南湖山者为第 52 世郑膺，而非郑昭，对此歧说后人判断不一。

一、入莆郑氏

一般认为，郑氏入莆始祖可追溯至郑昭迁祖坟于南湖史事，但郑昭或许还不是真正的入莆始祖。按民国《南湖郑氏族谱》记述，真正的"入莆第一世"是郑桓公下第 56 世、郑昭下第 17 世南湖郑露，其堂兄弟郑庄由南湖迁仙游浔阳，为浔阳第一世；郑淑迁仙游巩桥，为巩桥第一世。另一说认为，真正入莆定居南湖的郑氏祖为郑桓公下第 46 世、郑昭下第 7 世的郑瀚（字育贤）。

按《南湖郑氏族谱》所载，南湖郑氏郑昭下第 15 世为郑勖、郑艺二兄弟。郑勖生五子：岌、金、铙、汕、子遂。郑铙生郑庄、郑藏、郑泽三兄弟，郑汕生郑襄、郑露等四兄弟，郑子遂生郑淑、郑潜二兄弟。因此后来徙南湖"开莆来学"的郑露、郑庄、郑淑"三先生"实为郑氏三位堂兄弟而不是同胞兄弟。

古代莆仙地区在教育方面一直领先于福建许多地区，其最重要的标志就是南朝梁陈时期郑露与其族弟郑庄、郑淑在南山下南湖创建"湖山书堂"（又俗称"南湖书堂"），教育子弟，史称"开莆来学"。前人公认南湖三兄弟"开莆来学"是"倡学先儒""道承东鲁""学启闽南"的人物，他们改变了当时莆仙人尚不知学的愚昧落后状况。明《八闽通志》谓："按旧志，莆人郑露倡学于梁、陈之间，福人薛令之登第于神龙之际，则闽人知学其所来也远矣。"[1] 黄仲昭将郑露三兄弟的兴学举动与闽人薛令之的首中进士相提并论，皆作为"闽人知学"的发端，可见评价之高。

南山广化寺内湖山书堂旧照

南山广化寺内重建的湖山书堂

二、"开莆来学"史实考辨

"开莆来学"既是南湖郑氏的重大历史事件，也是莆田文化史、教育史乃至佛教史等方面的重大历史事件。对于"开莆来学"重大历史贡献，史无争议，然而因岁久事湮，对于其发生时间及相关人物，明代以来，开始产生一定争议。

1〔明〕黄仲昭：《八闽通志（下）》卷四十四"学校"，福建人民出版社，1991年版，第1页。

如大多数方志和早期文人文献皆载南湖三先生为梁陈时代人，而明清以来一些郑氏族谱则认为郑露三兄弟是唐代人。郑露三兄弟身份到底是专心办学的"邑儒"，还是朝廷的命官太府卿、中郎将、常州别驾？"开莆来学"是郑露，还是另有其人？这些争论的焦点，实际源于论者所认同的文献依据不同，故而得出的结论无法一致。

目前，关于莆田佛教寺院起源的最早的可靠文献，公认是唐代御史莆田进士黄滔的《莆山灵岩寺碑铭》一文。该文是已知最早记载南湖三先生开莆来学事迹的文献。其文曰：

> 粤灵岩寺，乃莆山之灵秀焉，神授焉。懿！夫狱立大山，堆下数峰，面乙臂坤，石嵌松瘦。昔梁、陈间，邑儒荥阳郑生家之。生严乎一堂，架以诗书。既而秋夕，风月清朗，俄有神人，鹤发麻衣，丈余其状，见于堂曰："诚易兹为佛寺，善莫之大。"生拜而诺，瞬而失。旋以堂居僧像佛，献其居为金仙院，即陈永定二年庚申也。[1]

此文中明确记载广化寺前身"金仙院"乃"邑儒荥阳郑生"于"陈永定二年庚申""献其居"所改建。对此文，一些今人因缺乏某些史识，对黄滔文章不解而随意篡改，如把"莆山"改为"南山"，把"永定二年庚申"改为"永定二年戊寅"。"莆山"是古代南山（凤凰山）的最早名称，因在城南被视为莆城镇山，莆城在莆山之阳，故中唐时期莆田就有"莆阳"的别称（如唐文学家欧阳詹文）。与"莆山"相对应的是"莆水"，明何乔新有诗云："莆山之阿，莆水之沱。"杨荣句云："莆山崔嵬，莆水浼浼。"而"永定二年庚申"指的是"永定二年庚申月"。查《新编中国三千年历日检索表》可知，"永定二年庚申月"就是永定二年秋七月，与碑记"既而秋夕"献宅建金仙院时间正吻合。古人纪年月日时，皆可用六十甲子即干支搭配来代替。因此广化寺建立的确切年月为公元558年8月。

碑文记述的是陈永定二年（558），出自荥阳郑氏的莆邑儒生，梦见异僧求地，遂献其居为金仙院故事。碑记本是记载灵岩寺创始历程，却道出梁陈间邑儒荥阳郑生，家莆山，架书堂、习诗书的事迹，于不经意间成为梁陈间南湖郑氏开

---

[1]〔唐〕黄滔：《黄御史集》卷五，明崇祯十一年（1638）黄鸣乔、黄鸣俊等刻本，第27页。

莆来学的最早文献记载。黄滔作为唐代文学大师，有"八闽文章初祖"之誉，闽地当时的金石志铭多出其手。《莆山灵岩寺碑铭》记载南山广化寺前身灵岩寺的草创历程，兼述林藻、林蕴、欧阳詹等文士，居此业文，而后皆中殊科的盛况，是一篇极为重要的莆田历史文献。

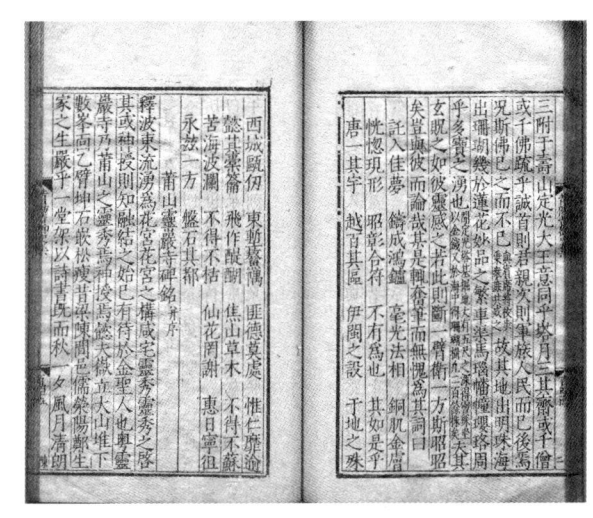

黄滔《莆山灵岩寺碑铭》书影

南宋嘉定间，莆阳贡士李俊甫撰《莆阳比事》，书中明确指出梁陈南湖郑生就是郑露。卷一"干戈不动，弦歌相闻"条载："莆为文物之地，旧矣。梁陈间，已有南湖先生郑露书堂（露一名褒，今广化寺讲堂是也）。唐林藻，弟蕴，肄业其地。欧阳詹自泉山诣焉，原其所倡，非在常衮入闽之后也。国家涵养日久，迄今有'三家两书堂'之谚云（以郡志、郑家谱参出）。"又卷七"罗汉化院，神人请地"条载："广化寺，梁陈间邑儒郑露之居。俄有神人，鹤发麻衣，夕见于堂，请易为佛宇。露诺而献之，为金仙院。时永定二年也，隋升为寺，唐景云因白泉之瑞，改灵岩（唐柳公权书额犹存，详见寺碑记）。"对于这两条史事，《莆阳比事》中注明其资料是引自官修郡志（《莆阳志》）、广化寺碑记并参考郑氏家谱的，亦可证宋代之郑氏族谱已记载南湖先生郑露为梁陈间人。南宋祝穆的《方舆胜览》卷十三"兴化军·风俗"亦有类似的兴化郡志引用。由此可知李氏所参阅的郡志、郑氏家谱，乃是持郑露为梁陈间人之说，与黄滔《莆山灵岩寺碑铭》所记是一致的。

后代方志、通谱以及文人学士之记，亦众口一词。至明中晚期后，随着郑氏新编族谱的出现，关于"开莆来学"的史实，学界和郑氏开始出现诸多分歧。《南湖郑氏通书》等称：郑露生于唐开元二十八年（740）庚辰三月十五日辰时，郑庄生于唐玄宗天宝三年（744）甲申九月初九日寅时，郑淑生于唐玄宗天宝五年（746）丙戌正月十一日辰时。

设若这郑氏三先生的出生时间记载是正确的,而莆田林披于唐玄宗天宝十一年(752)已赴长安考取了明经,官至太子詹事兼苏州别驾,以著《无鬼论》而闻名。披生九子,亦皆登第,且均官至州牧(刺史),世称"九牧林家",名扬天下。对照新编郑谱,天宝十一年(752)时,郑露才12岁、郑庄8岁、郑淑6岁,据文献记载他们是自侯官先迁永泰,成年后自永泰再迁来南湖"构书堂以修儒业"的[1],则林披中第时郑家三孩童不但尚未来莆,且三孩儿自己尚不知学,又如何能膺受千年"开莆来学"之盛誉?

实际上,明清以来的一些郑氏族谱,为了证明郑露兄弟三先生是唐朝正宗的朝廷命官,编造了不少与史相悖的"证据"。如认为郑露不是"邑儒",而是真实的朝廷命官,遂否定郑露的太府卿、郑庄的中郎将、郑淑的常州别驾皆为唐代常衮"表赠"之官的记载。又如道光《郑氏族谱》卷一"历代恩赐"中以明清时代才出现的"奉天承运,皇帝制曰(诰曰)"诏书形式编造出三通所谓唐代朝廷授予郑氏三先生的"告身""诰命"。其中《太府卿郑露告身》开篇云"奉天承运,皇帝制曰";《加五官中郎将郑庄诰命》云"奉天承运,皇帝诰曰";《常州别驾郑淑告身》云"奉天承运,皇帝制曰"。所谓"告身""诰命"是唐代朝廷任命官员或颁赐爵位的凭信,相当于后代委任状。另谱中收录的《授兴化韦布郑樵迪功郎诰词》《正议大夫守吏部尚书兼修国史郑侨诰命》《赠朝请郎郑国兴敕命》等数通宋代皇帝"诰命""诰词",竟也都是以"奉天承运皇帝诰(敕)曰"开头,因此同样可判断为清人伪造之物。

还有就是高调宣称"唐贞元三年(787)岁次己丑冬率旨赐金敕建"莆田"开莆来学"牌坊的说法,也明显有悖历史常识,因为唐代全国尚未出现"牌坊"这种建筑。著名建筑学家梁思成在《中国建筑史》中说:"牌坊为明清两代特有之装饰建筑,盖自汉代之阙,六朝之际,唐宋之乌头门、棂星门演变成型者也。"[2]考唐中期贞元年间(785—805),朝廷旌立双阙以彰表莆田孝子林攒,是莆仙旌表立阙之始,但它还不是牌坊。宋代,莆田才出现牌坊这种建筑。已

---

1 〔明〕周瑛、黄仲昭:《(弘治)兴化府志·儒林》"梁陈·郑露"载:"至陈时,莆犹未为县,人不知儒学。露与其弟庄、淑自福之永泰徙莆,庐护墓侧,卜居南山之胜,构书堂以修儒业。"
2 梁思成:《中国建筑史》,百花文艺出版社,1998年版,第331页。

知莆田最早记载的牌坊是宋景德二年（1005）所建的"六桂坊"。查《南湖郑氏巩桥族谱》《南湖仙游浔阳郑谱》《荥阳南湖仙游浔阳郑谱》等均载："明正德间，提举刘公玉观风于莆，念公不立坊，无以示劝，移文本府，以崇尚先贤。匾曰：开莆来学，郡守张公琦书。"[1] 可见"开莆来学"木坊，实际是明正德间福建按察副使、江西万安人刘玉倡建的；而"开莆来学"四字匾字则是福建兴化知府张琦所书写。张琦（1450—1534），字君玉，号白斋，浙江鄞县（今属宁波市）人，弘治十二年（1499）进士，正德六年（1511）出任兴化知府，在任六年。

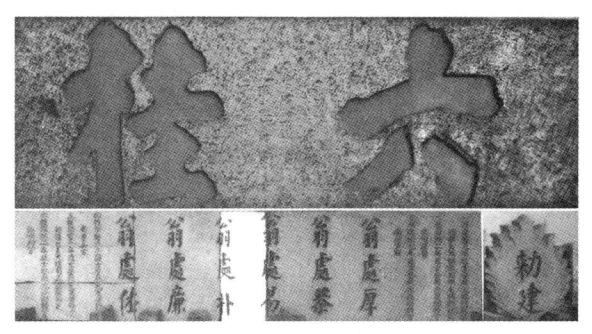

莆田六桂坊遗存石刻（《六桂春秋》）

莆城"开莆来学"木坊旧照

张琦在兴化任上兴办学校，匡正风俗，有古良吏遗风，又喜作文吟诗，时称"文章太守"，所著《白斋集》中有多篇其有关莆田教育及先贤纪念的诗文，如《重刻涵江书院碑阴记》《重立涵江书院祭文》《祭岳公文》《祭陈参政待征文》等，因此张琦为"开莆来学"木坊题字是很合适的。

---

[1] 仙游浔阳郑谱编委会：《荥阳南湖仙游浔阳郑谱（上）》"开莆来学坊"，2005年版，第52页。

认定"开莆来学"郑氏三贤是梁陈时代人,虽然会与郑氏所编族谱代数方面存在差距,难以对应,但是在重大史事面前,我们宁愿怀疑族谱记载的代数有所遗漏这些小节,而不应贸然去否定重大事件基本史实这个大节。当代不少专家著述已指出"南朝梁陈之际人郑露"诗在清代被收录《全唐诗》属时代"误收",如佟培基编撰《全唐诗重出误收考》(陕西人民教育出版社,1996年,683页),张涤华主编《全唐诗大词典》(山西人民出版社,2000年,149页),傅杰编《二十世纪中国文史考据文录(下)》(云南人民出版社,2001年,1996—1997页)等。福州西湖宛在堂诗龛是明代正德间创建的全闽诗人纪念堂,至民国十年(1921),先后入祀福建诗人270人之多,但是唐以前的诗人,全省只有"郑露"一人,可见其地位之重。因此,如硬是把郑露说成是唐玄宗时代人,则其在"宛在堂诗龛"之排名则应改在"林披"之后,这实是对梁陈"开莆来学"三先生的矮化和不敬。其实就像是宋代著名的神妃妈祖林默世系,到目前为止,录书记载事件与林默世系代数也是完全无法对应的,但不能因此就贸然否定妈祖出生于宋初这个重大史实。

福州西湖宛在堂

第四节　莆阳郑氏宗支

郑氏是最早入莆的士族，对莆阳文化的肇兴有着重大的贡献。郑露三兄弟后分居莆仙三地，各为莆阳南湖郑氏宗支之祖。

2010年出版的《莆田市姓氏志》载，据2007年人口普查资料统计，莆田市郑氏人口190150人，位居莆田市大姓第四位。

一、郑露为莆田郑氏之祖

郑露，生卒年不详，字恩叟，初名褒，又名灌，行三，入闽始祖郑昭下第17世孙。南朝陈永定时（557—559）与其族弟郑庄、郑淑，从永泰移家至莆田城西南南山（凤凰山），于郑氏祖坟旁筑居，又在风物佳胜处创建"湖山书堂"，读书其中，经常写作诗文以教诲后辈，号为"南湖三先生"。三先生中尤以郑露贡献为大，在他的倡导下，莆中竞相效法，很快就呈现出"兴学"的风气。后人谓："若（郑）露者，虽其言论风采，无所考见，然于莆人未知学之时，独与其弟从事诗书，以开先莆之儒学，其亦可谓豪杰之士也欤！"（弘治《兴化府志·儒林上》）

郑露像（李耕画）

陈永定二年（558），郑露盖一座小房子（今广化寺崇信庵地）自居，舍书堂建永丰庵（今广化寺讲堂地），献旧宅建金仙院（今广化寺大殿地），于是莆田开始有佛寺。黄滔《莆山灵岩寺碑铭》详记其献宅建金仙院故事。

唐德宗即位初，京兆人、天宝十四年状元常衮（729—755）被贬为福建观察使。常衮注重教育，增设乡校，亲自讲授，闽地文风为之大振。常衮推尊乡先师，特表赠莆田郑露为太府卿，为莆田县崇祀乡贤之第一位，郑庄为中郎将，

莆田蒲坂郑氏先祠

郑淑为常州别驾。

　　郑露后裔定居南湖西峰尾，为莆田县诸郑始祖。传至第三世大中大夫郑敖，生五子，号"五垂簪"，其族始分居。长子郑巩，官吏部尚书，迁福州故丘；次子郑皋，字山甫，官大理寺评事，迁前埭（今属英龙社区），为前埭房始祖；三子郑阜，官兵曹郎，居后埭（今辰门兜一带），为后埭房始祖；四子郑准，官司门郎，为留桥上塘（今属文献社区境）房之始祖；五子郑肇，字广发，官寿州刺史，自南湖迁桃源（今涵江区萩芦南坛），为桃源房始祖。

　　莆田郑氏自唐代始即是科举世族。如唐代进士郑积、郑方迕、郑朗，五代进士郑希闵、郑元弼、郑元振等。到了宋代，郑氏家族更可谓进士蝉联，簪缨不绝。

　　二、郑庄为仙游浔阳郑氏之祖

　　郑庄，生卒年不详，初名逢，字端叟，又名邵，号敬之，为郑铙长子。南朝陈永定元年（557）与族兄郑露、从弟郑淑由永福（今永泰）迁入莆田，卜居南湖山十二坵祖坟侧庐墓，在南湖书堂授教传徒，人称"南湖三先生"。后分迁仙游浔阳（今仙游菜溪、石苍等乡镇），为浔阳郑氏始祖。

据说郑庄生子郑积,字德载,贞观进士,历官侍御史兼右散骑常侍。积生七子,号称"七凤"。长子郑方道,官威武将军,分居浔阳洋头后坑上坑房;次子郑方邈,官长溪县尉,为后坑房祖;三子郑方述,官明州别驾,为龟岭房祖;四子郑方迥,官沧州司马,迁福州大田;五子郑方逊,官云骑都尉,迁永福(永泰)竹演;六子郑方迕,官殿中都尉,为广业里霞溪房祖;七子郑方迓,官司功校书郎,迁永春德化。南宋著名史学家郑樵,字渔仲,号夹漈,即为郑庄下十二世孙,出浔阳郑氏广业里霞溪房。状元郑侨,为郑庄下第十三世孙,出浔阳郑氏龟岭房。郑樵与郑侨为族叔侄关系。

郑庄像(李耕画)

仙游浔阳郑庄宗祠

三、郑淑为仙游巩桥郑氏之祖

郑淑，生卒年不详，字善叟，为郑遂长子。陈永定元年（557）与族兄郑露、郑庄由永福（今永泰）迁入莆田，卜居南湖山十二坵祖坟侧庐墓，在南湖书堂授教传徒，人称"南湖三先生"。后迁居仙游巩桥荷叶山左（今仙游鲤南镇圣泉村），为巩桥郑氏始祖。墓葬在今仙游巩桥旧居飞凤山山麓，后代重修，碑称"唐常州别驾郑公墓"。郑淑入祀仙游文庙乡贤祠。

巩桥郑淑下第四世裔孙郑良士，字君梦，又名昌士，自幼博学，擅长诗文。唐昭宗景福二年（893），献诗五百篇，得授国子四门学士。累迁康州、恩州刺史，兼御史中丞。天复元年（901），弃官归隐。后梁贞明元年（915），应太祖辟命，转左散骑常侍。性沉厚寡言，太祖称其长者。著有《白岩文集》《诗集》《中垒集》等。

郑淑像（李耕画）

据说良士生十一子，有八子仕于朝，号称"八虎"。长子郑元弼，官礼部员外郎，为巩桥房；次子郑元恭，官秘书校书郎，迁福州；三子郑元谦，官奉节郎，

仙游巩桥郑氏通德祠

分折桂里埔兜房；四子郑元素，官信州别驾，分别驾房；五子郑元龟，官许州司马，由南湖分司马房；六子郑元礼，官漳州观察推官，分枫亭赤湖房；七子郑元振，官兵部员外郎，分香山员外房；八子郑元渐早逝；九子郑元庆，官广东判官，迁德化桂林隔，为判官房；十子郑元瑜，官秘书郎，分秘书房；十一子郑元忠，官秘书省正字，分正字房。

巩桥郑氏后世子孙繁盛，人才辈出。如第二十三世孙有明户部尚书郑纪，字廷纲，号东园，明天顺四年（1460）与父郑松庵同科进士，历仕英宗、宪宗、孝宗，为三朝元老、一品尚书。郑纪为屏山郑氏裔孙，屏山郑氏系巩桥郑良士第十子郑元瑜迁居屏山所开宗支，属"八虎"之秘书房。

四、迁播外地的南湖郑氏

南湖郑氏，历代迁播外地的宗支也有不少。福建本省的福州、泉州、漳州、龙岩等市，外省的广东、浙江、台湾和香港等地，亦皆有南湖郑氏后裔聚居。《莆田市姓氏志》列举南湖郑氏播迁外地的宗支有：

（一）化州派：广东化州《平塘郑氏族谱》载，南湖郑露九世孙郑重，明成化十一年（1475）进士，任湖广长沙府知府，弘治年间调任高州知府。欲图衣锦，事因路梗，寓居（高州）南街，后迁化县（今广东化州市）平塘申二二都六甲开基创业，建宗立庙。

（二）西山派：宋仁宗庆历四年（1044），浔阳郑庄九世孙郑行十，号菊叟，仕官广东惠州判官，致仕后定居于东莞县文顺乡，繁衍生息。因其高祖郑璩墓葬崇仁里黄志善澳岭西山，因号郑氏"西山派"。

（三）潮阳派：南湖郑氏后裔郑信子郑徽，官广东盐运使司，为潮阳神山始祖。与郑徽同迁潮阳后郑夔子郑升，亦为金浦始祖。

（四）鲲江派：宋末元初，南湖郑氏十八世孙郑东里，由闽带其父存诚木主牌迁入潮州鲲江乡，生三子，号"鲲江派"。郑氏徙迁潮州者甚多，如今潮州尚有不少标称"南湖世第"的人家。

（五）平阳派：浙江平阳（今苍南）《郑氏宗谱》载，唐太府卿郑露二十九世孙郑敬廷，号槐荣，生子三：明严、台严、少严，明季由兴化莆田迁徙福鼎沙埕。清康熙初，复自福鼎迁浙之平邑，明严生子文衡，择居松山；台严无传；少严生三子，仅传文英，卜居莒溪。

（六）浯江派：福建漳浦石壁和东坑郑氏，为仙游县郑子弼于明万历前徙迁，子孙繁衍昌盛，其后有的外迁聚族于泉州之浯江李洋乡，衍为郑氏"浯江派"。

（七）冈州派：泉州惠安县冈州乡郑氏，为巩桥郑淑后裔郑益斋，于明弘治、正德年间由仙游县迁此，为开泉南之始祖。

郑氏移居台湾，始于明、清之际郑成功收复台湾后。郑成功为南湖郑氏后裔，其治台期间，闽、粤沿海入台的郑姓人士络绎不绝。至今郑氏已成为台湾第12大姓。

清代始，郑氏播迁海外，分布于泰国、缅甸、菲律宾、马来西亚、新加坡、澳大利亚、美国、日本和加拿大等东南亚和欧美一些国家。

其实，南湖郑氏裔孙外迁宗支远不止以上所载这些。如浙江台州的郑氏，始祖为宋代定居天台的莆田人郑至道，是南湖后埭郑阜后裔。广东汕头市潮阳的神山郑氏、金浦郑氏、平湖郑氏三个宗系，皆源溯莆田，根系南湖。又如本省福州仓山区盖山镇高湖村，建有"南湖郑氏宗祠"，盖山镇江边村建有"南湖郑氏支祠"，皆为南湖郑氏迁徙福州宗支。又如泉州泉港区山腰镇荷池村郑氏、惠安凤山坑边郑氏、泉州丰泽区津头埔郑氏、晋江市罗山街道和平

福州仓山盖山镇高湖郑氏祠堂

南路郑氏、晋江深沪运伙村郑氏、永春石鼓上场郑氏、永春桃星郑氏、永春仙夹镇夹漈村郑氏等等，这些郑氏聚居村落或建有郑氏宗祠，或编有郑氏族谱，亦皆追溯先祖源于莆田南湖郑氏三先生。

第三章 郑至道家族世系及生平传略

莆田廉官郑至道思想理念的形成与莆田文献名邦的文化传统及其家族家风有直接的影响关系。良好的家庭环境及家族文化传统,对子孙后代的影响是潜移默化的。因此探讨郑至道思想理念的形成,有必要对其家族世系作一简要考察和梳理。

第一节 莆田后埭郑氏

一、莆城后埭文化地理

莆田兴化古城内后埭街,位于莆城东北隅,今属莆田市荔城区英龙街北大路。北自拱辰门内,南抵新观前,与原石幢街相接壤,古属崇业乡。唐代以后,即有九个大姓世族聚居于乌石山前一带。宋代李俊甫《莆阳比事》记云:"自唐距今山之前,登科第者无虚岁,由是朱紫蝉联不绝。"这些大姓人家多是科第世族,簪缨数代绵延不绝。

后埭地处乌石山(东岩山)前,古时莆田南北洋未塆海时,这里还处在海湾水畔。及既塆海,始成平地,故以"埭"命名,有前埭、后埭。埭者,堤也。唐中叶以后,早先入莆的大姓富家即迁此开辟新的聚居地,并

莆城乌石山（今东岩山公园）

蔚为莆中甲族。

明洪武朝扩城后，本在宋兴化军城宁真门（俗称"汤门"，址在今观桥）之外的后埭街，以及石幢街之地，始被围入城内，并以"后埭街""石幢街"地名载入郡志《里图》，隶属东厢。自此，该街即是经拱辰门出入兴化府城的一条南北向的通衢。

清朝时其街名隶属基本不变。民国时期，后埭街隶属城北乡，属巷双池里、后村巷、绣衣里、侍郎巷（赤柱巷），划为龙坡铺属地；而忠巷（陈巷）、下萧则划属一经铺。全县行政区实行保甲制度以后，后埭街又先后隶属城北镇、城厢镇联保。民国后期，后埭街与石幢街并合为"北大街"。

1949年后，北大街始改称北大路，境地初属英龙街、元妙街，后并属英龙街。"文革"期间，更名为红星路，英龙街亦改称红星街。1980年以后复定为北大路，而古后埭街属北大路北段。今旧城改造延伸街道，属北大北街，隶属荔城区镇海街道英龙社区居委会管理。

莆城后埭街示意图（来源：萧亚生《兴化古城寻踪》）

二、"开莆来学"标志坊

入瓮城内门，迤西至绣衣里南巷口，古时为彰显南湖郑露三兄弟开莆倡学、启蒙开化之功业，在这里建有"开莆来学"坊，坊之周遭地名亦俗称"开莆来学"。"开莆来学"坊为木制，四柱、三间、三楼、歇山顶、五层拱斗出挑托檐，宏伟壮观。坊中央悬竖有"恩荣"牌额，横匾书"倡学先儒唐太府卿首祀乡贤南湖郑露"，右书"道承东鲁"，左书"学启闽南"。木坊毁于"文化大革命"时期的"破四旧"运动。

旧时莆城拱辰门（辰门兜）内，南北两侧均有巷道，俗称"城墙边巷"。两侧均聚居有郑氏家族，为梁陈邑儒郑露后裔，至宋代已蔚为乌石山前之九大姓之一。元代重修宋《莆阳志》卷七"井闾志·里图"引宋志云："古谶：'乌石山前，官职联绵。'自唐以来，曰郑，曰林，曰黄，曰陈，曰方，曰宋，曰刘，

第三章 郑至道家族世系及生平传略 51

"开莆来学"木坊老照片

曰王,曰李,世居焉。"[1] 九大姓之首即南湖郑氏,可见郑氏在此聚居历史最早。

除"开莆来学"坊外,拱辰门内还有郑氏后裔兴建的郑露祠堂。萧亚生《兴化古城寻踪》载:"拱辰门内建有郑露祠堂。郑露之后,唐兵曹郎郑阜徙居后埭,其子孙聚居于拱辰门内,为科第世族。至宋代前,后埭郑氏即蔚为乌石山前的九大姓之一。"[2]

---

1 蔡国耀主编:《莆阳方志九种》,吉林文史出版社,2016年版,第42页。
2 萧亚生:《兴化古城寻踪(下)》,海峡文艺出版社,2019年版,第425页。

三、郑氏后埭阜房世系

据《南湖郑氏大宗谱》记载，南湖西峰郑露派下第四世郑阜，字永安，行二十二，为大中大夫、左谏议郑敖第三子，官兵曹郎，郑阜自莆山南湖徙居后埭（辰门兜），成为后埭阜房始祖，其子孙聚居于拱辰门内，至宋代，后埭郑氏已蔚为乌石山前的九大世姓之一。

据南湖郑氏族谱记述，后埭郑阜房始祖至郑伯玉世系如下：

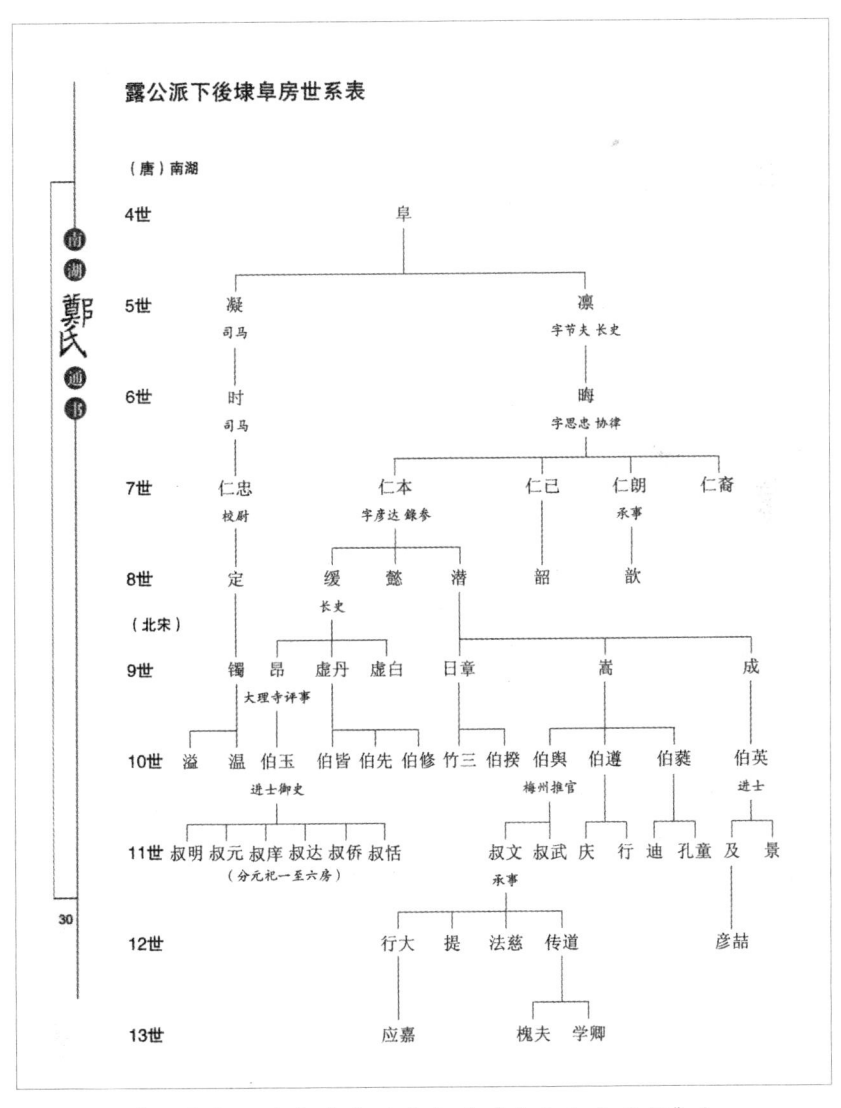

露公派下後埭阜房世系表

世	
4世（唐）南湖	阜
5世	凝（司马）　　　凛（字节夫 长史）
6世	时（司马）　　　晦（字思忠 协律）
7世	仁忠（校尉）　仁本（字彦达 錄参）　仁己　仁朗（承事）　仁裔
8世（北宋）	定　缓（长史）　懿　潜　韶　歆
9世	镯　昂（大理寺评事）　虚丹　虚白　日章　嵩　成
10世	溢　温　伯玉（进士御史）　伯皆　伯先　伯修　竹三　伯揆（梅州推官）　伯舆　伯遵　伯蓁　伯英（进士）
11世	叔明　叔元　叔庠　叔达　叔侨　叔恬（分元祀一至六房）　叔文　叔武　庆　行　迪（承事）　孔童　及　景
12世	行大　提　法慈　传道　彦喆
13世	应嘉　槐夫　学卿

莆田南湖后埭郑阜房世系表（《南湖郑氏通书》）

郑阜像
(《郑氏族谱》)

郑晦像
(《郑氏族谱》)

第一世　郑阜，郑敖第三子，字永安，行念（廿）二，官兵曹郎，后埭房始祖。配孙氏，子二：郑凝、郑凛。

第二世　郑凛，郑阜次子，字节夫，行二十三，官长史，配扶风万氏，卒与夫人万氏合葬长兴院，墓园号"双燕归巢"。子一：郑晦。

第三世　郑晦，郑凛独子，字思忠，官协律郎，配沈氏、朱氏。子四：郑仁本、郑仁已、郑仁朗、郑仁裔。

第四世　郑仁本，郑晦长子，字彦达，官录事参军，配林氏。子三：郑缓、郑懿、郑潜。

第五世　郑缓，郑仁本长子，官长史，配余氏。子三：郑昂、郑虚丹、郑虚白。

第六世　郑昂，郑缓长子，官赠大理寺评事。子一：郑伯玉，字宝臣，北宋景祐甲戌科进士，官殿中侍御史，宦迹突出，是一位历史名人。

第二节 郑伯玉"三世青云"家族

一、郑伯玉生平略历

南湖郑氏后埭郑阜房第七世孙郑伯玉,是宋代郑氏"三世青云"家族之祖。伯玉,字宝臣,自幼聪敏识学,四五岁便能诵书吟诗,善对句。传说八岁时,叔父殿中丞试之曰:"伐木斧声闻谷口。"伯玉随答曰:"过桥旗影映波心。"叔父奇之。伯玉少年,尝与邑人陈琪、方孝能,读书乌石山,切磋学问,吟诗作赋,交情甚笃,人称"乌石三贤"。后人将其诗与陈琪、方孝能诗合编一集,名为《乌山三贤诗》。

仁宗景祐元年(1034),伯玉赴京应试,与兴化军蔡准(蔡京之父)、蔡高、方峤、方龟年等22人,

郑伯玉像赞(常州《郑氏宗谱》)

同擢张唐卿榜进士。伯玉授将仕郎,试秘书省校书郎,淮南节度使掌书记。景祐七年(1040),伯玉改官大理司直,充江西抚州观察推官。其为官礼士爱民,以清白闻名,民怀其惠。相州安阳人韩琦,字稚圭,号赣叟,天圣五年(1027)榜眼,其时,韩琦官枢密副使,素知伯玉贤能,更爱其居官清谨、操行愿悫(诚实)之品行,荐为殿中侍御史。史载,伯玉为人峭直,不屈权贵。安贫嗜学,好为诗,所作有三百余篇,名曰《锦囊集》及续集。郡志云:"凡朝政得失,士夫臧否,皆托之诗。如欲轻赋敛,则制《老夫吟》;悯新法,则咏《莆田作》;嫉邪说,

则著《闲居书怀》；恤民力，则作《豪家吟》之类。异己者多嫉之。"[1]

清代郑王臣《莆风清籁集》录郑伯玉诗九首。王臣认为其"所作诗大都以讽谕为体，有《三百篇》遗意。……可与元微之、白乐天《新乐府》并传"。[2]所谓"《三百篇》遗意"指的是《诗经》关注社会现实的写实精神，也即敢于在诗歌中真实描写社会生活，并表明自己的态度的现实主义创作传统。郑伯玉之诗也大多以讽谕为体，在郑王臣看来，他与唐代继承《诗经》现实主义传统的新乐府运动领袖人物元稹、白居易，有着相同的历史地位。可见后人对他的评价是很高的。民国福州文人陈世镕纂《福州西湖宛在堂诗龛征录》卷三，录郑伯玉诗12首，是目前收录郑伯玉诗最多的文献。

北宋庆历三年（1043），参知政事范仲淹上《十事疏》，提出"明黜陟""抑侥幸"等十项改革方案，实行新政，以求改革积弊、整顿吏治、富国强兵。新政推行，触及了一部分权贵的既得利益，更使一大批贪官污吏和高官贵勋的利益受到损害，致使保守派首先发难。夏竦等造谣中伤，毁谤新政。加上朝中"朋党"之争，仁宗对新政由疑虑进而变为动摇，最后竟然决意罢免范仲淹，向保守派妥协。庆历新政以韩琦被贬知扬州，改革失败告终。在此政治背景下，作为得韩琦知遇之恩的郑伯玉，虽年未五十，即以亲老为由，弃官辞归莆田。其所作《清明林下》诗云："游丝百尺飞到地，野蝶寻芳有狂意。一番轻雨洗梨花，啼出玉真无限泪。老夫不入少年场，直向南轩亭午睡。觉来历省梦中事，欲忆邯郸枕中记。"伯玉在诗中抒发了自己致仕返乡，远离官场恶斗，日子过得悠然自得的豁畅之情。

伯玉家居，纵情山水，在莆城后埭郑露祠堂附近营建园林，凿地为池，叠石成山，环植荷、柳、松、菊。所筑一亭，兴化知军俞希孟为题匾曰"绿野"，遂号"绿野亭"。伯玉作有《绿野亭》诗四首，抒写家乡壶山兰水春夏秋冬四季景色之美，更表达了自己正视现实，热爱桑梓，不慕身后虚名的超凡脱俗情怀。

伯玉家居二十余年，醇厚恭谨，胸次开豁。严格督导子孙，学习圣人立身之节，教养并行。宋《莆阳比事》将其概括为"三世登云，四代攀桂"一比对句，

---

[1]〔明〕周瑛、黄仲昭：《（弘治）兴化府志》卷三十六"郑伯玉传"。
[2]〔清〕郑王臣：《莆风清籁集》卷三"郑伯玉"，清乾隆三十七年（1772）刊本。

并记载郑伯玉子郑叔明、郑叔侨，孙郑至道、郑亨道、郑事道"相继登第，伯玉生前皆及见之"的美好结局。伯玉好友提举方孝能赠诗贺云："壶公簪绂数如沙，三世青云在一家。"伯玉郑家"在当时为创见也"，也就是属于少见的家族。伯玉卒后，赠通直郎，墓在壶公山麓南力里（今新度）褒忠纪孝禅院即石泉院后。郑氏后人还以绿野亭之址，建为"宋御史郑伯玉祠堂"。《八闽通志》载绿野亭"今伯玉祠堂即其址也"。

郑伯玉长子郑叔明，中宋皇祐五年（1053）进士，其同科状元、湖北安陆人郑獬（1022—1072）曾作郑伯玉像赞曰：

少负俊才，其德允铄。
词章豪伟，忠心照灼。
志辨纵横，标宇雄略。
文武兼该，类超萃拔。[1]

明代黄仲昭在《郑伯玉、陈侗列传论》中则评述云："郑伯玉以韩魏公荐为御史，则其才足以有为，盖可知矣。然年未五十，遽以亲老弃官归，而凡有所感触于心者，悉于诗焉发之，此又可见其志有所不为也，可不谓贤乎？"[2]

郑叔明像
（道光《郑氏族谱》）

二、郑伯玉世族科第

郑伯玉子孙昌盛，人才辈出，科甲蝉联，簪缨不替。伯玉生子六人，其长子郑叔明，于仁宗皇祐五年（1053）擢郑獬榜进士，官承奉郎，知福建南剑州顺昌县，改知福建将乐县，著有《锦囊三集》。清《莆风清籁集》录诗二首。

伯玉第五子郑叔侨，字子政，一作子振，神宗元丰八年（1085）擢焦蹈榜进士，官承议郎，元祐间任福建侯官县（今属福州市）主簿，迁清溪（今福建安溪）知县。叔侨善诗如其祖父，有《郑叔侨文集》。《全宋诗》录其《熙宁桥》诗一首。

---

[1] 马小林、纪国强主编：《中华各姓祖先像传集（九）》，民族出版社，1998年版，第7506页。
[2]〔明〕黄仲昭：《未轩文集补遗》卷下，影印文渊阁四库全书本。

伯玉长孙郑至道，为郑叔明子，神宗元丰二年（1079）擢时彦榜进士，知天台县，又改知乐昌，著有《谕俗编》《锦囊四集》。郑至道弟郑亨道、郑事道，于哲宗元祐六年（1091），兄弟同登马涓榜进士。郑亨道官泉州惠安县主簿；郑事道为亨道弟，历知福建邵武、古田、连江三县，迁福州录事参军，凡三任，转朝奉郎，知福建邵武军，著有《小莆川集》。

伯玉同辈宗兄弟亦多仕宦各地。如从弟郑伯英，擢庆历二年（1042）进士，官连江知县；从弟郑伯喈，擢庆历六年（1046）进士，官屯田员外郎、咸平知县，赠朝议大夫。从弟郑伯奇，熙宁九年（1076）诸科擢第，官将作监主簿。从弟郑伯舆，元丰八年（1085）擢特奏名进士，官梅州推官、潮州府通判，后定居蓝兜村，为蓝兜郑氏始祖。还有从弟郑伯持，官国子助教；郑伯将，为国子监元（即国子监考试第一名）；郑伯有，亦为国子监元。

唐宋以降，郑氏科甲兴盛，蔚为世家望族。相传自北门内循城墙而行，直至东水关，均为郑姓居第。至明代，郑氏科第盛况仍绵延不绝。如郑云，洪武二十一年（1388）进士，累官升广东布政司右参议。郑循初，正统十二年（1447）举人，官至鲁府右长史。循初子嘉祐，成化二十二年（1486）举人，官富阳知县。郑公奇，正德九年（1514）进士，官太平知府。郑彇，嘉靖二年（1523）进士，官云南知府。郑彇子郑东白，嘉靖二十六年（1547）进士，官广东佥事。郑元辅，万历四年（1576）举人，官苏州同知。郑俶，万历十年（1582）举人，官安吉知州。

郑伯玉后代不少迁居外地，成为当地南湖后埭郑氏的开基祖。如《南湖郑氏大宗谱》卷三"肇迁总录"载：伯玉子长房叔明十五代孙郑冲之，嘉定元年特奏名进士，官广州都监税，居广肇，为广肇始祖，子孙繁盛。叔明第十六代孙，行百二，称宣教，以父尧夫，任广肇南恩州，因家焉，为南恩州始祖。叔明第十六代孙，行百十五，生三子，长郑福，次郑寿，三郑康，居广州顺德县盐部头，为顺德县始祖。

明嘉靖朝的倭祸，对莆田文化的破坏是史无前例的，损失极为惨重，郑氏的许多世家府第，包括郑伯玉之绿野亭等均在倭祸中被毁。莆田的许多世家望族，包括郑氏家族的科举传统，亦从此辉煌不再。明亡后，整个清代，历时276年，莆田全县郑氏只有郑泰枢、郑宗郇两位进士，仙游全县只有郑远一位进士，这与宋、明两朝相比，真是有霄壤之别。

第三节　廉官郑至道生平传略

宋代郑伯玉家族，可谓是簪缨世家。伯玉长子郑叔明，为皇祐五年（1053）郑獬榜进士，长孙郑至道，为元丰二年（1079）进士，知天台县，任期满，乃定居天台，成为天台广龙郑村郑氏始祖，其故乡莆田郑氏族谱不再为之续谱，郑至道事迹在故乡莆田，也就很少有人关注和知晓。其实，郑至道出身簪缨世家，进士出身，留下不少值得研究的思想，堪称郑至道文化现象。他是迁居外地莆田籍基层官员优秀代表人物之一。

一、郑至道任职及后裔

郑至道，具体生卒年未详，字保衡，郑叔明长子，另外两个弟弟分别名亨道、事道，兄弟三人，皆中进士。北宋元丰二年（1079），郑至道擢时彦榜进士。

今天台县白鹤镇横西村广龙郑自然村

元祐二年（1087），郑至道以雄州（治所在今河北省雄县）防御使推官（主管各刑案公事），改知浙江台州天台县，其"为政宽简，专于教化"，政绩卓然，邑人悦服，人誉为"贤守令"。

宋代知县、县令一年一考（核），三年为一任[1]。郑至道三年秩满，百姓攀留不忍其行，留下"松关留郑"佳话。郑至道深受感动，因挈家眷迁居于天台县松关（今浙江台州市天台县白鹤镇松关村）。后经考察，最终定居于白鹤广龙郑村（今浙江台州市天台县白鹤镇横西村广龙郑自然村）。据南宋《莆阳比事》，明代弘治《兴化府志》《八闽通志》载，郑至道定居松关后，又曾获授韶州乐昌知县（今广东韶关市）任命，但各本《乐昌县志》"职官"并无郑至道记名，可见他未曾赴任，或许是出于看淡官位，抑或是出于身体原因。郑至道卒后，入祀天台县"名宦祠"。天台县士民又曾为其建"留郑坊""郑公祠"等纪念性建筑，惜岁久已圮坏不存，现在只留下一些遗迹，供今人凭吊。

据调查，现今台州天台县白鹤镇横西村广龙郑自然村郑氏，都是郑至道的后裔。据统计，现居该地的广龙郑氏后裔近300人，另有一些郑氏族人迁居温岭等地。村内尚存有宋代郑至道的一些遗物和遗迹，如古井、石臼、郑氏祠堂原石构件等。2019年，广龙郑村的村民在村口大树下新立郑至道抚琴露天铜塑像一尊。

郑至道抚琴露天塑像

---

[1] 邢琳《宋代知县、县令的任期》，《中州今古》，2000年第3期。

二、郑至道勤于著述

郑至道祖父郑伯玉,著有诗文集名《锦囊集》(应还有《续集》),父郑叔明著《锦囊三集》,至郑至道,则著有《锦囊四集》。"锦囊"本义指用来珍藏诗稿或机密贵重物品的锦缎制成的袋子,亦喻诗稿。唐李商隐诗句:"锦囊名画掩,玉局败棋收。"宋刘克庄诗句:"锦囊久矣憎长吉,玉枕几于杀阿平。"皆以"锦囊"借指诗作。郑氏"锦囊"书名,竟蝉联三代。惜郑氏三代之"锦囊"诗集均已佚,可喜的是郑至道在天台县令任上所作《谕俗编》(又称《谕民书》《谕俗文》)七篇流传至今。他创作该书的目的是使部民,使少长有礼,亲友有义,士农工商,各安其业,对后世影响很大,是一部莆田名宦留下的具有特殊价值的著述,同时也是天台县的文化遗产,为天台地方文化组成部分。

正如当代天台诗人曹善贵之《渔家傲·广龙郑》词赞曰:

> 经典传奇凭古圣,壮哉至道天台令。
> 卓尔斯文崇致敬,遗训秉,谕民书诲儿孙傲。
> 浪漫桃源人入胜,锦囊谕俗悬明镜。
> 谁遣焦桐烧未竟,广龙郑,横西此地华冠盛。

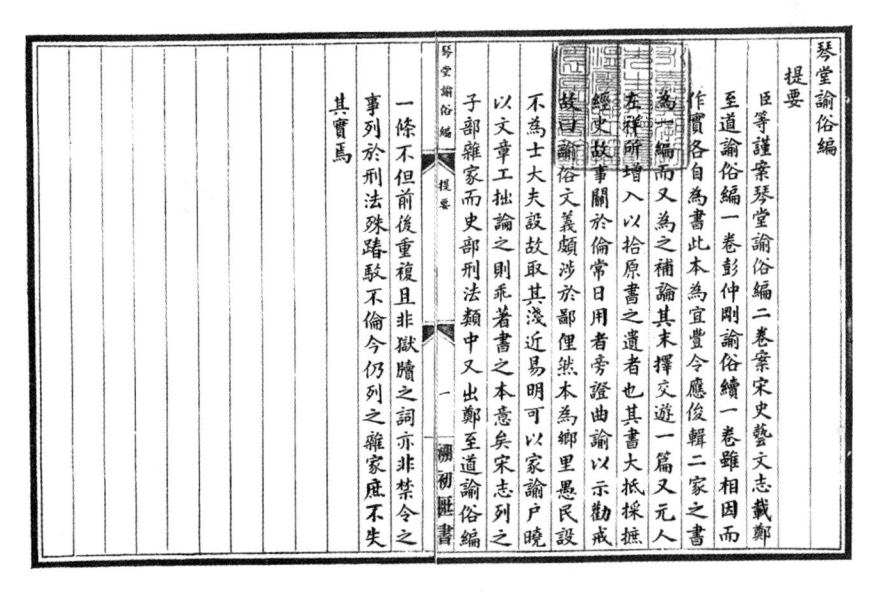

《琴堂谕俗编》书影(温州市图书馆藏本)

第四章 郑至道定居天台及传说意蕴

福建东南沿海的莆田市和浙江沿海中部的台州市，都属于海滨城市，两地皆有深厚的山地文化、农业文化和海洋文化。有"海洋文化旗帜"之称的妈祖文化于宋元时代已传入台州，明代莆田和台州都有抗击倭寇的光荣历史。据载，唐代就有中书舍人莆田人金天遂迁居台州。郑至道则是宋代迁居台州的官员代表性人物，在故乡莆田和迁居地天台县都留下宝贵的文化遗产。

第一节 郑至道定居地广龙郑村简介

郑至道，元祐二年（1087）以雄州防御（使）推官知天台县，其"为政宽简，专于教化"。政绩卓然，邑人悦服。三年秩满，百姓攀留不忍其行，至道深受感动，遂留居天台未赴新职。天台至今流传有"松关留郑"传说。当地士民曾为其建"留郑坊""郑公祠"。广龙郑自然村的郑氏皆为郑至道后裔。据当地专家学者研究，郑至道在松关被当地老百姓留下来之后，就在松关附近的广龙郑村定居下来，其后人世代居住于此，繁衍生息，久而久之，他们所在的这个自然村被定名为"广龙郑村"。郑至道的生平事迹相关记载主要见于宋嘉定版《赤城志》、明代《天台山外志》、清乾隆版《天台县志》和清光绪版《台州府志》等文献，另有一些民间口传故事。

一、白鹤镇广龙郑村及郑氏概况

白鹤镇地处天台县北部，始丰溪北岸、三茅溪上游，镇级机构设立于1985年，东邻石梁镇，东南与赤城街道接壤，南临始丰街道，西南与平桥镇相接，西北、北连绍兴市新昌县儒岙镇、小将镇，行政区域面积143.34平方千米。2019年末，白鹤镇户籍人口为66228人。镇区位交通优势突出，生态宜人，东北部群山相连，峰峦叠嶂，多丘陵和较宽谷底，南部为盆地和平原，自然条件优越，山清水秀，环境优美。旅游资源丰富，拥有龙穿峡、桃源春晓、万年寺、万马渡等知名景点。先后获得国家级环境优美乡镇、浙江省生态镇、浙江省文明镇、浙江省旅游强镇、浙江省卫生镇、浙江省教育强镇、浙江省体育强镇、浙江省东海文化明珠乡镇等荣誉称号，2018年，入围中国最具特色魅力乡镇。广龙郑自然村，今属台州市天台县白鹤镇西部横西行政村，距离白鹤镇区2千米，距天台县城区12千米。村境四面环山，村一侧今建有杭绍台高铁九龙山隧道。广龙郑村内以郑姓居多，

天台白鹤镇全景

天台县白鹤镇横西村广龙郑综合楼

有90余户近300人。其他姓氏还有姜、陈、丁、胡、张等，但人数较少。广龙郑村民传统副业原以加工棕绷、做沙发等手工业为主。现在村民则开展有家庭农场、种植、养殖、旅游、运输等多种经营。

  郑氏作为村中第一大姓，一直都有族谱传承，并且有专门的族谱守护人。但令人感到遗憾的是郑氏族谱毁于20世纪90年代的一场火灾，郑氏族谱守护人也不幸遇难。据说郑姓家谱历来奉行秘不授人的家规，在新家谱修撰完毕后，旧的家谱除留下一两部外，其余全部销毁，这是如今郑至道家族族谱失传的主要原因之一。郑至道为叔明之子，郑叔明，字晦之，宋皇祐五年（1053）进士，官福建将乐知县。查阅现存的莆田郑氏族谱，均无郑至道后代的信息记载，这也说明郑至道到天台县定居后，莆田郑氏族谱没有再予以续谱。由于广龙郑村郑氏族谱的佚失，郑至道后代情况现已不太明晰。但广龙郑村在郑氏族谱毁失之前，对村内各房昭穆及向外迁移情况的记载，都是比较明确的。广龙郑氏后

天台白鹤镇全域旅游示意图

人有郑广水一支,自天台迁居台州温岭等地定居,后代不断繁衍,20世纪裔孙都还有回天台祖居地寻根谒祖。广龙郑氏另有一支,迁居绍兴市新昌县,具体迁居时间不详。

二、广龙郑村文物遗迹

据《天台山方外志》卷三载:"关岭,在县西四十五里十五都,与新昌分界。上有朱叶二侯王庙,有司新任,道经此者必祀之。宋令郑至道去任,邑人至此攀恋不忍舍,因留家焉,今其苗裔犹有存者。居侧有郑公祠,肖像其中,前有松关留郑坊。"天台关岭,在今天台县白鹤镇,位于与新昌县分界处,上有朱、叶二侯王庙,有司新任,道经此者必祀之。北宋知县郑至道任满卸职,

天台新昌交界处关岭铺

邑人至此，攀恋不忍舍去，因决定留家于此。居侧有郑公祠，中有郑至道肖像，前有"松关留郑"坊。但郑至道后来又改迁白鹤广龙郑村建宅定居。另一说郑至道定居地就是关岭，至元代郑氏后裔始迁广龙，形成广龙郑村。

如今，天台县一共有553处不可移动文物，其中国保1处，省保14处，县保42处，但没有与郑至道直接相关的不可移动文物，因为"留郑坊"及"郑

广龙郑村的村口道路　　　　宋代郑至道的老宅旧址

公祠"均已经拆毁。目前村中还保留的郑至道遗迹主要有郑至道老宅旧址、祠堂旧址,尚存至今的文物主要有古龙泉井、石臼,祠堂的石构件等。因岁久时迁,郑至道老宅旧址如今已基本废弃,长满了杂草。近闻白鹤镇正规划广龙郑村打造"郑至道故居"旅游景点。

在宋代郑至道老宅旧址东侧不远处,尚存有一口古井和一件石臼。据当地人称,这两件遗物均为宋代文物,与老宅有密切关联。其中古井据介绍称"龙泉井",石质,圆形,直径 0.7 米,高 0.37 米,井水至今仍供村民使用。据村中《郑至道与广龙郑的缘源》宣传牌介绍:

《郑至道与广龙郑的缘源》宣传牌

郑至道留居广龙郑后,造宅置田,挖井取水,著书立学,睦邻乡里,发展农桑。宅名"五丰楼",意为五谷丰登,国泰民安。井名"龙泉井",意为取九龙山龙脉之水,井水清澈甘甜,适合熬粥泡茶,别具味道。传说郑至道生病寓居天台城里,怀念家中白粥味道,传信儿子取家中井水熬粥。其儿走到桥亭,忘取井水,脚酸腿乏不愿往返,就取桥亭之井水,送至城里。郑至道熬粥尝后,叹曰"非我家中之水"。可见井水味道之独特!

尚存的宋代古井"龙泉井"　　　　　残存的宋代石臼

"五峰楼遗址"路牌

路牌又作"五丰楼遗址"

五峰楼遗址及残存石构件

石臼呈圆桶状，轮廓近似椭圆，内径0.5米，外径0.7米，高0.5米。这些文物原皆属于郑至道旧宅。

五峰楼，一称"五凤楼"，今村中路牌又被写作"五丰楼"，原是郑氏居宅。据说郑至道卒后，改建为祠堂，位于村南白象山的东北侧。祠堂所在位置如今已开辟成为一片菜地，但其周遭附近依然散落一些祠堂建筑的原石构件，向后人昭示这里原来矗立有一处辉煌的建筑。

在五峰楼旧址东侧大树下，现有2019年冬署名"广龙郑村"所立的郑至道抚琴铜塑像一座，旁边围墙上附有《郑至道个人简介》碑刻。但《简介》碑文中谓郑至道是"莆田广业（今福建莆田市白沙镇）人"的介绍，则是错误的。所谓"广业里"，境域大抵包含今福建莆田市涵江区白沙、庄边、新县、大洋

郑氏祠堂遗址石柱子　　　　　　　郑氏祠堂残存的石构件

四个乡镇。古广业里在宋代并不属于莆田县，而是属于兴化军兴化县，至明正统十三年（1448）兴化县裁革后，广业里才划归莆田县。再说郑至道实际是世居莆田城内后埭，郑氏乃莆田著名的世家望族，与原兴化县广业里没有关系。

广龙郑村郑至道铜塑像及郑氏后裔

第四章　郑至道定居天台及传说意蕴　69

围墙上的《郑至道个人简介》碑

　　广龙郑村水口尚有狮子庙等南宋时代古建筑遗物。郑至道的故宅原来就选址于狮子庙之旁。狮子庙主祀杨公大帝、杨公娘娘，另衬祀土地神等众多神祇，庙今仍存，村中历代信众重修，近年又重修。

广龙郑村狮子庙 　　　　　　　　狮子庙主殿祀神

第二节　天台县有关郑至道的民间传说

郑至道在古代被列为浙江天台县名宦，由于历史文献的记载有限，很多故事无法详细了解。但其"四民皆本"观念和"松关留郑"事迹至今仍为佳话。民间也有不少关于郑至道的传说。本节选录部分传说。

一、"松关留郑"传说

郑至道在天台知县三年任满后，朝廷又派遣他去韶州乐昌任知县。古代天台县仅有北门可出古城。出城后，要经过天台山的飞鹤山古驿道（因徐霞客曾在游记中记载该古道，后人又称"霞客古道"），天台县老百姓不忍其行，于是有组织地来到北门松关村（今属白鹤镇），将其拦在路上，诚恳要求郑至道留在天台县。郑至道有感于老百姓的真情，遂决定辞官留在天台县定居。后人

台州天台县白鹤镇松关村村委会

在松关村刻立一块"松关留郑"德政石碑，以此颂扬这位清廉官员"清如水，明如镜"的官德。

郑至道居住于松关村一段时间后，为了进城方便，打算在城内另择住所居住。当时郑至道从松关经过白鹤镇广龙村时，觉得这里虽然偏僻，但东边五峰山山清水秀，是块风水宝地，适宜自己居住，就下轿决定在广龙村择地起屋定居，后来其居地就名为"广龙郑村"。

二、五峰楼的传说

郑至道决定在广龙村定居后，天台各界名人及群众经常来拜访看望。时有在朝廷工部任官的庞阿（音读，具体名字不详）来看望郑至道，看到东边的五峰山清秀无比，就建议郑至道在广龙村建一座郑氏祠堂，取名五峰楼，又称五凤楼。五峰楼旁有狮子庙，每年十月十九信众都举办庙会。庞阿在广龙村住了三天，还特地拿出其在京城新建的五峰楼祠堂图纸，并按图纸大小开始兴建。

五峰楼，又称郑氏祠堂，屋顶仿京城"五凤楼"皇家建筑，富丽堂皇，颇有气派。在五峰楼开建时，庞阿回京城，向朝廷上奏郑至道的德政和事迹，朝廷特准建设五峰楼郑氏祠堂。祠堂开建于北宋元祐六年（1091）。五峰楼是一处具有深厚历史底蕴的建筑，木石结构，主柱硕大，气势雄伟。建筑物原有三进，门楼高大，四根石质檐柱托着硕厚的额枋、曲梁，额枋、曲梁及门楼上，装饰有精美的砖雕，建筑物还有很多木雕装饰。前进和中进之间，两侧设回廊，中间是个大天井。历代都有重修，是一处具有历史价值的建筑，更是当地文化的象征。它见证了广龙村的历史变迁，承载着郑氏家族曾经的辉煌和记忆。五峰楼经历代郑氏子孙重修，巍然矗立于广龙村。直到20世纪五六十年代，五峰楼因年久失修，在一场大雨中倒塌。祠堂的木质构件，后来全部被拆除，移送对面杨家岙水库工地使用。

三、广龙郑村龙泉井传说

旧时天台县城内共有一百多口水井，90%的水源都来自赭溪。因天台县城的地势是北高南低，赭溪自北至南流经县城西边，古人又在今飞鹤山西麓山脚下的赭溪中，筑了一道"杨家碑"，台州地区方言称堰坝为"碑"。台州《宁海县志》载:"古时壅水为埭曰堰,俗称砩,用以拦溪水灌溉。"此砩将赭溪水自大北门引入城内,因此,城内水井的水源一直充沛。加上赭溪发源自国清寺北面5千米的佛陇山,水质清冽,为县城居民提供了优质的饮用之水。广龙郑村郑至道老宅开挖一口石甃新井,称"龙泉井",井水清冽,至今尚存。传说郑至道晚年得病,时天台知县将其接到县城治病,由于郑至道特别思念广龙郑村的井水,特别交代儿子回村带上井水熬粥煮饭,由于儿子忙于回县城,忘了带上井水,就在县里随便打了其他井水做饭,郑至道一吃马上就知道这水不是老家的井水,非常失望,不久就去世了。今村中所立《郑至道与广龙郑的缘源》宣传牌也有介绍这个传说。

四、首定刘阮传说发生地

宋元祐二年(1087),郑至道为天台知县,不久他接到护国寺寺僧介丰的报信,谓去年种植于桃源的桃花已盛开。郑至道不禁心花怒放,想起刚到天台时就听

天台山刘阮洞(桃源洞)

"桃园春晓"景区谷口标识

闻刘晨、阮肇桃源遇仙的传说。于是有一天忙完公事，他怀揣《刘阮遇仙记》，到护国寺询问"桃源在何处"。寺僧介丰告诉他："桃源就在本寺东北二里，那里有一条斜行山谷，陷于榛莽间，人迹罕至。景祐年间，先师明照大师曾去采药，见金桥跨水，光彩眩目，有两位女子，戏于水上，如刘阮所见一般……"郑知县遂请介丰带路，来到一处深峻山谷，溪流随山曲折，二人循溪而上。谷中有三峰鼎峙，风景如画。郑知县经考察，认为桃源坑就是"刘阮遇仙"传说发生之处。遂捐俸"凿山开道，立亭于其上，环亭夹道植桃数百本"，并写作散文《刘阮洞记》。每年还命天台县官员和老百姓沿溪种植桃树数百棵，进一步营造桃源遇仙的氛围。这一景观后来就被称为"桃源春晓"，列为"天台八景"之一。

五、桃源洞赏花传说

宋元祐三年（1088）春，郑至道得知桃源坑的桃花已经盛开，一场期待已久的赏花就不可避免了。然而，郑至道毕竟是进士出身，心中充满文人的风雅之情。他邀约了同僚士人五人同游，他们手执藜杖，踏歌而行。溪涧桃花吐艳，落英缤纷，他们不时停下脚步，捞起溪水中的花瓣，并一起将沿溪的风景命名为：鸣玉涧、桃花坞、金桥潭、会仙石和双女峰，这些地名的背后都与传说中的某个细节相吻合。郑至道一行的这次游历考察，让他们似乎远离世俗，做了一次真正的神仙。他们仿效王羲之兰亭曲水流觞雅举，将酒杯放入溪中，酒杯在飘浮着桃花的溪水中荡漾，文人们或坐或卧于溪石之上，酒兴来了，俯身掇拾酒杯，一饮而尽，或吟诗，或啸歌，自由自在犹如神仙生活。回到县衙的郑至道，乘兴写了《刘阮洞记》，记载了春日桃源的雅集。后来，齐周华读到此文，称："读之令人飘飘然有凌气，两腋如生清风。"同时还写有《刘阮洞》（又称《桃源洞》）诗一首。在描述刘阮遇仙的传说之后，感叹"自惭不是浮觞侣，漫向山前醉帽斜"。这次桃源雅集之后，郑至道还在桃源坑的岩壁上，题写了"天台仙界"四字摩崖石刻。桃花映衬下的"天台仙界"看起来飘飘欲仙。民国《台州府志》载："'天台仙界'四字摩崖，郑至道书，在天台桃源，见方外志，

天台八大景之一"桃源春晓"图（金如槐画）

今未见。"发生在桃源的故事注定如同神话,扑朔迷离,后人在桃源已寻不到郑至道的这方摩崖了,它似乎与刘阮洞一起消失在桃花的梦境之中。

第三节 "广龙留郑"等事迹及其影响

一、郑至道事迹影响的文献记载

郑至道于元祐二年(1087)知天台县,作《谕俗编》,旨在使士农工商各安其业。又开发桃源胜景,"凿山开道,立亭于其上,环亭夹道植桃数百本"。还为桃源各胜景一一取名。因其政绩突出,天台任满,百姓从天台城关送至松关(关岭)[1],仍依依不舍,"不忍其行",再三攀留。面对此情此景,郑至道同样眷恋不舍,就答应百姓的挽留,选择留住在离关岭不远的地方——今广龙郑村繁衍生息。从此,郑至道定居山村,不再仕进。这就是流传了上千年的"广龙留郑"(又称"松关留郑")故事。后人建"留郑坊"及"郑公祠"以表纪念。郑公祠是郑至道的专祠,岁时祭奉。即使时光已经流逝了千余年,天台百姓也没有忘记郑至道为百姓做的好事。"松关留郑"故事,至今仍是使广龙郑村等郑氏后裔感到十分荣光的祖德。

郑至道的突出事迹在台州及天台众多地方文献中均有记载或转述,一些诗文还将其引为典故,成为天台贤令标志。

如明代天台知县钟钮,字千钧,江西永丰人,由举人于明嘉靖三十六年(1557)知天台县,任上"政多宽厚,人称长者"(康熙《天台县志》),可见也是一代贤县令。卒后,刑部尚书仙居人应大猷为撰《钟侯祠碑记》,碑记中记载应大猷曾为作挽诗云:

　　孝追乃祖应同传,廉到无钱可买棺。

---

[1] 松关,又称关岭,地处天台县西北边,与新昌县相邻,越岭而过的古道旧时为台越交通要道。古时官方在关岭头设驿站,称关岭铺。

> 黄袄生春随处暖，清霜不染逼人寒。
> 尚贤久为双注重，哭死今同一所酸。
> 翘首松关留二像，风流并为后来看。[1]

对诗中的"松关留二像"句，碑文中释云："其一，郑令至道也。"这是说当时松关建有郑侯祠和钟侯祠，祠中分别悬挂二令遗像，供人瞻拜。诗中把宋代郑至道与明代钟钮两位县令，当作天台历代廉勤县令的代表，可见对郑、钟二令评价很高。

关于郑至道开发天台桃源洞，明释传灯（号无尽）撰《天台山方外志》卷三"形胜考"载：

> 天台刘阮洞，又名桃源洞，在县西北二十里十四都护国寺东北。先是，汉永平中，有刘晨、阮肇入山采药失道，见桃实食之，觉身轻。行数里，至溪浒。有二女方笄，笑迎以归。留半载谢去。至家，子孙已七世矣。宋景祐中，僧明照亦因采药，见金桥跨水，有二女戏水上，恍然如故事焉。乃疏凿为亭，植桃纷拥。元祐二年，邑令郑至道始凿山开道，夹岸植桃数百本，仍即景物之胜而命名之。随山曲折，水穷道尽，则有洞潜通山底，深不可测。其林木瑰异，殆不类人间。乃即山石为址，结亭其上，榜曰"浮杯"，郑侯（即郑至道）为记。[2]

《天台山方外志》卷三"潭"又载："金桥潭，在桃源，水清可鉴毛发，旱潦不损益，宋令郑至道以僧见金桥跨水而名。"这些文献记载彰显郑至道的政绩史实。

关于郑至道撰写《谕俗编》，清康熙《天台县志》卷一"舆地志·风俗"载："昔人以上行下效为风，众心安定为俗。岂不以俗所由成，实上之风始也。台自东汉以来，风气日辟，中州衣冠之族，多萃止焉。俗贵名俭而耻荒淫，重儒术而轻势利。较之他邑颇为近厚。迩来华丽相尚，风俗稍变，转移化导之权，

---

[1] 天台县地方志编纂委员会办公室编校：《清·康熙天台县志》，方志出版社，2012年版，第391页。
[2] 〔明〕释传灯：《天台山方外志》卷三，清光绪二十年（1894）佛陇真觉寺重刻本，国家图书馆藏本。

是在主持风会者。台僻处海峤。汉时在荒服，唐犹以为处逐臣御魑魅之地。观于宋令郑至道《谕民书》，当时风俗可见。"[1]

这些文献记载都说明郑至道事迹对天台文化产生了较大的影响。

二、"广龙留郑"彰显郑至道在天台的德政

宋代士人在地方任职，虽然可能远离权力中心，但他们身上依然担负"双重责任"，即向上对朝廷负责，在地方对民众负责。虽然一些地方官员可能一生也无望任职中央，但他们依旧在地方施行德政，积德行善，造福一方。地方百姓亦不忘廉吏，为他们立碑嘉颂。宋代制度规定，德义是地方官员考课的重要内容，《宋史·职官志三》载："以四善、三最考守令。德义有闻，清慎明著，公平可称，恪勤匪解为四善。狱讼无冤，催科不扰民为治事之最；农桑垦殖，水利兴修为劝课之最；屏除奸盗，人获安处，振恤困穷，不致流移为抚养之最。"[2] 因此，德政于"公"的作用，主要在于赢得民心并对官员的仕途产生影响；而于"私"的作用，主要体现在德政会促进士人交往，形成士人交际圈，亦是士民交往中的话题，是建立士民之间政治认同的方式之一。"德政"的显性作用和隐性作用相互交织，不仅影响着地方士人人际关系网络的构筑，甚至对官员的仕途有所助益。[3]

郑至道治理天台之德政，包括推动经济发展，努力让百姓过上安定生活。天台是台州一个重要的县份。学者指出："台州人文精神有其历史文化根基，是在长期实践中不断扬弃创新形成的。敢冒险、有硬气、善创造、不张扬，就是对台州人文精神特征的鲜明概括。"[4] 所谓"不张扬"的人文精神就是经世致用、务实求是的精神，它主要渊源于台州实学思想。在中国传统的"重农抑商"

---

[1] 天台县地方志编纂委员会办公室编校：《清·康熙天台县志》，方志出版社，2012年版，第79页。

[2] 〔元〕脱脱等：《宋史》卷一百六十三"职官志三"，中华书局，1977年版，第3839页。

[3] 寇欢：《公众视角与地方治理：宋代地方官员德政的书写及功用》，《湖南社会科学》，2022年第5期。

[4] 蔡奇：《实施软实力战略，推动"两个社会"建设走在前列》，张贤连主编《台州软实力战略报告》，浙江人民出版社，2006年版，第6页。

的封建社会里，宋代天台知县莆田人郑至道，在中国经济思想史上最早提出了著名的实学启蒙思想，即"四民（士农工商）皆本"论。台州学术则强调"不立门户、义利并重""注重实学、经世致用"思想。[1] 这些思想都影响到台州商业文化思想，对浙东经济的开发有一定促进作用。郑至道的政治思想理念、经济管理思想对朝廷制定政策也起到一定的作用。特别是在商人的界定、老百姓经商等方面的影响，对后期商人地位的提高也是具有开创性的。因为古代甚至不允许商人子弟参加科举考试，更遑论进入仕途。

郑至道治理天台之德政，还包括颁布《谕俗编》教化老百姓，改变天台县的民风陋俗，使之易俗从善。

三、"广龙留郑"反映郑至道的士大夫精神

郑至道秩满后，再未任官，他所追求的是耕读生活，耕则退可以自守，足以事亲养家；读则进可以干禄，荣宗耀祖。这种理念与莆田人聚族而居，尊祖敬宗的文化传统有关。历史上，莆仙人多聚族而居，互帮互助，传承家业。在士大夫的倡导下，儒家教化深入人心。人民守望相援，长幼有序，各安其业，诗礼传家，保持了传统农耕社会的基层社会组织与特征，饶存古风。郑至道定居天台后，不汲汲于富贵，著书立说，投身当地公益事业，以服务地方和百姓作为精神追求，这也是郑至道勤政爱民的士大夫精神的反映。

"广龙留郑"明显受到同为莆田人的蔡襄"忠惠之风"的影响。莆田人郑至道与蔡襄都是北宋官员，郑至道对蔡襄的"忠惠之风"以及世人对蔡襄"前无贬词，后无异议。芳名不朽，万古受知，英雄不偶"的高度赞誉是非常熟悉的。他们勤政爱民、重义轻利的价值观也是一致的。

四、开发桃源衍化成一种文化现象

北宋仁宗时期，是宋代三百年中最为史家称道的太平盛世。《宋史》"隐逸传"所录49位隐士中有三分之一左右在宋仁宗到宋神宗时期。究其原因，"桃源"

---

1 王奇：《台州文化的两大基因：硬气＋灵气》，张贤连主编《台州软实力战略报告》，浙江人民出版社，2006年版，第135页。

传统的影响无疑不容忽视。"桃花源是中国古代士人的'乌托邦'。它是陶渊明对老子'小国寡民''无为而治'政治哲学的诗意的演绎和实践,从而吸引了后世许多耽于自由理想的文人执着寻觅。宋代隐士中也不乏桃源传人。"[1]天台桃源洞虽比不上陶渊明幻构的桃花源有名,但却是一处实实在在的世外桃源,曲径通幽、令人神往。唐代诗人曹唐《刘晨阮肇游天台》诗云:"树入天台石路新,云和草静迥无尘。烟霞不省生前事,水木空疑梦后身。往往鸡鸣岩下月,时时犬吠洞中春。不知此地归何处,须就桃源问主人。"

北宋郑至道开发刘阮洞（桃源洞）后,历代文人墨客纷至沓来,吟咏之作可谓汗牛充栋。如丁丕《桃源》云:"桃源渺何许,云树隔重重,红泛落花水,清攒过雨峰。"季丕《桃源洞》云:"刘郎何用忆尘寰,旧路重寻事已难。"毛渐《桃源洞》云:"洞门流水日潺潺,桃坞依然枕水边。"洪适《桃源》云:"桃花当日未成蹊,只有幽禽语翠微。"晁公为《桃源洞》云:"桃花开已繁,溪水溅溅去。不见持杯人,自叹来何暮。"谢铎《重游桃源》云:"三十年来到此曾,竹床犹忆寝还兴。青山未老风光在,白发重来感慨增。"陈瓒《桃源洞》云:"曾记髫龄到,而今四十霜。无由蜕凡骨,何处觅仙郎。"周振《桃源洞》云:"刘阮遗踪不

《仙路桃源》（近代湛苇画）

---

[1] 张海鸥:《宋代隐士隐居原因初探》,《求索》,1999年第4期。

可求，烟霞深锁洞门秋。"李天秩《和桃源诗》云："金桥玉涧神仙府，错认秦时避世人。"诸葛羲《游桃源洞》云："步屧访遗事，涧香吹药丛。流憩至日夕，永怀尘外踪。"王士性《桃源洞》云："君不见刘阮，相将出洞天。洞门转盼埋苍烟，花开花落谁为主，寥落壶天几岁年。"洪若皋《桃源洞》云："不使刘郎轻再面，金桥何处戏云鬟。"潘渊《桃源》云："一溪水曲松阴斜，不见双姝路转赊。却恨刘郎动归兴，碧桃千树为谁花。"王汉之《刘阮洞》云："风月有情回俗驾，尘埃无处问仙家。归来怅望金桥处，露滴桃源一径斜。"[1]天台桃源洞仙境经郑至道主持确认和开发后，成为一处隐士和文人墨客心向往之的游览胜地，厥功甚伟。

郑至道在盛世辞官定居天台，爱民为民，是儒家重义轻利的实践代表。"广龙留郑"及桃源洞往事成为一种文化现象，源于其自身的文化价值，亦源于世代文人对于自由的生活方式的向往和追求，对当地政治、文化影响深远。

五、刘阮传说的文化延伸

郑至道确定"刘阮传说"发生地后，对天台地方文化的影响深远，不但发展了旅游胜地，而且对习俗文化、艺文作品等都产生文化延伸影响。

（一）习俗文化

因为刘阮传说发生地的确定，后代除在天台山琼台下修建刘阮庙外，还在桃源溪口建有俪仙馆、桃源道院以及药王庙。这些宫庙又延伸派生出庙会等信俗文化和其他一些习俗文化。如新昌县刘门山村的刘阮庙（刘阮祠），每年农历八月十八、十九、二十，都要举办庙会。农历八月十八，相传是刘晨的生日，一说是刘晨、阮肇归乡的日子。嵊州三江街道的阮庙村，相传农历九月十一是阮肇的生日，信众来到庙里，焚香祭拜，或做经忏法会。桃源溪口俪仙馆初建于明万历间，农历每月初一、十五，亦有信众前来诵经祭拜。

天台老城小西门外赭溪药王庙，据载创建于清乾隆元年（1736）。民国六年（1917），为振兴中医药事业，地方人士筹资重修。据《天台山民俗风物》载：

---

[1] 以上选诗均见清康熙进士张联元纂《天台山全志》，清康熙间刻本。今有故宫博物院编《故宫珍本丛刊·天台山全志 石钟山志》影印本，海南出版社，2001年版。

天台赭溪药王庙

药王庙"两侧粉墙列绘历代十大名医与刘阮偶仙,寒拾和合图。并整理庙前空地,修缮北端古戏台。翌年四月二十八神衣诞辰,举行落成开光暨庙会。三天三夜演出《桃源遇仙》等戏曲。"[1]在刘阮传说中,刘晨、阮肇心地善良,他们为百姓解除病痛,二人与仙女为民造福,成为人们心中的救星。百姓就将刘晨、阮肇以及二位仙女奉为神医、药仙。在天台山一带许多庙中,都有供奉刘晨、阮肇以及二位仙女的塑像。

仙弈亭(新昌桃源村)

在天台,还曾有把围棋当嫁妆的习俗,相传最早也是源于刘阮传说。传说刘晨、阮肇二人与二仙女在桃源洞,过着神仙的生活。白天一起在山水间采药,夜晚则在会仙石下棋对弈。围棋成为刘晨、阮肇与二仙女爱情的一个重要载体。从此,民间绘画、

---

1 曹志天:《天台山民俗风物》,西安地图出版社,2004年版,第122—123页。

雕刻工艺作品中就有许多刘晨、阮肇与仙女下棋的情景。对弈是刘阮与仙女爱情生活的一个组成部分。天台被国家体育运动委员会命名为"全国围棋之乡",其源头据说就出自刘阮传说。今刘阮传说地之一的新昌桃源村建有"仙弈亭"以纪念。

（二）艺文作品

刘阮洞及刘阮遇仙美丽传说,除产生众多的文人墨客诗词吟咏作品外,还派生出更多的艺文作品。如流传于天台、新昌、嵊州等地的刘阮民间传说。20世纪 80 年代,《中国民间故事集成》启动普查和编撰工作,使得刘阮传说得到深入挖掘和采录,《天台山民间故事》《天台山传说》《天台山遇仙记》《桃源仙缘》《桃源梦》等传说形成文字记述。2013 年,天台与新昌文化部门组织人员对两地的刘阮传说进行搜集,从 200 多则传说中,整理出传说 59 篇、歌谣 19 则,编印了《刘阮传说》一书。2014 年,天台的"刘阮传说"被列入第四批国家级非物质文化遗产代表性项目名录。2019 年又有孙明辉、徐永恩编著《天台刘阮传说》一书,由浙江摄影出版社出版。该书为"浙江省非物质文化遗产代表作丛书"之一,主要内容由五部分组成,分别为:概述、刘阮传说的主要内容、刘阮传说的基本特征、刘阮传说的价值和影响、刘阮传说的传承和发展,全书兼顾资料性和学术性。

《刘阮传说》封面　　《天台刘阮传说》封面

元杂剧《误入桃源》插图

刘阮传说还一直是民间戏剧热门题材之一。史料记载，最早以"刘阮传说"为题材的剧本是金代无名氏的院本《入桃源》，剧本已佚。元代有马致远作《刘阮误入桃源洞》（一作《晋刘阮误入桃源》），元末明初有王子一作《刘晨阮肇误入桃源》、明洪武三十一年有吴麒作《天台梦》（已佚），明末清初有袁晋作《长生乐》（已佚）等。另外，在唱词中引用"刘阮传说"的有元王实甫《西厢记》、明汤显祖《牡丹亭》、阮大铖《燕子笺》、清孔尚任《桃花扇》等。刊于清顺治康熙年间的三十六回《桃源洞》（《来生福》），则是一部由橘中逸叟原词、无锡钱黎民补填的说唱弹词本。而河南夏邑彭长林先生至今仍在演唱的曲艺《刘阮采药》，则属于豫东大鼓。

明代朱小松《刘阮入天台》竹刻香薰

自 1979 年起,天台地方戏关注刘阮遇仙题材,新编了《二度桃源》《桃源遇仙记》《桃源梦》《仙子情》《瑶池姻缘》《琼台情缘》等剧目。2016 年,天台县政府与浙江歌舞剧院共同打造出大型音乐剧《天台遇仙》。天台指向艺术学校则打造大型旅游情景剧《天台遇仙记》。以上戏剧故事皆演绎刘晨、阮肇与仙女的美丽爱情故事。

旅游情景剧《天台遇仙记》剧照

2021 年 4 月 20 日,由嵊州三江街道办事处出品、三江街道所属业余品牌文艺团队知音俱乐部排演的大型越剧原创神话剧《刘阮归来》在嵊州首演。该剧以神话传说故事《刘阮遇仙》为蓝本,通过入山、遇仙、结缘、回乡、抗疫、化神等场景,运用戏曲艺术的虚拟手法,借助舞台时空,诠释了一个具有浪漫情怀,憧憬美好生活,弘扬奉献精神,彰显时代特色的动人故事,礼献中国共产党建党百年华诞。

越剧《刘阮归来》剧照

据调查,刘阮传说文化还传播海外。日本奈良时代典籍《风土记》中的渔夫游仙境故事《浦岛子传》采用了刘阮遇仙的叙事结构。日本平安时期杰出的汉学家菅原道真(845—903)也将"刘阮遇仙"作为吟咏的题材,其《刘阮过溪边二女诗》(诗序略)云:

天台山道道何烦,藤葛因缘得自存。
青水溪边唯素意,绮罗帐里几黄昏。

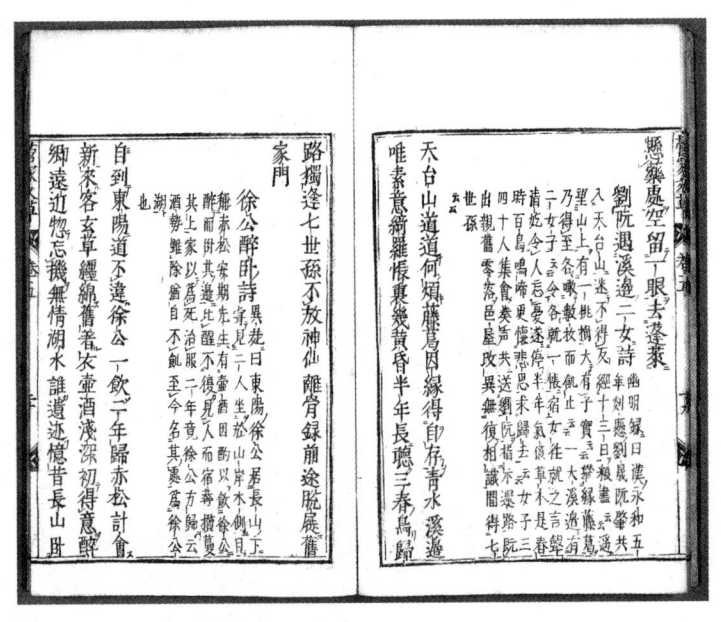

菅原道真《菅家文草》书影

半年长听三春鸟，归路独逢七世孙。

不放神仙离骨录，前途脱屣旧家门。[1]

昭和十八年（1943），日本汉学家出石诚彦（1896—1942）著《中国古代思想史研究》一书则将"刘阮天台传说的考察"作为一个章节阐述。在越南盛行的水上木偶戏，又称水傀儡，在常演的水上木偶戏中也有《刘阮上天台》剧目。

---

[1]〔日〕菅原道真：《菅家文草》卷五，日本宽文七年（1667）刊本。

第五章 莆田台州关系及郑至道贡献

北宋莆田进士郑至道官台州天台知县,并定居天台,成为迁居天台郑氏始祖之一。郑至道的宦台使得其故乡莆田与其徙居地台州产生了文化方面的诸多联系。因此,要深入了解郑至道其人其事,包括其为官政绩、思想渊源、移居缘由及其对"和合"文化的贡献,还须从更广阔的历史背景了解莆田与台州两地的文化关系。

第一节 莆田与台州天台关系概述

北宋元祐二年(1087),莆田进士郑至道以雄州(今属河北省保定市)防御使推官,改知台州郡天台县,留下"松关留郑"的美谈,使有"文献名邦""海滨邹鲁"誉称的兴化莆田与素有"文物之邦""小邹鲁"美誉的台州天台县有了更密切的联系。兴化莆田县与台州天台县同年归宋。宋太宗太平兴国三年(978),吴越归宋,天台亦归宋,隶属台州。同年割据漳、泉二州的清源节度使仙游枫亭人陈洪进赴开封入觐,上《纳地表》,将泉、漳二州及所辖14县计有151978户正式纳入宋朝版图。而实际上,莆田与台州的关系历史更为悠久,且存在多方面的文化联系。

一、"文献之邦"与"文物之邦"

莆田和天台虽相距较远,但历史上实际曾属于同郡。如秦代天台为东越地,属闽中郡,莆田之地亦属闽中郡;至西汉,天台属回浦县,隶属会稽郡,而西汉至东汉时期,莆田则一直隶属会稽郡。莆田与台州两地在地理生态和文化方面存在许多共通特点,因此台州亦成为莆田人喜欢的迁居地之一。

莆田、台州都属于海滨城市,莆田和台州府城临海都是国家级历史文化名城,台州天台则是省级历史文化名城。两地人文底蕴深厚,名人辈出。莆田地处闽东南沿海,"壶山兰水"是莆田十大城市名片之

壶山兰水

莆田市兴化府文化古街"文献名邦"坊

一。自古被称为"文献之邦",又号"海滨邹鲁";而台州则自古被称为"文物之邦",亦享有"小邹鲁"之誉。历史上莆田、台州两地宗教文化灿烂,明代两地又都有可歌可泣的抗倭历史。

莆田宋时已是"文献之邦",宋真宗予莆田人林楮敕书中说"尔居闽越,之俗为邹鲁"[1];宋度宗盛赞"莆,文献之邦也"[2];大儒朱熹亦赞叹"莆田人物之盛"[3]。

台州天台为浙东名邑,历史文化源远流长,景色幽秀神奇,文明发达颇早,"台州"之"台"就是以天台山而得名的。自宋代以后,台州和天台已享有"浙江名藩""文物之邦"的美誉。台州山水毓秀,人杰地灵,习儒成风,人文蔚起,风俗醇厚。宋嘉定进士陈耆卿说:"(台)州介东南之陬,承平时号无事,

台州市文庙

---

[1]〔宋〕李俊甫:《莆阳比事》卷一"韦布入幕,草泽上殿"条,明万历癸卯(1603)刻本。
[2]〔清〕陈梦雷等编:《古今图书集成》"博物编·神异典"卷三十九"惠将军谢祐咸淳七年加封广惠"。
[3]〔明〕黄仲昭:《八闽通志》卷十一"地理·壶公山"。

里无贵客，百姓鬐渔猎，不识官府。建炎后官吏丛脞，兵旅绎骚，民生产作业益艰。自是机变繁滋，有逐末而哄于争者，幸王化密迹，风雅日奏，熏郁涵浸，遂为文物之邦。"[1] 明洪武进士黄淮在《重修庙学记》中亦云："浙江名藩，统郡十有一，而天台在浙左为望郡。庙学在治东南百步许，经始于宋景定初元，规制宏敞，与郡望称……我朝圣圣相承，文德诞敷，远迈汉唐，天台山水明秀，素称文物之邦，而又得贤守以明达之才，汲汲于祗承德意，成此盛举，作兴斯文，方之前烈，同乎欤！"[2] 可见台州及天台的"文物之邦"美誉，由来已久，并非今人之溢美。

天台山水

二、莆田迁居台州的著名人物

莆田自古人多地少，因此是一个人口向外流动迁移的输出地。宋代以降，莆田人除了大批量向广东、海南迁移外，因仕宦、经商向其他地区迁移定居的莆田人也有相当的数量。

据文献记载，早在唐代就有莆田人迁居具"山、海、集（镇）"三元结构的台州地区。清嘉庆台州《太平县志》卷十"选举·征辟"载："唐，金斯铉，字祖鼎，号凝庵。祖天遂，中书舍人，由莆田至台（州），访郑员外，遂居泉溪。大中间，祖鼎以荐任台州司马，与许棠、吴罕，登华顶赋诗。"[3] 唐代金斯铉，于唐大中年间（847—859）以举荐任台州长史参军。金斯铉之祖父金天遂，官中书舍人，是由福建莆田到台州拜访郑员外的，后来迁居台州太平县城关泉溪（今温岭市太平街道），子孙遂为台州人。

1〔宋〕陈耆卿：《嘉定赤城志》卷三十七"风土门二"序。《宋元方志丛刊》本。
2〔明〕谢铎：《赤城后集》卷一，明弘治十年刻本，第38—40页。
3〔清〕庆霖、戚学标等：《太平县志》，清嘉庆十五年修，光绪二十二年重刻本。《中国方志丛刊》本，成文出版社有限公司，1984年影印，第677页。

仙游人郑良士，官左散骑常侍兼御史大夫，生十一子，有八士在朝，号称"郑家八虎"。"八虎"之首虎郑元弼后裔亦有迁居台州玉环大麦屿的。郑元弼于五代闽国闽王王昶时为礼部员外郎，天福四年（939）二月奉王昶弟王继恭表文，随后晋使者卢损同赴大梁。闰七月，王昶被杀。十月，郑元弼等奉表文、贡物及王昶致后晋皇帝书札。略曰："闽国一从兴运，久历年华，见北辰之帝座频移，致东海之风帆多阻。"又求用敌国礼致书往来。晋高祖大怒，把元弼等下狱。元弼奏曰："王昶蛮裔之君，不知礼义，得其善言不足喜，恶言不足怒。陛下方示大信，以来远人，臣将命无状，愿伏鈇锧，以赎昶罪。"后晋高祖奇之，赐帛遣归。"四虎"之郑元龟为宋太平兴国二年（977）进士，雍熙四年（987）任宣德郎行左拾遗权知台州军州事，任上为唐末平乱，为促进台州治安作出杰出贡献。

郑至道则是宋代由莆田迁台州的名宦代表人物。

元末明初的台州风云人物方国珍（1319—1374），实际也是宋代迁居浙江的莆田人方轸后裔。元至正年间，方国珍最先举起了抗元大旗，至正十四年（1354），方国珍率部攻陷台州府城后，在北固山建国称王。方国珍为推翻元朝统治作出了巨大贡献，后来归顺明太祖朱元璋，授广西行省左丞。据元翰林学士张翥撰《大元赠银青禄大夫江浙等处行中书省平章政事上柱国追封越国公谥荣愍方公神道碑》（原碑存临海市博物馆），即方国珍的二哥方国璋之神道碑记载："惟方氏其先家台之仙居，后徙黄岩灵山乡塘下里。"可知方氏乃由台州仙居徙居同郡黄岩县灵山乡塘下里（今方家岙）。而明初著名政治家、文学家、思想家，翰林学士宋濂（1310—1381）撰《故资善大夫广西等处行中书省左丞方公神道碑铭》则详细记述方氏祖源云："公讳珍，避庙讳，更名真，因字谷贞，姓方氏。其系分自莆田，再迁台之仙居，三迁于黄岩，遂占籍焉。"[1]方国珍神道碑铭是对方国珍与其兄方国璋，其弟方国瑛、国珉兄弟籍贯的可靠记载。据黄文杰《大道奇崛：方国珍、方孝孺与方氏家族》考证，黄岩方国珍之祖，实源于浙江慈溪观海卫团前方家村。文谓："慈溪团前方村的方族，其实分为两支，另一支是方腊后裔落脚定居三四十年后，莆田方轸后裔方思诚携

---

[1]〔明〕宋濂：《文宪集》卷十七"神道碑"，影印文渊阁四库全书本。

方国珍雕像（台州三门蛇蟠岛）

家来此落户。据《横塘方氏家谱》载，南宋年间，鸣鹤方思诚与方思训及其子方宗升迁居到此。方轸，福建莆田人，宋朝进士，曾任鄞县（今宁波鄞州区）知县，卸任后在当地落户。"方轸有五子，长子方熙居慈溪鸣鹤，幼子方融迁慈溪凤浦，这正是'三北十方'的源头。而著名的镇海柏墅方家是方融的后裔"。[1]

方轸（1058—1136），原名堂，字叔载、克载，号松年，北宋兴化军莆田城内方巷（今福建莆田市荔城区文献社区坊巷）人，出自唐五代莆田"金紫六桂方家"。曾祖方慎言，景德二年（1005）进士，官广南经略安抚使；父方通，明经及第，官知州。轸自幼有文才，以荫补入仕，为太庙斋郎。大观元年（1107），上《封事》书，论蔡京罪，请诛蔡京以安天下。蔡京大怒，乃诬方轸所言不实，追毁出身以来文字，削籍流放岭南。宣和七年（1125）蔡京致仕，方轸甫得放还。政和中，复上书，乞徽宗收权独断，毋令国贼肆奸。徽宗怒，遂被编管永州。后以收复燕云恩赦归。钦宗即位，补浙江明州鄞县（今宁波市鄞州区）令。贫不能归乡，遂定居于浙江慈溪鸣鹤山（今盐仓山），子孙散居宁波、台州等地。

---

[1] 黄文杰：《大道奇崛：方国珍、方孝孺与方氏家族》，《宁波通讯》（半月刊），2014年第15期，第60—61页。

台州林氏，也多为宋代莆田林氏迁台之后裔。《莆田市姓氏志》载，玉环县的"台州林"林氏为宋代林鹏皋从莆田迁去，另一支派为宋代林季居官寿州由莆田迁去定居。玉环县"温州林"为宋代林胜从莆田迁去。"苏州林"则是宋代林读因居官台州时从莆田迁去定居的。[1]

关于台州林氏总体概况，《百姓台州》一书介绍云："台州林姓以仙居断桥林氏之祖先为首支，唐乾符年间（874—879）自福建长溪迁黄岩，稍后迁乐安断桥（今属仙居杨府乡），其族日繁，仙居一县属林姓者有十余村之多。黄岩林姓支系尤多，旧称有18支，不过，自明中叶以后，有一部分已属温岭。其中黄岩沈村林氏据云本属仙居郭氏，至十三世时嗣于乐清刘氏，明见初方国珍集团核心人物刘仁本被明太祖朱元璋杀戮后，其族人为避株连，因改姓林。除仙居、黄岩诸林之外，临海有台临林氏，南宋乾道年间（1165—1173）由福建迁临海城内，后分为二支：西乡有山前、东岙、斋坦诸林，东乡有下晏、琅坑岭等林。天台有大地派林氏，北宋嘉祐八年（1063）自福建仙游迁黄岩东浦，后迁天台玉湖，明成化六年（1470）迁大地林。概言之，台州林姓几乎都自福建迁入。台州方志收录林姓入传者有170余人。"[2]

《台州林氏志》一书之"台州开族简史"则特别指出，台州林氏皆自福建莆田迁来。文云："台州林氏俱闽莆田移入，唐后期朱全忠反及黄巢之乱，闽浙毗邻，大量人口涌入。后至宋金兵入侵，宋末元兵入侵，明代倭寇之乱，闽林姓纷纷入台。阙下林家、九牧林家、雾峰林家三大林派布及台州六县。历唐、宋、元、明、清至今一千二百余年，分而又分，台州林氏聚居村达五百八十多村，总人口达三十万之多。温岭市为最，三门次之；临海、黄岩随之；天台较少，也达一万三千林姓。"[3]

播迁浙江台州的莆田林氏，为多支宗族，《台州林氏志》称为"多公开台"。志中载：

> 台州林氏，根在莆田，来自"阙下林家""九牧林家""雾峰林

---

[1] 莆田市地方志编纂委员会编：《莆田市姓氏志》，方志出版社，2010年版，第36—37页。
[2] 黄保才名家工作室主编：《百姓台州》，浙江工商大学出版社，2020年版，第59页。
[3] 林荣凌主编：《台州林氏志》，浙江省台州市比干文化研究会编，2021年版，第68页。

家"三大派系。也有来自"固始林派"。阙下林尊公后裔,发祥于仙居、临海白水洋一带。九牧林家长房苇公后裔发祥于天台济溪、温岭中厢等村。九牧二房藻公后裔定则公逸志闲情,于明成化六年,从黄岩游居天台之大地卜居。九牧六房蕴公后裔冲之公,奉刺使全被拘,逼仕刘豫不屈,徙显州北地,恨国仇未报而死。其子性、商于宋绍兴年间奉母,由海道隐于天台合溪里,为合溪里祖。九牧七房蒙公次子讳勋,字钦明,一号宣卿,唐太和六年任黄岩场盐铁大使,任止缺少盘费回乡,遂居温之半山,未几,三子迁黄岩椒江渡。其有八孙,后裔布及台州各地。分为椒头派、留贤派、青山派。椒头派最繁,包括三门林氏、临海东方大部,黄岩大部及温岭部分。九牧八子迈公后裔发祥于玉环大部。万春公后裔发祥于黄岩、中、章、箕山、店头。雾峰林家昌公后裔,发祥于井头林、章安。固始派后裔季春公,发祥于三门界盉。[1]

台州不少林氏族谱都详细记载其莆田始迁祖的姓名。如清康熙四十二年(1703)何绂度纂修《(临海)壹临林氏宗谱》载,始祖林礼,字文副,西晋建兴间(313—316),迁福建莆田县仁秀坊,始迁祖林寿昌,字廷茂,南宋乾道间再徙浙江台州临海县庆善里。林殷泮修、林商树等纂《林氏天台大地派宗谱》(初修于明万历二十五年,历九修)载,始祖林朝德,字允茂,北宋嘉祐八年(1063)自福建仙溪文笔峰前上坡村(今莆田市仙游县下狮村)迁居浙江台州黄岩县束浦里。始迁祖定则(字孝泽,号行一)、定知,明成化六年(1470)自天台县玉湖迁居天台大地林村。《天台林氏宗谱》(1905)载,邑郊林氏先世居福建莆田,

《天台林氏大宗谱》书影

---

[1] 林荣凌主编:《台州林氏志》,浙江省台州市比干文化研究会编,2021年版,第68—69页。

唐末进士福建林慎思任万年县令，死于黄巢起义，其子兆论、兆讷分迁天台县南郊、东郊。《天台何方林氏宗谱》（1923）载，天台何坊（丽泽乡）林氏，先世居福建莆田，明初林木（1359—1421）任台州海门卫左所总旗，永乐三年（1405）迁居台州天台。

据《天台沈氏宗谱》（1937）载，天台府前沈氏先世亦居福建莆田，明洪武间沈昌远自台州郡城临海迁居天台县东，今子孙分布于苍宝乡等地。

宋代以降，莆田与台州的官员也有较密切的交流，有关莆田与台州的官员交流方面的详细情况，可参考本书附录之《古代兴化郡与台州的官员交流》。

三、台州与莆田的宗教信仰文化交流

（一）莆田与台州的佛教文化

佛教起源于公元前 6 世纪的古印度，相传于东汉永平年间（58—75）传入中国。经过魏晋南北朝几百年间的传播和发展，到隋唐时期达到巅峰状态，形成了汉化的佛教。莆田和台州都是汉传佛教最早的传播地区。

南朝陈永定二年（558），儒生郑露献其居宅为广化寺前身金仙庵，后升为金仙院，隋开皇九年（589）升为寺，宋太平兴国元年（976）敕改为广化寺。

莆田南山广化寺

自南朝后，佛教天台宗、律宗、密宗、华严宗、禅宗、净土宗等宗派陆续传入莆田。因此南山（凤凰山）广化寺不仅是莆田文化教育的发源地，也是莆田佛教文化的发祥地，是莆仙佛教的源头。据《莆田市志》记载，至20世纪90年代初，"境内共有寺、庵912座"[1]。在莆田近千座佛

福建佛学院（莆田南山广化寺）

教机构中，南山广化寺的地位最为尊显。古代与福州鼓山涌泉寺、泉州开元寺、厦门南普陀寺并称为福建"四大丛林"，1983年被国务院列为汉族地区佛教全国重点寺院。今"福建佛学院"男众班也设在南山广化寺内。

台州佛教据载约在东汉末晋初传入。东汉兴平元年（194），创建石头禅院（今仙居县境内），为台州梵刹之始。"两晋南朝，永嘉南渡与北朝灭佛，导致大批僧人南徙，促进南北佛教交融。南入台州的高僧，有史书可考者有支遁、竺昙猷、支昙兰、普跃、智达、慧明等人。隋唐以后，天台、禅宗、净土三大宗派盛行，寺院遍及台州各县"[2]。天台宗是中国佛教史上最

天台山国清寺

---

1 莆田市地方志编纂委员会：《莆田市志》第三册卷四十二"宗教"，方志出版社，2001年版，第2612页。

2 台州地区地方志编纂委员会：《台州地区志》第四十三章"宗教"，浙江人民出版社，1995年版，第1100页。

天台佛教城（天台县和合小镇）

早创立的佛教宗派。因其实际创始人智者大师长期住锡天台山（在今台州天台县境内）而得名。天台国清寺是天台宗的发源地，古代与济南灵岩寺、镇江栖霞寺、江陵玉泉寺并称"天下四绝"。

因天台山在佛教文化界的地位，1993年经浙江省人民政府批准在天台山和合小镇设立"佛教城"。佛教城下设有台州传统艺术博物院等，从事开展挖掘、整理、保护、发展和弘扬包括佛教文化在内的各种非遗传统优秀文化。

据记载，南宋高僧济公俗姓李，字湖隐，自称"幼生宦室"，其师侄释居简《湖隐方圆叟舍利塔铭》说他是"天台临海都尉李文和远孙"。济公故居位于台州天台山永宁村。今在永宁石墙头复建有济公故居，占地16亩，由永宁村口双

天台山永宁村济公故居

第五章 莆田台州关系及郑至道贡献

牌楼与观霞阁、济公李氏祖居和陇西园三大部分组成，宅第街坊与楼台亭阁水榭园林荟萃一体，内聚佛国之灵气，外撷仙山之精华，已列为国家4A级旅游景区。

（二）天台宗传播莆仙

汉传佛教天台宗是隋代高僧智𫖮（538—597）在前人研究《法华经》成就的基础上创立的。因以《法华经》为依据故又称"天台法华宗"。智𫖮（智者大师）晚年居浙江台州天台山讲经说法，门下学者云集。台州天台山是我国历史上第一个中国化的佛教宗派天台宗的诞生地，也是其最初的道场。天台自陈隋时期确立为天台宗的根本道场起，就一直对周边地区产生宗教的感召力和强烈的辐射力，对于福建则有近水楼台之效。唐释道宣撰《续高僧传》卷十七智𫖮传载，智𫖮返回天台山讲经是"化移海岸，法政欧闽"。这里的"欧"同"瓯"，即"东瓯"，指浙江南部；"闽"指福建。说明智𫖮在天台山讲经，法被浙南和闽中，曾对周边佛教文化产生很大的影响。

天台山国清寺智𫖮（智者大师）石雕像

地处闽东南沿海的莆田，最早的佛教传播，就是始于天台宗。据唐代黄滔《莆山灵岩寺碑铭》记载，莆山灵岩寺（今莆田南山广化寺）僧志彦于唐景云二年（711）应诏入宫，向睿宗进言有寺僧无际修持《妙法莲花经》及"感石上涌白泉，僧袭，而泉变清焉"一事，皇帝因赐额金仙院为"灵岩寺"。黄滔没有明确记载无际生活的年代，但根据志彦向睿宗进言的史实推断，其生活年代当在隋末唐初。高僧无际来自浙江天台山国清寺，他是莆田也是全福建最早的知名天台宗僧人，同时也表明，广化寺（灵岩寺）在隋末唐初曾一度是天台宗道场。

仙游龙华寺在隋代初建时也是天台宗。《龙华寺志·历代师德》载："隋开山祖师，未详名号，大业中，自润州来，结茅宝幢山，精修梵行，有双龙衔白莲华以献，寺因此名焉。盖隋炀帝崇信三宝，皈依天台智者大师，寺或当时敕建。故何侍郎镜山先生（何乔远）有诗云：'煌煌简命出隋炀，令之山下建神殿。'"[1]

天台宗在莆田传播后，首先在莆仙两县流传，影响很大，成为闽中佛教一大宗派。唐宋以降，禅宗兴盛，天台宗式微，但莆仙仍建有一些天台宗庵寺，也不乏天台宗高僧大德。

1. 莆仙天台宗庵寺

南山广化寺佛肠坑建有天台庵。据载，庵中有月池，在广化寺一百二十寺中，此庵"为景之最幽清者"，引得历代不少文人墨客为之吟咏。如宋林宽夫咏云："访客灵岩寺，寻幽弄月池。天宫知有路，石磴自忘疲。香茗中峰拱，澄澜古甃窥。还登瑞泉院，一览尽雄奇。"又如宋张令修咏云："庵拟天台趣，泉依石涧流。岩风消午暑，竹月洗尘忧。桥外通书阁，云间见梵楼。妙华随处乐，全若故乡游。"

仙游龙华寺有法华庵，以修持天台宗《法华经》而得名，"产钱一贯三百六十五文"（《龙华寺志》）。宋仙游名士林豢曾隐居于此庵。林豢为陈次升外孙，幼孤而好学。明徐𤊹《笔精》载："豢号萍斋。乾道间诏举遗逸，起家为迪功郎。仙游法华庵，是其隐处。"

莆仙天台宗高僧自无际以后，见于文献记载的还有以下诸人。

释景欣，唐代福建仙游人也，出家于白云山，得石霜开示，而止丹丘（今属浙江宁海）涌泉之兰若。后住浙江台州涌泉寺，为天台宗高僧。

释戒香，宋代兴化军兴化县人，住台州如真寺。如真寺为天台山名刹之一。张琴《莆田县志》卷三十三"方外"载："戒香，兴化县人，住台州如真寺。上堂偈云：'孟冬改旦晓天寒，叶落归根露远山。不是见闻生灭法，当头莫作见闻看。'"杨美煊《古囊名刹》亦载："宋戒香禅师，俗籍兴化县，幼年出家，受具足戒后住台州真如寺多年，传有上堂偈云：'孟冬改旦晓天寒，叶落归根露远山。不是见闻生灭法，堂头莫作见闻看。'晚年持锡回梓，经囊山，应邀卓锡传禅接化，一说寂于囊山。"[2]

释觉初，宋兴化军兴化县人，少年时在莆田北高五侯山隆兴寺出家。觉初

---

[1]〔明〕释正禄：《龙华寺志》卷上，清康熙莆田刻本。
[2] 杨美煊：《古囊名刹》，海潮摄影艺术出版社，1998年版，第103页。

十九岁受具足戒,旋北上游方求学,尝居江西云居寺,"日诵法华,夜修禅定",天台、禅宗并修,二十多载,蜚声八闽,饮誉缁林。

释兴隆,俗姓陈,清代兴化府莆田人,也曾有天台山修业的经历。兴隆幼业儒,年二十五,游福州鼓山,依恒涛和尚出家。后结茅于浙江台州天台。于乾隆九年(1744)回福州,十四年(1749)任涌泉寺住持,修建殿堂,重整山门,世称遍照禅师。

2. 莆仙官员与天台宗僧人交往

南宋名臣、莆田诗人刘克庄与多位天台僧人有文字交往。如《赠辉书记二首》云:"野老柴门不惯开,有僧飞锡自天台。前身莫是寒山子,携得清诗满袖来。""棒喝机锋捷似飞,推敲事业费寻思。师归定被丛林笑,腹里无禅却有诗。""辉书记"全名未详,为浙江天台诗僧,任书记僧。又如《赠天台通上人》:"老倦逢迎揖客稀,上人乃肯顾柴扉。槐无林下茶瓜待,忽有空中杖锡飞。师瘦能吟无本句,吾穷难赠大颠衣。此行不枉观南海,探得珊瑚满载归。""通上人"法名未详,为天台宗僧人,善诗咏。刘克庄有《跋通上人诗卷》云:"余自柱史免归,屏居荒村,面壁九年,门无贵客,惟游于方之外者辱临焉。……一日,有天台通上人入谒,余问来意,通曰:'无他,平生有吟癖。'袖所作诗两卷,请余评之,其言异于闽僧,余修容加敬。徐读两卷,幽闲淡泊,如不设色之画,不糁之羹,有自然色味。"[1]刘克庄还有作《通首座手书二经》。"通首座"即"通上人"。寺院的首座,是寺院中最高的职位。

北宋天台国清寺羲寂(俗姓胡,字常照)亦是天台宗的著名僧侣,吴越王钱弘俶曾为羲寂在天台山螺溪建定慧院,太平兴国八年(983),钱弘俶又恭请羲寂传菩萨戒,敕封

天台十五祖螺溪羲寂大师像

---

[1] 曾枣庄主编:《宋代序跋全编》(8),齐鲁书社,2015年版,第5248页。

净光大师。太平兴国二年（977）进士兴化军仙游人郑元龟，于太平兴国八年（983）以宣德郎行左拾遗权知台州军州事。郑元龟在台州沿海发展远航船队，使台州地区海上运输发展迅速，他在任购进木材打造佛像，由三门湾远航船队运往海外，把天台宗佛教传往日本、高丽等国家，台州最初与海外的文化交流，乃发端于佛教，更肇始于向日本、韩国撒播佛教文化的种子。天台螺溪義寂圆寂后，郑元龟曾作《净光大师赞》以悼："□□□□，如云不定。合浦珠光，昆丘玉莹。顺化遗形，示空达性。万古千秋，瞻仰弥盛。"[1]

（三）妈祖文化传播台州

妈祖信仰起源于福建莆田湄洲岛，但早在宋代就已传入浙江。南宋莆田人丁伯桂《顺济圣妃庙记》说圣妃妈祖"神之祠，不独盛于莆，闽、广、江、浙、淮甸，皆祠也"。因台州地处浙江东部沿海地区，台州治所临海也是漕运重要的港口之一，故自南宋开始，台州已传播具有海洋精神的妈祖文化。且在信俗方面，自具特色。

台州的妈祖宫庙主要分布在南部的玉环、温岭（太平），以及灵江、椒江沿岸的临海和黄岩地区。

据台州地方志记载，建于清代及以前的台州地区妈祖庙至少有10座，即：

1. 临海县天后宫，在靖越门外，元延祐中建，至正十三年复建。

2. 黄岩县天后宫，在拱辰门外澄江南，清雍正四年建。

3. 玉环县天后宫，在西青山下，清顺治三年新修，雍正间迁建。另一天后宫，在坎门。妈祖庙，在洋坑。钓艚岙天后宫，在坎门街。

4. 太平县天后宫，在石塘桂岙，明正统二年建，万历中重建。另二座天后宫，一在龙王堂圆岩潭；一在松门城内。

当代台州市辖九个区县，天后宫现存及存遗址者数量则有近百座之多，其中单三门县境内就有43座[2]。以下列举台州妈祖宫庙77座：

1. 椒江区（3座）：东山公园海门天后宫、大陈岛天后宫、梅梨巷天后宫。

---

1 张如安：《〈全宋诗〉订补稿》，群言出版社，2005年版，第14页。
2 林宝寿等：《三门境内部分天后宫图志》，王国保主编《大爱妈祖：妈祖信仰在宁波》，宁波出版社，2017年版，第310页。

台州温岭石塘天后宫

2. 黄岩区（3座）：北洋坎头圣母宫、坎头村天后宫、泾岸村妈祖庙。

3. 路桥区（4座）：金清镇妈祖庙、剑门港村妈祖庙、黄琅妈祖庙、洋山头天后宫。

4. 临海市（1座）：桃渚古城后所山天后宫，始建于明正统初年，1994年重建。

5. 温岭市（31座）：石塘天后宫、桂岙天后宫、东海天后宫、金沙滩景区沙头天后宫、西北门天后宫、水坑天后宫、杨柳坑天后宫、寺基沙天后宫、粗沙头妈祖庙、海滨天后宫、流水坑妈祖庙、车关护洋妈祖庙、西沙妈祖庙、高岩妈祖庙、四岙里天后宫、三岙沙头妈祖庙、五岙天后宫、桂岙天后宫、红岩天后宫、红星天后宫、隔海妈祖庙、前陈天后宫、箬横镇平海宫、三甲地天后宫、前江村天后宫、东山堂天后宫、楼旗天后宫、四新片天后宫、白云山天后宫、双桂桥头天后宫、潮观妈祖庙。

6. 玉环县（6座）：坎门妈祖宫、清港娘娘宫、钓艚天后宫、龙王村天后宫、白马岙天后宫、东港村天后娘娘庙。

玉环钓艚天后宫

7. 三门县（29座）：海游天后宫、红殿村妈祖娘娘宫、陡门头天后宫、北斗宫妈祖娘娘殿、泗淋下道头圣母庙、桂岙堂圣母娘娘殿、福增堂圣母娘娘殿、牛头门妈祖庙、小岭下太姑婆宫、虎门孔村圣母娘娘宫、花桥关头娘娘宫、花桥寺前天后宫、健跳赤头天后宫、健跳下洋天母宫、东殿寺天后宫、尖坑山天后宫、将军殿妈祖娘娘庙、毛叶天妃宫、田湾天后宫、仙岩小洞娘娘宫、渔西上洋天母宫、海游渡头娘娘殿、六敖赤头娘娘殿、海游玉城寺圣母殿、海游晏站娘娘殿、蛇盘岛妈祖庙、甲岙王家庵、沿江村圣母娘娘庙、三门妈祖文化园。

妈祖文化传播台州后，也产生并留下一批珍贵的妈祖文献。如元代周伯琦撰《台州路重建天妃庙碑》，明代刘基撰《台州路重修天妃庙碑》。吟咏妈祖的诗作，如清光绪进士宁海人黄和銮有《灵江竹枝词》之一云：

中元时节兴无穷，锣鼓咚咚天后宫。

放出水灯千万盏，游人争看满江红。

灵江，即椒江，位于浙江台州湾入口处，旧称海门。诗中描绘的是中元节宁海天后宫"放水灯"民俗带来的"满江红"壮观热闹景象。又如清光绪太平县（温岭）东门外人裴灿英《天妃灵迹》诗：

> 贼势如潮涌，元君绰有风。
> 一帆真助顺，万籁尽从龙。
> 圣诏原褒美，丰碑尚纪功。
> 淋漓濡大笔，千古仰兴公。

原注云："阮芸台剿海寇，祷之助风碎贼舟，敕建一宫祀焉。孙渊如有记，刊诸石。"诗咏嘉庆五年（1800）夏，浙江巡抚阮元在台州、黄岩、太平等地领导缉捕海盗活动，结果大获全胜，生擒贼寇1300多人，缴获枪械火炮等众多武器。据说为感谢天妃"神威助顺"，乃上奏奉谕于太平县松门卫敕建天后宫、风神庙。

又如清末拔贡、太平县大路庄（今属温岭市箬横镇）人毛济美有《松门杂咏·龙王堂》诗云：

> 天后宫前潮寂寞，龙王堂畔草迷离。
> 百年祠宇归零落，独立斜阳读断碑。

松门，在温岭海滨，有松门港。天后宫指台州松门山天后宫。

第二节　郑至道的为官理念和政绩

郑至道是宋神宗元丰二年（1079）进士，为官时间主要在宋神宗和宋哲宗时期。宋神宗曾在王安石的经济、军事、科举变法基础上开展吏治改革，理顺官僚机构，厘清官员职责，颁布有《改官制诏》。主要举措是理顺各机构行政关系，减少冗员。改革废止了一些重叠机构，确实理顺了行政关系，简化了职官制度。宋哲宗在位期间，通过一系列的政治手段，缓和了元丰年间新旧党争的激烈局面，使朝廷内部的政治氛围相对稳定，为国家的治理提供了相对稳定的政治环境。对于吏治整顿，宋哲宗推行了严格的官员考核制度，加强了对官员的选拔和监督，有效地遏制了官员的贪污腐败现象，提高了政府的行政效率。对于皇权，哲宗通过强化中央集权，削弱了地方势力的割据倾向，加强了对地方的控制，维护了国家的统一和稳定。对于财政改革，哲宗恢复了熙宁变法中的部分财政改革措施，如青苗法、免役法等，增加了国家的财政收入，缓解了财政困难。又推行了一些土地制度改革，如方田均税法，一定程度上抑制了土地兼并，减轻了农民的负担，促进了农业生产的发展。经济方面，鼓励商业发展，放宽了对商业的限制，促进了商品经济的繁荣，提高了国家的经济实力。在这样的时代背景下，郑至道在天台为官，通过个人努力，取得了一定的政绩。

一、为政宽简

宋代为我国传统文化发展的巅峰时期，尚文与安定，是其最主要的背景。这个时代呈现予后人的是一幅繁复而精致的画卷。宋代以完善科举、重用文臣，来提高政权的民事管理能力，依靠崇文抑武来稳定内政。身处复杂的环境，宋廷用尽各种手段，使境外的问题不致过于影响内政的稳定。在这一点上，它做得很成功。有很长一段时期，北宋疆域大部分较为安定，足以使经济与文化获得长足发展。郑至道所处的浙江东部天台县，更是安定的地域之一。这些条件直接影响郑至道的为政思想。

宋代陈耆卿《嘉定赤城志》、明《一统志》等史书均将郑至道列为"良吏"，祀名宦[1]，并有事迹记载，传记中皆特别指出郑至道的从政理念是"为政宽简"，这里的"宽"不是放纵，"简"不是疏忽，因为放纵和疏忽则一定会导致政事的松弛废止而使民众蒙受其害。"宽"指的是宽大、不苛急，"简"指的是不繁碎。"宽简"就是宽大，不严厉苛求。宋苏辙《形势不如德论》曾云："三代之时，法令宽简，所以堤防禁固其民而尊严其君者，举皆无有。"

天台县原是个"蕞尔小邑"且为"崔苻（盗贼）窃发"（清康熙《天台县志》）·之地，经过郑至道的宽简治理，天台县一时政通人和，阖境安宁，百姓对其治理心悦诚服，为后来郑至道关心重视天台人文地理等文化发展提供了条件。为政的关键在于给老百姓带来真正的便利、得到老百姓衷心的拥戴。关于为政宽简，欧阳修在滁州为政时，就以"宽简"著称，使得官民称便。他认为：

---

[1] 天台县地方志编纂委员会办公室编校：《清·康熙天台县志》，方志出版社，2012年版，第122页。

"吾所谓宽者，不为苛急；简者，不为繁碎耳。"[1] 从郑至道的一系列事迹来看，他是一名关爱黎民、喜欢与民同乐的官员，遵循人情事理，宽简为治。反对地方官员为了向朝廷显示自己的政绩，聚敛苛剥，扰民害民。

二、专于教化

郑至道事迹中另一条重要功绩是"专于教化"。郑至道撰写的《谕俗编》，正是一部教化天台百姓之名作。书中广泛采集经史中有关伦常的故事，并旁征博引以示劝诫。内容多贴近百姓生活，文字通俗易懂。《四库全书总目》评云："文义颇涉于鄙俚，然本为乡里愚民设，不为士大夫设，故取其浅近易明，可以家喻户晓。"元代潮州路总管府经历左祥在《琴堂谕俗编》序言中指出："昔郑、彭二令君知乡邑时作也。大意在于先教化后刑罚，使风俗知劝，人皆为士君子之归。然世之作邑者，往往困于文书之期会，窘于财赋之煎熬。齐民之道，惟知有刑罚而已，奚暇以教化为先务哉。如二令君之待斯民，亦可谓仁也已。"郑至道在天台知县职位上不仅做到"为政宽简"，还将大部分精力用于教化民众，这说明郑至道是一位优秀的县令，也是一名受到儒家思想深刻影响的廉政官员。能做到"为政宽简，专于教化"这两条的官员是很少见的。他指出："县令之职，所以承流宣化，于民为最亲。民不知教，令之罪也。予自至官，观尔百姓，日以争讼，来至于庭。"

教化是以民众为主要对象的政治教育和道德感化。儒家十分重视教化的作用，把教化作为正风俗、治国家的基本方略。孔子主张治民应"道之以德，齐之以礼"，富而"教之"。孟子认为"人之有道也；饱食暖衣，逸居而无教，则近于禽兽"。二人都强调对百姓实行"德教"的重要性。荀子概括说，用礼义道德之教才能服人之心等，教化是齐人心之术，把政教风化、教育感化、环境影响等有形与无形的手段综合起来加以运用。既向人们正面灌输道理，又注重结合日常行为，使人们将各种规范落实到自己的言行当中，在潜移默化中逐渐达事明理。

---

[1]〔元〕脱脱等：《宋史》卷三百十九，列传第七十八"欧阳修传"。

三、匡正风俗

后人对郑至道还有"革故鼎新，匡正风俗"之评。"匡正风俗"是地方官员基本的宗旨，对地方社会治理和良好风俗习尚的形成有重要的价值。郑至道著有《谕俗编》七篇，劝导民众要遵守七种美德：一曰"孝父母"，二曰"爱兄弟"，三曰"睦宗族"，四曰"恤邻里"，五曰"重婚姻"，六曰"正丧服"，七曰"重本业"。郑至道施行善政，专务教化治理，革除了天台地方上多年的陋俗，如发现悖礼逆俗之事之言，都会给予及时纠正，使百姓尊老爱幼，亲朋好友之间讲究义气，士、农、工、商都能够安居乐业，达到了民心悦服的地步。他关注天台民生，修正制度，倡导仁义，匡正风俗，道德弘于县邑，美名扬于四方。如今，一千多年过去了，天台百姓依然以郑至道为荣，宣传其思想理念。

天台山是天台佛学、南宗道学的策源地，也是民俗儒学特色与佛道理念、佛道个性互相辉映的地域文化的融合地。其地域文化展示出中华民族的宽阔胸怀，也使中华文化竞放出夺目的光彩，在中国的文化史上有相当的地位，对东亚文化也产生一定的影响。郑至道的七种美德思想促进了当地民风习俗向善向美，也丰富了天台儒学浓烈民俗化的哲学色彩，并成为后期天台精神的重要思想来源，开天台儒学民俗化的先风。

四、重视商业经济

郑至道最早提出"四民皆本"论，认识到手工业、商业对社会经济的价值与意义并不亚于农业。他在天台知县任上撰写了七篇谕俗文，其中第七篇《重本业》开篇即云："古有四民，曰士、曰农、曰工、曰商。士勤于学业则可以取爵禄，农勤于田亩则可以聚稼穑；工勤于技巧则可以易衣食，商勤于贸易则可以积货财。此四者皆百姓之本业。……不能此四者，则谓之浮浪游手之民。"从经济思想史角度看，郑至道是"士农工商，四民之本"理念之最早、最明确的宣示者。若从经济结构角度视之，他应是北宋中叶以来手工业和商业开始取得与农业同等重要地位这一变革的先行推动者。商品经济的发展，自然而然地反映到意识形态之中，是产生"四民皆本"理念的经济基础。而天台宗佛教伦理"治生即道"思想及"入世"精神，是产生"四民皆本"论的思想基础。[1]台

---

[1] 杨轶清：《浙商通论：认识浙商的基础读本》，浙江工商大学出版社，2014年版，第73页。

州人自古就逐渐形成了自强不息、开拓进取、敢于创造、低调务实的个性特质，这些人文特质对商业贸易经济的发展起到积极的推动作用。

作为北宋天台儒家文化代表人物，郑至道提出士、农、工、商"此四者，皆百姓之本业"。从经济思想史看，他提出"四民皆本"之论，比明代黄宗羲开创的"工商皆本"论要早500多年。在传统农业时代，郑至道认识到手工业、商业对社会经济的重要价值与意义，并认为商业经济对提高老百姓生活水平有重要作用。郑至道的《谕俗编》中谈到了"重本业"，彻底颠覆流传千年的"农本工商末"理念，改变了"本末"范畴的基本内涵，予以行业结构及功能质变般的全新诠释。当将工商作为本业的观念为众多世人所接受，商人地位得以明显提高，这不仅是商品经济高度繁荣的反映，也为各行业商品经营者的大量出现提供了孕育和发展的土壤，这对天台乃至浙东商业经济文化影响很大，浙东地域商品经济发达和经济观念变革也与这些理念分不开。

陈耆卿在所修《嘉定赤城志》卷三十七"风俗门·重本业"中，采录郑至道所作《谕俗编》七篇内容，明确提出士农工商"此四者皆百姓之本业，自生民以来，未有能易之者也"。北宋时期，台州的社会经济得到显著发展。在农业方面，沈括在熙宁七年（1074）就指出："温、台、明从东海滩盐地可以兴筑堤堰，围裹耕种，顷亩浩瀚，可以尽行根究修筑，收纳地利。"[1]当时台州黄岩所产的稻米，"一州四县皆所仰给，其余波尚能陆运，以济新昌、峡县之阙"。[2]台州普遍栽种早熟耐寒的"占城稻"，一年两熟，产量大幅度提高。柑橘、茶叶也成了当地主要的经济作物。宋代台州的名茶更多。天台出产的茶叶，以紫凝茶为上品，魏岭茶次之，小溪茶为第三。紫凝茶产于普门，魏岭茶产于天封，小溪茶则产于国清寺附近。[3]在手工业方面，台州罗绢等织造业也相当发达，列入政府"预买"的货物之列。[4]此外，宋代台州用竹藤为原料所造的"玉版"纸

---

[1]〔清〕徐松辑、刘琳等校：《宋会要辑稿》"食货七之二七"，上海古籍出版社，2014年版，第6130页。

[2]〔宋〕朱熹：《奏巡历至台州奉行事件状》，《晦庵先生文集》卷十八，宋庆元嘉定间浙江刻本，第60页。

[3]〔宋〕陈耆卿：《嘉定赤城志》卷三六，《宋元方志丛刊》第七册，中华书局，1990年版，第7559-7560页。

[4]〔宋〕王存：《元丰九域志》卷五"两浙路"，中华书局，1984年版，第215页。

已经非常有名。郑至道的"四民皆本"论,对天台及台州商业经济无疑产生了积极的影响。

当代学者认为,宋代手工业产品的规模性输出之根基,即是其时工商业文明的勃兴。可以说,入宋以后,各种商业气象扑面而来:近代城市坊市合一、沿街设店的风貌形成于北宋中叶;乡村地区草市、墟集数量激增的第一个浪潮出现于宋代;交换手段的便利化即纸币的使用和贵金属白银货币化起源于宋代;区域市场的形成和区间市场联系的加强亦在宋代;更不要说海外贸易的第一波大潮出现于宋代。[1]

五、重视旅游文化

郑至道是台州历史上旅游开发第一人。郑至道在天台还有一大功绩,就是对刘阮洞的开发,主要成果体现在郑至道名篇《刘阮洞记》。郑至道公事之余,到民间寻访刘阮传说遗迹,从护国寺寺僧口中得知明照法师曾于景祐年间入桃源采药,见桥跨水,二女及笄,戏于水上,如刘阮所见,遂率部民来桃源"追遗迹,续故事"。自从六朝刘义庆《幽明录》中关于刘晨、阮肇在天台山采药遇仙的神话传说流传以后,唐代文人相继来天台游访。著名诗人元稹写了"芙蓉脂肉绿云鬟,罨画楼台青黛山"(《刘阮山》)等优美的诗篇,更引起人们对刘阮遗踪的向往。郑至道根据前人编绘的仙踪图籍和护国寺僧人的传说,在护国寺东北二里的山谷中,发现一大胜境(即今宝相岙),确认这里是刘阮遇仙之处。为了使它成为名副其实的"桃源",他慷慨捐俸"凿山开道,立亭于其上,环亭夹道植桃数百本"(郑至道《刘阮洞记》)。时隔不久,所植桃树开花之际。他率领僚属,"幅巾杖藜,倘佯行歌,沿涧而上,观草波之涟漪听寒音之潺湲",并为桃源胜景一一取了美名,如"鸣玉涧""桃花坞""金桥潭""会仙石""双女峰""迎阳峰""合翠峰""迷仙坞""浮杯亭"等等。士民都称赞郑至道是"数千百年湮没之迹,自公发之"。天工加上人巧,又带着扑朔迷离的神仙色彩,"桃源春晓"从此成了天台山八大景之一,宋、明以来,

---

[1] 葛金芳:《两宋经济结构变迁与海上丝路勃兴》,《国际社会科学杂志(中文版)》,2020年第3期。

吸引了无数文人墨客,连旅行家徐霞客也对此地流连忘返。褚定济所编《桃源古韵》中编录有关桃源的诗作达424首。有些诗咏中直接夸奖郑至道开创桃源之功,如北宋诗人王沔之《刘阮洞》七律咏云:

　　流传晨肇隐无踪,搜发仙源属郑公。
　　百尺灵泉清澈底,千寻苍玉势凌空。
　　飘香故迹人虽到,采药巅崖路不通。
　　二女深沉断消息,桃花依旧笑春风。[1]

　　首联"流传晨肇隐无踪,搜发仙源属郑公"中的"郑公"指的就是郑至道,言其"搜发仙源",率先开发了桃源仙境,造福后世。又如明成化进士诗人庞泮也有《桃源》七律诗云:

　　一溪流水落平川,人说桃源隐异仙。
　　若有神仙尚不死,为何今日也茫然?
　　郑侯当日觅桃源,种得桃花满涧缠。
　　今日落红流洞口,纷纷附说是仙泉。[2]

　　诗中的"郑侯",指的也是郑至道,是他觅得桃源,并于"满涧"遍种桃树,才有了仙境般的"桃源"胜景。

　　台州市文化研究中心周琦先生认为仙话传说对天台山文化形成有一定的贡献。郑至道撰写脍炙人口的《刘阮洞记》,不仅是天台山旅游史上的一件大事,也对天台民间传

《刘阮天台》(清代改琦画)

---

[1] 〔宋〕林师蒇等:《天台续集》卷中,影印文渊阁四库全书本。
[2] 浙江省天台县志编纂委员会:《天台县志》"丛录·诗文选",汉语大词典出版社,1995年版,第773页。

《刘阮天台采药图》（莆田市仙游黄羲画）

说文学作出贡献。郑至道将刘阮洞作为正宗桃源洞，确认刘阮传说发祥地，并确定洞前的会仙石等仙迹，使得游人每到此处，都想起刘阮的奇遇，并为之感慨万千，留下脍炙人口的文学篇章。

自从郑至道写作《刘阮洞记》，文人墨客纷至沓来，在这里饱览了美妙的自然风光，更为神奇的是，据说许多人还像当年的刘晨、阮肇和护国寺的明照禅师一样，一次又一次地遇见桃源仙女。这些事情都记载于典籍，成为一笔文化遗产。根据《天台山风物志》记载，在这些艳遇仙女的文人当中，最著名的是明代诗人杨珂、明代万历年间旅行家王士性和清代邑人举人施际清。其中以施际清传说最为生动也最为神奇。据说施际清年轻时，曾在"桃源庵"读书，游览桃源洞天，有幸与桃源仙女相逢。这件事记载在邑人金文田《天台采访册·施穆亭逸事》中。这些民间传说文学的记载，为天台民间传说列入天台县国家级非物质文化遗产名录作出了重要的贡献。

六、"和合文化"思想的源头

当代学者对郑至道《谕俗编》（《谕民书》）七篇与"和合文化"的密切

关系也进行了研究，成果颇丰。纵观天台山文化"和合学"，其文化结构主要是"三和"，即：人与自然和合，人与社会和合（包括人际、国际），人与自我精神和合。其和合精神主要为"务实而兼融，和合而创新"。这种和合精神既有重要的历史意义，更具有深远的现实意义。天台山应是名副其实的中华和合文化的主要发祥地。习近平总书记在《之江新语·文化育和谐》一文中指出："'和'指的是和谐、和平、中和等，'合'指的是汇合、融合、联合等。这种'贵和尚中、善解能容、厚德载物、和而不同'的宽容品格，是我们民族所追求的一种文化理念。"[1]习近平总书记精准阐述了和合理念的文化要义与民族品格。

郑至道《谕俗编》认为："县令之职，所以承流宣化，于民为最亲。民不知教，令之罪也。予自至官，观尔百姓，日以争讼，来至于庭。其间多违理逆德、不孝不悌、凌犯宗族、结怨邻里。以至婚姻之际，多事苟合，殊无恩义。五服之亲，问以服纪，全然不知。浮浪盗贩之人，日益加众。如此者皆由风俗鄙陋、教道未至，兼修学从宦之家少，小人无所观法，若不晓告而加之罪，是罔民而刑之也。"文中提出孝父母、爱兄弟、睦宗族、恤邻里、重婚姻、正丧服、重本业七条重要伦理品德，清晰明了地表达出天台县令的为政理念，希望通过谕俗劝诫来呼吁民众培养良好的品德和行为规范，相率而行，以巩固社会崇尚礼仪之风，其教化之图溢于言表。这些礼仪之风是和合文化的重要内容，也是宗族文化、和谐文化的具体体现，对社会和谐发展影响很大。

第三节　郑至道对天台和合文化的贡献

郑至道在天台知县任上曾作《谕俗编》（又称《谕民书》《谕俗文》）七篇。该书意在教化部民，使少长有礼，亲友有义，士农工商，各安其业，对当时和后世都产生相当的影响，是天台文化的重要组成部分。郑至道认为县令是

---

[1] 习近平：《之江新语》，浙江人民出版社，2007年版，第150页。

最为亲民之官，负责地方行政的民政、财政、教化等各个方面，在宋代君臣眼中，其重要性是不言而喻的。作为知县，郑至道勤政爱民，励精图治，体察民情，倾听民声，多行德政，是古代典型的以秩满邑民挽留定居当地的名宦。郑至道被地方志列为浙江"名宰"，其思想理念对天台和合文化的形成和发展有较大影响。

一、天台的"和合文化"精髓

天台山作为濒海文化名山，"三面环山、一面临海"，得天独厚的山海自然人文地理环境，使天台山文化既有"钟灵毓秀"的山岳灵气，"兼容四海"的沧海豪气，更有"山魂海魄"的天然浩气。正是山岳灵气、沧海豪气、天然浩气这"三气"，成为天台文化的三大"文化基因"，推动了长达1700多年天台山文化的可持续发展，并孕育了具有和融性与独创性的"天台文化和合学"。天台文化与儒家文化的"和合"，诞生了中国最早的"四民皆本"论；与道教文化的"和合"，诞生了中国道教南宗，其道教哲学占了中国道教哲学的"半壁江山"；与佛教文化的"和合"，诞生了中国佛教史上第一个宗派——天台宗，影响遍及海内外；与儒、释、道三教文化的"和合"，诞生了"三教合（和）一，万善同归"的"和合"理念，后被清代雍正帝归纳为著名的"佛以治心、道以治身、儒以治国"的"三教合治"思想。因此"和合"理念，既是天台山文化体系中的核心理念，又是中华和合文化的核心理念。[1]

天台山是"和合二圣"的诞生地，寒山、拾得成为中华和合文化的符号名副其实。[2]天台"和合文化"的主要精髓是"务实而兼融，和合而创新"：一是把自然看成一个和谐整体，强调人与自然的和谐统一，即"天人合一"，形成一种生态文明观；二是主张人际与社会关系和谐，提倡"贵和尚中"，贵和谐，尚中道，持中即是和，以此作为社会发展的基本前提与根本目标；三是注重自我精神的超越与升华，即乐观人生，达观处世。

---

[1] 周琦：《天台山文化"和合学"概论》，《台州文化学刊》，2009年第3、4期合刊，第19页。
[2] 杨供法：《从媒人到"和合二圣"——和合文化符号的形成与条件》，《台州学院学报》，2019年第5期。

天台山"和合二圣"雕塑

总之,和合文化体现了系统整体思维。一方面要积极看待自然和社会的差异、矛盾,提倡发挥不同个体的积极作用,实现整体的和谐发展;另一方面要"和而不同",和合并不等同,也不否认矛盾,而是通过矛盾的克服,形成总体上的平衡、和谐,即和合状态。因此,天台和合文化是有利于社会全面、协调、可持续发展的文化力,从而为科学发展观所涵纳。[1] 和合文化贵和尚中、善解能容,厚德载物、和而不同的宽容品格,是我们民族所追求的一种文化理念,这样的和合文化,依旧可以为今天的中国处理政治、经济、社会、外交等问题提供中国式方案,贡献中国智慧。在我们强调传承和发展优秀传统文化的背景下,更应该重视这种在传统社会中具有标志性和典范性意义的精神理念。[2]

天台"和合文化"是中华和合文化的典型代表和鲜活样本。它建立在宗教文化基础上,构成了天台山文化的活的灵魂和本质特征,这样一种和合文化以对社会生活的引导和规范作为根本的旨趣,最终呈现出社会生活意义上的和谐价值。而正是在沟通神圣的宗教义理和鲜活的社会生活的基础上,天台和合文

---

[1] 和合文化,天台山景区官方网站:http://www.ttsly.com.cn/hhwh.jhtml(2024-7-20)。
[2] 何善蒙:《天台山和合文化论纲》,《浙江社会科学》,2017年第10期。

化具有了其特殊的价值。"和合"是中华传统文化最为核心的价值，中华传统文化也是一种更广义的和合文化。

二、郑至道对"和合文化"的助益

和谐思想是儒家文化的精髓，包含两个意思，一为"和"，一为"合"。"和合"思想是中国传统文化的重要思想。孔子说："礼之用，和为贵。"孟子说："天时不如地利，地利不如人和。"古代对于人与自然的关系没有明确的提法。《周易》是中国传统文化重要的源头活水，它的生态伦理观主要表现为"和合"的精神，这种"和合"的精神对于处理人和自然之间的关系、人和人之间的关系、不同文化之间的关系，对于构建社会主义和谐社会，对于世界的和平与发展都具有很大的启发与借鉴意义。

（一）《谕俗编》是宋代最早的谕俗文

"谕俗文"起源于北宋中期，到北宋末，谕俗成为地方官必须进行的一项重要工作。从理论上讲，郑至道《谕俗编》是宋代最早的"谕俗文"，对后续"谕俗文"的丰富发展作出先导贡献。郑至道的《谕俗编》及其彭仲刚续作《谕俗续编》，内容最为周详。二书均见《嘉定赤城志》卷三七"风土门"，为郑、彭二人任职台州辖下天台县官时所发布。郑至道在元祐年间任天台知县，彭仲刚在淳熙四年至七年（1177—1180）任临海知县。景定二年（1261），台州临海县人应俊对这两种书作了增补，添加更多的内容，最后以《琴堂谕俗编》为名出版，分上下二卷。郑至道在《谕俗编》序文中所作的阐述和其他一些谕俗文相比，除了文字上有些出入以外，内容上可以说大同小异，而且与劝农文之意旨也是相同的。

（二）推进人和自然的"和合"

"和"是儒家思想的重要范畴。儒家思想毫无例外地都蕴含着"天道和谐"的世界观。孔子具体表达了和谐思想，《论语》曰："君子和而不同，小人同而不和。"孟子提出"天时不如地利，地利不如人和"的和谐观。儒家追求和谐有其社会背景：农业文明决定了当时社会文化都蕴含着追求和谐的思维倾向，包括人与自然关系的和谐、人与人关系的和谐和人自身关系的和谐三个层面，形成了"天人合一"的社会文化背景。人和自然的关系，一般的伦理思想并不涉及，但今人认为儒学的"天人合一"理论关涉人和自然的关系，并从西方文化的人与自然界的对立或天人相分中发现天人合一对于生态伦理的意义。"天人合一"可理解为人与自然融合以及人与自然的和谐关系。郑至道撰写《刘阮洞记》是天台山旅游史上的一件大事，刘阮传说以人仙相爱为主题，塑造了两位热情奔放的仙女形象。人仙恋爱，这种质朴自然的男女之爱体现了道家的"天人合一"，更体现了情性和合之意。

（三）促进人与人的"和合"

"天人合一"的理念，不仅在认识事物上具方法论层面的意义，而且在处理人与人关系上也具实际的指导价值。孔子在谈及人我关系时指出"君子和而不同，小人同而不和"，强调在和谐统一体的基础上保持动态的稳定性和个体的异质性，以求得不同中的和合，形成和合的人际关系。《论语·子路》中说道："君子矜而不争，群而不党。"意思是君子行为庄重而不与他人争执，善于团结多数人而不结党营私。这里就凸显了"和为贵"的和合价值观。所以，和合作为一种精神，倡导宽以待人，协和人我，构建"人和"的人际环境。另外，针对如何构建和合的人际关系这一问题，儒家追求以身心和促人我和的和合境界。《论语·里仁》说："夫子之道，忠恕而已矣！"朱熹注："尽己之谓忠，推己之谓恕。"大意是说尽自己最大的努力，把自己该做的事情做好，对别人对社会不要太过苛求，多站在别人的立场思考问题。儒家《中庸》的思想则主张把人们的欲望、情感及践行控制在适度的范围之内，使之恰如其分，即通过"折中"而达到"中和"，最终通向"和合"。

郑至道《谕俗编》之序有明确的阐述："予自至官，观尔百姓，日以争讼来至于庭。其间多违礼逆德、不孝不悌、凌犯宗族、结怨邻里。以至婚姻之际，多事苟合，殊无恩义。五服之亲，问以服纪，全然不知。浮浪盗贩之人，日益加众。"据此可知，居住于乡村的百姓，在各种社会关系中不断发生纠纷摩擦，导致诉讼多发，如草率的婚姻、对服丧规定的无知等引发的各种问题，再加上一些无赖、盗贼浑水摸鱼，也加剧了社会的混乱。面对这些状况，谕俗也就有了必要。此外，谕俗文还劝告人们在生病时，不要依靠巫师的祈祷，而应该服药，进行疗养等。在各种问题中，尤其令地方官头疼的就是"争讼""词讼""健讼"等风气盛行。郑至道《谕俗编》中《睦宗族》篇对此有一个论述："我富而族贫，则耕田佃地荷车负担之役皆其族人,岂择尊长也,财足以养之斯役之矣。"在同一个家族内,出现贫富差距扩大,而财产超越年龄长幼之序,成为控制整个家族的关键,这一现实正是诉讼产生的社会因素。而这种状况不仅出现在一个家族之内,郑至道《谕俗编》的《爱兄弟》篇有"兄弟叔侄之不和,皆因争财之不平"之语,由此可以看出,即便在至亲的兄弟或伯叔、侄之间也并不罕见。这种近亲兄弟或家族内的贫富差距扩大,围绕财产骨肉相争,甚者引发诉讼的状况,有着深刻的时代背景,这便是进入宋代以后发生的巨大社会变化。

"谕俗文"是地方官为引导治下民众向善而发的布告文。从中可见居住于乡村社会的人们围绕财产引发了众多的诉讼事件,由此也反映出民众之间普遍存在着严重对立与抗争。宋代以后出现的这种巨大的社会变化,使地方官自然产生一种危机感,而"谕俗文"就是这种危机意识的反映。郑至道在如何处理这些人与人之间的关系方面做出了探索,希望在这种利害对立的乡村社会之中建立一套秩序。作为基层的地方官,郑至道依据士大夫的传统价值观来审视乡民,难免会对这类骨肉相争的诉讼发出感叹。但是,入宋以后,这些源于利益相争的赤裸裸的骨肉纷争,从另一个角度说明,作为被统治者的民众一方也拥有了某种维护自身利益的发言权,或者说反映了民众自主性的提高。郑至道通过深刻认识人与人关系矛盾的根源以及对民众自主性观点表达的包容,给老百姓充分倾诉的空间,以便更有针对性地解决这些诉讼问题,显示出官员认真听取民众意见的姿态,对构建官民和谐有重要的作用。[1]

(四)与儒家文化的"和合"

儒家经典《礼记·礼运》篇中对和谐社会有这样的概括:"大道之行也,天下为公,选贤与能,讲信修睦。故人不独亲其亲,不独子其子,使老有所终,壮有所用,幼有所长,鳏寡孤独废疾者皆有所养,男有分,女有归。货恶其弃于地也,不必藏于己;力恶其不出于身也,不必为己。是故谋闭而不兴,盗窃乱贼而不作,故外户而不闭,是谓大同。"[2] 这可以说是儒家和谐社会的总纲,

---

1 小林义广、何志文:《宋代地方官与民众——以真德秀为中心》,《江海学刊》,2014年第3期。
2 〔汉〕戴圣编:《礼记》,西安交通大学出版社,2022年版,第98页。

围绕这个总纲,先秦儒家的三个代表性人物孔子、子路和颜渊,都曾提出自己的具体主张。他们在具体论述中,都是以社会基本关系范畴为核心,通过各关系范畴的相互作用,使其各居其位、各尽其能、各得其所,最终达到社会整体的和谐有序。

郑至道所作的"四民皆本"谕俗文,是与儒家文化的和合,诞生了中国最早的"四民皆本"论。"四民皆本"论后来被写进不少家谱家训,影响极广。"四民皆本"理论促进商品经济的发展,对后期浙东经济的发展起到推动作用。台州自古以来就以"海上名山"著称于世,"文章名胜声震东南"[1]。台州文化重要影响因素之一来自天台漫长历史中渐渐孕育出的台州人的山的硬气和灵气,无私无畏、敢于冒险、博采众长的性格。"四民皆本"理念的推广,促进地方经济基础的巩固,也使台州乃至整个浙江地区,逐渐形成了自强不息、开拓进取、敢于创造、低调务实的民系特质。

天台山和合小镇"和合圣地碑"

---

[1] 胡坚主编:《浙江文化印记》,浙江科学技术出版社,2022年版,第118页。

第六章 郑至道著述综考

郑至道虽官止天台知县，不过七品官员，但郑至道也是进士出身，具有良好的文学素质，为政之余，他不废文学创作之雅事，所作著述，今存书目。由于岁久年深和各种天灾人祸，郑至道的诗文集早已佚失不传，除《谕俗编》得幸完整收录于《赤城志》外，其他创作和题刻就只剩少量的残篇断句了，然吉光片羽，这些资料对了解郑至道的禀赋和品格，仍是具有重要价值的。

第一节 郑至道的诗及题刻

据记载，郑至道曾著有诗文集《锦囊四集》，因其父郑叔明著有《锦囊三集》，其祖父郑伯玉著有《锦囊集》《锦囊续集》。可惜郑氏祖孙三代"锦囊"系列诗集均已佚失。如今郑至道所存之诗，完整的只有《刘阮洞》一首。另有一些残句有待进一步考订。

一、郑至道存诗

（一）《刘阮洞》七律

采药归来世代赊，洞门方此扫烟霞。
碧潭清泚弄明月，翠巘高低飘落花。

芳草已迷当日路，白云空想旧人家。

自惭不是浮觞侣，谩向山前醉帽斜。

本诗为七律，诗题又称《桃源洞》。宋代李庚等编《天台续集》卷中、元代陈世隆编《宋诗拾遗》卷七、清代郑杰编《闽诗录》丙集卷五等历代不少诗选集皆有收录。其中"谩"字，《宋诗纪事》卷三十二引《台州府志》作"漫"，古代"谩"可通"漫"。另今人著《兴化文痕》一书选录此诗"碧潭"作"碧流"，又"浮觞"引作"流觞"[1]，未知何据。不论"浮觞""流觞"皆遥指晋王羲之会稽兰亭"曲水流觞"雅事。

刘阮洞，又名桃源洞，在天台县西北二十里，相传东汉明帝永平中，有刘晨、阮肇入山采药，遇仙女于此。宋《太平御览》卷四十一引南朝宋刘义庆《幽明录》载：

汉明帝永平五年，剡县刘晨、阮肇共入天台山取谷皮，迷不得返，经十三日，粮食乏尽，饥馁殆死。遥望山上有一桃树，大有子实，而绝岩邃涧，永无登路。攀援藤葛，乃得至上。各啖数枚，而饥止体充。复下山，持杯取水，欲盥漱，见芜菁叶从山腹流出，甚鲜新，复一杯流出，有胡麻饭糁，相谓曰："此知去人径不远。"便共没水，逆流二三里，得度山，出一大溪，溪边有二女子，姿质妙绝，见二人持杯出，便笑曰："刘、阮二郎，捉向所失流杯来。"晨、肇既不识之，缘二女便呼其姓，如似有旧，乃相见忻喜。问："来何晚邪？"因邀还家。其家筒瓦屋，南壁及东壁下各有一大床，皆施绛罗帐，帐角悬铃，金银交错，床头各有十侍婢，敕云："刘、阮二郎，经涉山岨，向虽得琼实，犹尚虚弊，可速作食。"食胡麻饭、山羊脯、牛肉，甚甘美。食毕行酒，有一群女来，各持五三桃子，笑而言："贺汝婿来。"酒酣作乐，刘、阮忻怖交并。至暮，令各就一帐宿，女往就之，言声清婉，令人忘忧。至十日后欲求还去，女云："君已来是，宿福所牵，何复欲还邪？"遂停半年。气候草木是春时，百鸟啼鸣，更怀悲思，求归甚苦。女曰："罪牵君，当可如何？"遂呼前来女子，有三四十人，

---

[1] 卢金城、林春德：《兴化文痕》，厦门大学出版社，1993年，第59页。

集会奏乐。共送刘、阮，指示还路。既出，亲旧零落，邑屋改异，无复相识。问讯，得七世孙，传闻上世入山，迷不得归。至晋太元八年，忽复去，不知何所。[1]

故事大意谓汉明帝永平五年（62）时，剡县人刘晨、阮肇一起进天台山采药，迷路挨饿，忽见山上一棵桃树，遂攀摘桃子充饥，身体马上恢复健旺。又下溪饮水，见上游流下芜菁叶与一个杯子，杯中还有数粒胡麻，过山见溪旁二女，妖艳无比。二女邀他们至家，其家陈设华丽，侍女如云。二人吃了胡麻饭、山羊脯和牛肉，又喝了酒，自此住了半年，因思家便请求回去。二女无奈，又聚会奏乐相送。至家，房屋变样，亲友故世，最后竟问明已传到七世孙。

《刘阮洞》诗即以刘阮成仙神话故事为题材，流露出仙境渺远，自己无此艳遇的失落感，亦借以抒发自己未能得贵人赏识，以施展更远大抱负的心迹。

《天台采药遇仙子》（近代潘振镛画）

首联"采药归来世代赊，洞门方此扫烟霞"，二句谓刘晨、阮肇入山采药遇仙女留住山中，归家后已传七世，可谓世代遥远（赊，遥远）；刘、阮二人

---

[1] 鲁迅：《古小说钩沉·幽明录》，鲁迅先生纪念委员会编《鲁迅全集》第八卷，花城出版社，2021年，第168—169页。

既入仙洞归来，从此烟霞扫去，仙洞迷津为人所识。

颔联"碧潭清泚弄明月，翠巘高低飘落花"，二句写景，言潭面碧绿、潭水清澈，夜晚水清月明，是赏月的好地方；那葱茏青翠的山峰，或高或低，到处飘散着落花，则是赏春的好去处。

颈联"芳草已迷当日路，白云空想旧人家"，二句感叹萋萋芳草早已迷漫刘阮当年遇仙之路；怅望白云，心中只剩对旧日仙人所居之家的空想。《庄子·天地》："乘彼白云，至于帝乡。"后以"白云乡""白云家""白云居"比喻神仙所居住的地方。二句意指饱赏眼前美景可以，而幻想再遇仙人则不可能。

尾联"自惭不是浮觞侣，谩向山前醉帽斜"，谓自愧不是善于饮酒的风雅仙侣，但还是随意效仿一下古人，在山前醉戴斜帽，潇洒一回。自汉代始，古人逢三月上旬的巳日，在环曲的水流旁集会，在上流放置酒杯任其顺流而下，停在谁的面前谁就取饮称为"浮觞"。"醉帽斜"则典出北周独孤信故事。《北史》卷六十一《独孤信列传》载："（独孤）信美风度，雅有奇谋大略……又信在秦州，尝因猎日暮，驰马入城，其帽微侧。诘旦，而吏民有戴帽者，咸慕信而侧帽焉。其为邻境及士庶所重如此。"独孤信风仪高雅，即使戴歪帽子，亦被人所钦羡和仿效。

（二）"近村"存句

近村得雨远村同，上圳流波下圳通。

此二句见载于宋人所编《锦绣万花谷》后集卷二十六"村"（文渊阁四库全书本），注句出"《锦囊》"（应即郑至道《锦囊四集》）。[1]

然明代杨慎《升庵诗话》卷十之"梅圣俞诗"条云："山谷诗：'野水自添田水满，晴鸠却唤雨鸠来。'李若水诗：'近村得雨远村同，上圳波流下圳通。'其句法，皆自杜子美'桃花细逐杨花落，黄鸟时兼白鸟飞'之句来。"[2]

李若水（1093—1127），原名若冰，字清卿，北宋洺州曲周（今河北曲周县）人，入太学，上舍及第，历任太学博士、著作佐郎、吏部侍郎等职，后随钦宗到金营，金人逼钦宗改换服装，他抱持痛苦，大骂金帅粘罕，为金人所杀，著有《忠愍集》。

---

1 〔宋〕佚名编：《锦绣万花谷》后集，影印文渊阁四库全书本。
2 〔明〕杨慎：《升庵诗话》，民国五年（1916）无锡丁氏校刊本。

惜《忠愍集》今只存三卷，书中亦未见此联诗句。

"近村/上圳"二句，是一联对句，但因为上下句末字"同""通"都是平声押韵，可见它只能为七律原诗中"首句入韵"格式的首联。古人认为这种"自格对"的对偶句形式，都是模仿唐代杜甫七律《曲江对酒》诗中颔联"桃花细逐杨花落，黄鸟时兼白鸟飞"句式来的。不同的是"近村得雨远村同，上圳流波下圳通"是首联诗句，其他与"桃花细逐杨花落，黄鸟时兼白鸟飞"的"自格对"技巧相类。

若按出处早晚看，《锦绣万花谷》为宋代当朝所编之书，而杨慎（1488—1559）则是明武宗正德间四川新都（今成都市新都区）人，比较而言，宋代之书更为可信。因此，此二句可确定为宋郑至道诗句而不是李若水诗句。

二、郑至道题刻

据文献记载，郑至道在天台山开发桃源洞时，为许多新景点命名，并留有摩崖题刻。今所知者有以下两处。

（一）"天台境界"题刻

据清人黄瑞编《台州金石录》"金石砖文阙访目"卷二引《天台山方外志要》载，郑至道在天台山桃源洞书"天台境界"四字摩崖石刻[1]。但清康熙三十一年（1692）进士湖北钟祥人、台州知府张联元（字觉庵）纂《天台山全志》卷九"石刻"则载为："'天台仙界'，在桃源，邑令郑至道书。"因岁久字湮，郑至道题刻今已不可见，故所题原字究竟是"天台境界"还是"天台仙界"，尚有待进一步考证。

（二）"瀑布泉"题刻

"瀑布泉"题刻，署款为："邑令郑至道、监征徐叔孚，元祐元年十月十四日同游，徐琰书。"[2]可见题字刻于元祐元年（1086）十月。书丹者徐琰。同游者为监征徐叔孚。监征，即监镇，宋代官名。

天台山自古就以瀑布奇景闻名天下。天台山大瀑布原名桐柏瀑布，又名三

1〔清〕黄瑞辑：《台州金石录》第八册，民国五年（1916）吴兴刘氏嘉业堂刊本，第53页。
2 赵子廉：《桐柏仙域志》，中央编译出版社，2012年版，第238页。

天台山瀑布

井瀑布,高325米,最宽90米,堪称中华第一高瀑。"瀑布泉"所题应即此瀑。明姚可成汇辑《食物本草》卷四载:"瀑布泉,在天台县天台山之瀑布岩。飞流千丈,陆羽品为天下第十七水。"[1]

---

[1]〔明〕姚可成汇辑:《食物本草》(点校本),达美君、楼绍来点校,人民卫生出版社,1994年版,第181页。

第二节　郑至道的《刘阮洞记》等碑记

一、《刘阮洞记》碑记

郑至道留下的完整碑记文，现在只有《刘阮洞记》一篇。此文最早见录于宋代《（嘉定）赤城集》卷十五。后代收录游记文者，亦多采录，如明王世贞辑《名山记广编》，清《古今图书集成》山川典卷一百二十三"天台山部"，清张联元纂《天台山全志》卷十三，清宋世荦辑《台州丛书（乙集）》，民国吴秋士编《天下名山游记》，今人编《全宋文》第48册，许尚枢、徐永恩著《天台山游记选注》，倪志云、郑训佐主编《中国历代游记精华全编（下）》，《天台县志·艺文志》，任林豪、马曙明编《台州编年史》，等等。

据《台州金石录》"金石砖文阙访目"卷二载："《刘阮洞记》，郑至道撰，元祐三年三月立，在天台，文载《赤城志》。"[1] 碑记全文如下：

  刘阮洞，其传久矣。余窃邑于此，访于故老，往往不知其所在。比按图得之，以询护国寺僧介丰者，乃曰："洞居寺之东北二里，斜行山谷，隐于榛莽间，人迹罕及。景祐中，先师明照大师尝采药，见金桥跨水，光彩眩目，二女未笄，戏于水上，如刘阮所见。此水仙之洞府也。"元祐二年春，乃凿山开道，立亭于其上，环亭夹道植桃数百本，所以追遗迹、续故事也。越明年三月十日丁丑，寺僧报桃花盛开，并以其景物之盛，求名焉。余率县尉缙云郭仪彦文，监征开封曹崍得之来游，而黄岩县主簿西安王沔之彦楚与其弟宣德郎知金华县事汉之彦昭继至，乃相与幅巾杖藜，徜徉行歌，沿涧而上。观绿波之涟漪，听寒音之潺湲。微风过之，余音清远。飘飘然犹锵佩环而朝玉阙也，遂名之曰"鸣玉洞"。洞之东有坞，植桃数畦，花光射目，落英缤纷，

1　〔清〕黄瑞辑：黄瑞辑：《台州金石录》第八册，民国五年（1916）吴兴刘氏嘉业堂刊本，第53页。

点缀芳草，流红缥缈，随水而下。此昔人食桃轻举之地也，遂名曰"桃花坞"。自坞以北行百步，攒峰叠翠，左右回拥，中有涧流，随山曲折，而游人之道从之。及水穷而道尽，则有潭，清澈渊澄，可鉴毛发。群山倒影，浮碧摇荡。中有洞门，潜通山底，其深不测，虽淫霖暴注而不盈，大旱焦山而不涸。此寺僧见金桥之地也，遂名之曰"金桥潭"。潭之南浒，水浅见沙，中有盘石三，不没水者数寸，可坐以饮。自上流杯盘，随流荡漾，必经三石之间。俯而掇之，如在几案。此群仙会饮之地也，遂名之曰"会仙石"。据石之端，仰而视之，三峰鼎峙，峻极云汉，寒光袭人，虚碧相映，危崖荡花，红雨散乱。其东峰则孤危峭拔，仪状奇伟。上有双石如绾鬟髻，遂名之曰"双女峰"。其西峰，则壁立千寻，上连巨岳，朝阳方升，先得清照，遂名之曰"迎阳峰"。其中峰，则居中处焉，以"双女""迎阳"为之辅翼，群山之翠，合而有之，遂名之曰"合翠峰"。三峰之间，林麓疏广，草石瑰异。左连琼台双阙之山，右接石桥合涧之水。采芝茹术，撷翠佩芳。杖履轻而白云随，笑语高而山谷应。翛然而往，直欲跨两凫、御清风，逍遥乎不死之乡，而不知尘境之卑蔑、涉世之有累也，遂名之曰"迷仙坞"。自坞以出，至于迎阳峰之下，有石偃于山腹，广袤数丈。寺僧因石址，结亭于其上，画角雕槛，翚飞鸟革，前临清泚，瓦影浮动，鱼跳圆波，光弄樽俎，浮杯之迹，顾指在目，遂名之曰"浮杯亭"。是日也，天气清明，东风和畅，岩端过雨，疏云漏日。余与诸君，携茵席、挈壶觞；上登崔嵬，下弄清浅；流觞藉草，惟兴所适；山肴野蔌，具于临时；脍灵溪之鳞，茹金庭之蕨，无备具之劳也。挂衣长松，落帽幽石，带慵则披衣，履倦则跣足，解衣漉酒，玉山自颓，无衣冠之束也。意所欲饮，命樽注之，一引而尽，量穷则止，无钟鼓之节也。酒酣浩歌，声振林木，音无宫商，惟意所发。樵夫牧厮为之扪高崖、履危石、荷柯倚策而视之。彼乌知其非刘氏之子、阮氏之孙，厌洞府之未广，而复为山间之游乎！既而夕阳西倾，暮烟四塞，洞天之景，恍若失之。于是，寻云路，骋归骖，松月照人，金影破碎，遥闻鸡犬，乃悟人间。诸君皆慨然而惊，相顾而语，疑夫陵谷之更变，而子孙之迁易也。时郭彦文立马谓余言曰："数千百年湮没之迹，自公发之，今日胜游之乐，可无文以纪之乎？"余病夫山水清而文辞俗，景物富而才思穷，不能尽洞中之幽趣，固辞，而不获免，乃书其所见之实，以塞来命。若夫写难名之景，发不尽之意，则诸君之新辞雅咏在焉，非余所能道也。[1]

二、《金文藏院记》碑

明释无尽纂《天台山方外志》卷十三、清雍正《浙江通志》（《四库全书》本）卷二百五十七引《天台方外志》、清康熙《天台县志》卷十五"杂志"、清倪涛《六艺之一录》卷九十五等文献，均记载郑至道还曾为天台县金文藏院作《金文藏院记》一篇碑记。如《六艺之一录》云："《金文藏院记》，宋邑令郑至道撰，县尉郑仪书。"[2]据清康熙《天台县志》卷之十五"杂志"及《台州金石录》"金石砖文阙访目"卷二载，《金文藏院记》碑为"元祐三年县尉郑仪书"，可见此碑记文作于北宋元祐三年（1088）。

据宋《嘉定赤城志》卷二十八载："金文藏院，在（天台）县西北六十里。盖万年支院，汉乾祐三年建，国朝咸平二年赐额。有金书《大藏经》五千二百卷，实太宗所赐，护饰甚伟，建中靖国中毁于火。"而至明代《天台山方外志》已载《金文藏院记》已是"碑、文俱亡"，诚为可惜。

第三节　郑至道的《谕俗编》

一、《谕俗编》七篇说明

《谕俗编》是郑至道传世的最重要著述，该书又称《谕俗》《谕俗七篇》《谕民书》或《谕俗文》等。楼含松主编《中国历代家训集成》收录《琴堂谕俗编》全文，并评云："该书广泛采集经史中有关伦常的故事，旁征博引，以示劝戒

---

1 〔宋〕陈耆卿纂：《嘉定赤城志》，徐三见点校，中国文史出版社，2004年版，第324—325页。
2 〔清〕倪涛编：《六艺之一录》卷九十五"宋刻四"，影印文渊阁四库全书本。

之意。比如《孝父母》篇，先列举了周代文王、武王，前汉石建，晋代王祥诸人的孝行事迹，进而引用《孟子》'五不孝'之说，以及《曾子》《孝经》《周礼》中的相关言论，最终得出结论：'如此则所谓孝者，又贵乎修身谨行，不辱其先，非独养口腹而已。'再如《尚俭素》篇，认为'俭则寡欲，君子寡欲则不役于物'，与之相反，'侈则多欲，君子多欲则贪富贵，远道速祸'。为此，文中列举了大禹、正考父、季文子等以俭得福的事例，以及公叔拔、石崇、寇准等因奢致祸的例子进行佐证。这与我们今天建设节约型社会、和谐社会的理念，具有一定的相通之处。《琴堂谕俗编》所论内容多贴近百姓生活，文字通俗易懂，因此受到后世好评。《四库全书总目》评云：'文义颇涉于鄙俚，然本为乡里愚民设不为士大夫设，故取其浅近易明，可以家喻户晓。'[1]谕俗文通过较浅显的文字和一些贴切故事对百姓进行劝谕正俗，宣扬儒家伦理道德，提倡邻里互助、劝课农桑、宣讲法令等，对维护基层社会稳定，提高百姓道德水平都起到重要的作用。

二、《谕俗编》七篇全文

郑至道《谕俗编》七篇原文如下。

　　县令之职，所以承流宣化，于民为最亲。民不知教，令之罪也。予自至官，观尔百姓，日以争讼，来至于庭。其间多违理逆德、不孝不悌、凌犯宗族、结怨邻里。以至婚姻之际，多事苟合，殊无恩义。五服之亲，问以服纪，全然不知。浮浪盗贩之人，日益加众。如此者皆由风俗鄙陋、教道未至，兼修学从宦之家少，小人无所观法，若不晓告而加之罪，是罔民而刑之也。今采诸经传，择其文理易明而可以感动人之善心者，为谕俗七篇。百姓各以此更相训教，率而行之，礼义之风必从此始。若顺尔旧俗，反予教言，恣意任情，必犯刑禁。

---

[1] 楼含松主编：《中国历代家训集成②宋元编二》，浙江古籍出版社，2017年，第1141—1142页。

一、孝父母

父兮生我，母兮鞠我；拊我畜我，长我育我；顾我复我，出入腹我；欲报之德，昊天罔极。故孝子之事亲，居则致其敬，养则致其乐，病则致其忧，丧则致其哀，祭则致其严，所以为厚德之报也。昔周文王事父王季，每鸡初鸣，则衣服至于寝门外，问左右曰"今日安否何如"？左右曰"安"，文王乃喜；其有不安，则左右以告文王，文王色忧，行不能正步。王季复膳，然后亦复初。凡食上必自视寒暖，食下问所膳，然后退其后。武王亦如此事文王，不敢有加焉。然则不孝其亲，而欲子孙事我以孝，岂可得也？汉石奋为上大夫，老归于家，其子石建为郎中令，已老，每五日一归省，亲入诸子之舍，问侍者取其亲中衣，身自洗濯，复与侍者，不敢令其亲知之。夫贵者之事亲，犹如此，况于贱乎？晋王祥性至孝，继母不慈，每使扫除牛下，祥愈恭谨，父母有疾，衣不解带，汤药必亲尝，母常欲生鱼，时天寒冰冻，祥解衣将剖冰求之，忽有双鲤跃出，其孝诚所感如此。虽然此言其能养父母者也，孝之道，又不止于能养而已。故孟子曰："惰其四支，不顾父母之养，一不孝也；博奕，好饮酒，不顾父母之养，二不孝也；好货财、私妻子，不顾父母之养，三不孝也；从耳目之欲，以为父母戮，四不孝也；好勇斗狠，以危父母，五不孝也。"《礼记》亦曰："居处不庄非孝也，事君不忠非孝也，莅官不敬非孝也，朋友不信非孝也，战阵无勇非孝也。五者不遂，灾及其亲，敢不敬乎？"《孝经》曰："居上而骄则亡，为下而乱则刑，在丑而争则兵，三者不除，虽日用三牲之养，犹为不孝也。"如此，则所谓孝者，又贵乎修身谨行、不辱其亲，非独养口体而已。今尔百姓，父母在则私分异财，离居各食；从妻子之欢，忘天姓之爱。且《礼》曰"父母在，不有私财"，又曰："子甚宜其妻，父母不悦，则出之；子不宜其妻，父母曰是善事我；子行夫妇之礼，没身不衰。"然则私货财、顺妻子，岂为孝乎？

二、爱兄弟

兄弟者，同受形于父母，一气所生，骨肉之至亲者也。《诗》曰："凡今之人，莫如兄弟。死丧之威，兄弟孔怀。"言死丧则相恤也。又曰："脊令在原，兄弟急难。兄弟阋于墙，外御其侮。"言患难则相救也。昔卫宣公有子二人，曰伋、曰寿。伋被谗，宣公遣往齐使，盗待于路欲杀之，寿知以告伋，使勿去。伋曰："弃父之命，不可。"寿遂先行，为盗所杀。伋后至，曰："寿何罪？请杀我。"盗又杀之。故诗人作《二子乘舟》之诗，思之也。晋王祥、王览，异母兄弟也。母朱氏待祥不慈，祥被楚挞。览年数岁，辄涕泣抱持之。朱氏屡以非理使祥，览辄与俱。又虐使祥妻，览妻亦往共之。朱氏患之乃止。又尝使人以毒酒杀祥，览知之与祥争酒饮，朱氏遂夺之。自后朱氏与祥馔，览必先尝，夫异母兄弟犹如此，况同母乎？南唐江州陈氏七代同居，族人数百口，每食铺广席，以次就坐。有犬百余头，共食一槽，一犬不至，余犬为之不食，禽兽犹如此，况于兄弟乎？今尔百姓，不明礼义，悖逆天性，生虽同胞，情同胡越，居虽同室，迹犹路人，以至计分毫之利而弃绝至恩，信妻子之言而结为死怨，岂知兄弟之义哉？后汉薛包好学笃行，弟子求分财异居，包不能止，乃中分其财、奴婢。引其老者，曰与我共事久若不能使也；田庐取其荒顿者，曰吾少时所理意所恋也；器物取其朽败者，曰我素所服食身口所安也。弟子数破其产，辄复赈给。呜呼，兄弟叔侄之不和，皆由争财之不平，使能少慕薛包之风，岂复有争也哉？

三、睦宗族

亲者，身之所自出；祖者，又亲之所自出。则爱吾身与吾亲者，不可以不尊祖。推尊祖之心，顺而下之，则宗族者皆祖之遗体，可不敬乎？睦族者，尊祖之义也。古者圣人等，人情之轻重，立为五服，以别亲疏，以定上下。上以治祖祢，下以治子孙，旁以治兄弟。岁时之间，合族以食，序以昭穆，别以礼义。使之生则有恩以相欢，死则有服以相哀，然后宗族之义重。今尔百姓，多逆人理，不知族属。苟有忿怨不能自胜，则执持棒杖恣相殴击，岂择尊长也，力足以胜之斯殴之矣。我富而族贫，则耕田佃地荷车负担之役皆其族人，岂择尊长也，财足以养之斯役之矣,此皆风俗薄、恶人伦之深害。

四、恤邻里

古者,五家为比,使之相保;五比为闾,使之相受;四闾为族,使之相葬;五族为党,使之相救;五党为州,使之相赒;五州为乡,使之相宾。如此,则百姓之情欢欣交通,而和睦之道著矣。《孟子》曰:"乡田同井,出入相友,守望相助,疾病相扶持,则百姓亲睦。"盖谓此也。《礼记》曰:"居乡之礼,年长以倍,则父事之;十年以长,则兄事之;五年以长,则肩随之。"见父之执,不使之进不敢进,不使之退不敢退。不问不敢,对其于道路,则父之齿随行,兄之齿雁行,所任轻则并之,重则分之。以至斑白者不负戴于道路,则古人所以待乡党之老者又如此也。乡饮酒之礼,于岁十二月,帅乡党之民会聚饮酒,以正齿位。长者坐,少者立;老者食以厚,少者食以薄。所以示民以孝弟之道也。其有祸患,则邻里之人同其忧。故曰:"邻有丧,舂不相;里有殡,不巷歌。"行吊之日不饮酒食肉焉。汉万石君居乡里,其子庆为内史,醉归入外门不下车,万石君闻之,怒而不食,庆惶恐请罪。万石君责之曰:"内史入闾里,里中长老皆走避,内史坐车中,自如岂当如此?"自后庆及诸子入里门,常趋至家。王吉居长安,东家有大枣,木垂吉庭中,其妇取以啖,吉后知之,乃去其妇。东家闻之,欲伐其枣,邻里共止之,因请吉令还妇。里中为之语曰:"东家有树王阳妇去,东家枣全王阳妇还。"又曹节性仁厚,邻人有失豕者,相似诣门认之,节不与争,后所失豕自还,邻人大惭,送前所认豕并谢,节笑而受之。夫古人所以睦邻里者如此,今尔百姓,以富役贫,以强凌弱,以少犯长,岂知古人所以交邻里之道哉?

五、重婚姻

男女有别,然后夫妇有义;夫妇有义,然后父子有亲。婚姻者,礼之本。所以合二姓之好,上以事先祖,下以继后世,可不谨乎?是以婚姻有纳采、问名、纳吉、纳征、请期五者之礼,皆主人设几筵于家庙而受之，所以敬婚姻也。古者男女，非有行媒不相知名，非受币不交不亲。故斋戒以告鬼神，为酒食以召乡党僚友，所以厚其别也。夫幽则质于鬼神，明则证以乡党，然后行婚姻之礼，则男女不可以苟合也。如此，及婚礼既成，男子亲迎，受之于母也，母送之门，戒之曰："往之女家，必敬必戒，无违夫子。"以顺为正者，教以为妇之道也。既而出于大门，男先率女，女从男，夫妇之义由此始也。盖妇人从人者也，幼从父兄，嫁从夫，夫死从子。男先而女从，则从人之义也。质明妇执枣栗椴修以见舅姑成妇礼也，舅姑入室，妇以特豚馈，明妇顺也；舅姑降自西阶，妇降自阼阶，以著代也。古人于婚礼之义如此。今尔百姓，婚姻之际多不详审，闺闱之间，恩义甚薄，男女之家，视娶妻如买鸡豚，为妇人者，视夫家如过传舍，偶然而合，忽尔而离，淫奔诱略之风久而愈炽，诚可哀也。

六、正丧服

《礼记》曰："三年之丧何也？"曰："称情而立文，以别亲疏贵贱之节，而不可损益也。创大者其日久，痛甚者其愈迟，三年者所以为至痛极也。斩衰苴杖，食粥，枕块，所以为至痛饰也。"凡生天地之间，有血气之属，莫不知爱其类。今鸟兽失其群匹，越月逾时，反其故乡，则翔回鸣号，然后能去之。故有血气之属莫智于人，故人于其亲也，至死不穷。将由夫邪淫之人，则彼朝死而夕忘之，然而从之，则鸟兽之不若也。将由夫修饰之君子，则三年之丧，若驷马过隙之易然，而从之是无穷也。故先王为之中制，止于三年，使足以成文理则去之矣。然则何以期年，日天地则已易矣，四时则已变矣，其在天地之间者，莫不更始焉。故以期也，九月以下则渐杀之，使勿及也。故三年以为隆，期九月以为间，小功缌麻以为杀。上取法于天，下取法于地，中取法于人，人所以群居，和一之理尽矣。斩衰貌若苴，齐衰貌若枲，大功貌若止，小功缌麻容貌可也，此哀之发于容体者也。斩衰之哭若往而不返，齐衰之哭若往而返，大功之哭三曲而偯，小功缌麻哀容可也，此哀之发于声音者也。斩衰唯而不对，齐衰对而不言，大功言而不议，小功缌麻议而不及乐，此哀之发于言语者也。斩衰三日不食，齐衰二日不食，大功三不食，小功缌麻再不食。父母之丧既殡，食粥，朝一溢米，暮一溢米；齐衰之丧，疏食饮水，不食菜果；大功之丧，不食醯酱；小功缌麻，不饮醴酒，此哀之发于饮食者也。父母之丧，居庐寝苫枕块，不脱绖带；齐衰之丧，居垩室，编蒲而寝；大功之丧，寝有席；小功缌麻，床可也，此哀之发于居处者也。斩衰布三升，齐衰布四升五升六升，大功七升八升九升，小功十升十一升十二升，缌麻十五升，此哀之发于衣服者也，圣人取于人情制为五服，其等降如此。今尔百姓，亲属相犯，问以服纪年月，皆言不知，以此观之，则死时不为服，服而不终其制者亦多矣，其去禽兽岂远哉？

七、重本业

古有四民，曰士、曰农、曰工、曰商。士勤于学业则可以取爵禄，农勤于田亩则可以聚稼穑，工勤于技巧则可以易衣食，商勤于贸易则可以积财货。此四者皆百姓之本业。自生民以来，未有能易之者也。若能其一，则仰以事父母，俯以育妻子，而终身之事毕矣；不能此四者，则谓之浮浪游手之民。浮浪游手之民，衣食之源无所从出。若不为盗贼，即私贩禁物，一旦身被拘系，陷于刑禁，小则鞭挞肌肤，大则编配绞斩，破荡家产，离弃骨肉，方此之时，欲为四民之业而何可得也。

（以上《嘉定赤城志》）

第四节 《谕俗编》的续补

郑至道《谕俗编》七篇问世后，对当时和后代的士农工商"四民"都影响巨大，被列入《宋史·艺文志》，但因其篇幅较短，内容难免不够周全，于是后代续有补充之作，其中最著名的是南宋彭仲刚作的《谕俗续编》，南宋应俊的补辑，以及元代左祥所作的补撰。这些续作原来是"虽相因而作，实各自为书"（《四库全书总目提要》）。

一、《琴堂谕俗编》说明

今所见《琴堂谕俗编》分上、下两卷，共十五篇。此书主体为宋景定间应俊辑录郑至道《谕俗编》、彭仲刚《谕俗续编》二书为一编，并加以补撰而成。其中上卷九篇，其中除《孝父母》《友兄弟》《睦宗族》《恤邻里》《重婚姻》《正丧服》《重本业》七篇，是郑至道所撰《谕俗编》外，《教子孙》《保坟墓》二篇乃应俊所补撰；下卷六篇，其中《崇忠信》《尚俭素》《戒忿争》《谨户田》《积阴德》五篇出自彭仲刚所撰《谕俗续编》，最后《择朋友》一篇，则是元人左祥补续，书前有天历二年（1329）左祥所撰序文可证。故今所见《琴堂谕俗编》最后应完成于元人左祥之手。《琴堂谕俗编》实际为四人合作之著，清乾隆时四库馆臣从《永乐大典》中辑出，编入《四库全书》子部"杂家类"。"琴堂"，即县公署之谓，"谕俗"即劝喻百姓之意。《琴堂谕俗编》所论内容皆贴近百姓生活，旁引曲喻，以开导人心，文字通俗易懂，因此受到后世好评。今又被收录《中国历代家训集成》等家风家训读物。

《琴堂谕俗编》的四库版本，把郑至道原作与后之续作按十五个内容类别打乱编排，但在每节文后均注明作者。以下就按《琴堂谕俗编》次序，删除郑至道原文，移录彭氏、应氏等续作内容，以见该书全璧，由此亦可窥郑至道原著之影响。

原文中有不少双行小字补充和注释文字，今以括号标示。各小节谕训后自明清版画本《帝鉴图说》《劝戒图说》《圣谕像解》《书经图说》中选录有关插图一幅，以增阅读兴味。

二、《琴堂谕俗编》应序和左序

（一）宋代应俊《琴堂谕俗编》序

昔郑、彭二令君知乡邑时作也。大意在于先教化，后刑罚，使风俗知劝，人皆为士君子之归。然世之作邑者，往往困于文书之期会，窘于财赋之煎熬，齐民之道，惟知有刑罚而已，奚暇以教化为先务哉？如二令君之待斯民，亦可谓仁也已。

余学制宜丰，每念无以及人，而人之相欺相陵、相斗相夺、相戕贼、相诋讦，以唆教作生涯，以胁持立门户，风俗之弊，视郑君所谓违理逆德之事，彭君所谓乖争之端，情态万状者，殆有甚焉，因叹曰："天生烝民，有物有则。民之秉彝，好是懿德。斯民之生，未尝无良心也。其所以陷溺其良心不好德而好讼者，盖亦刀笔之习，相帅成风而不自觉耳。"

余公退之暇，遂取旧编附益之，以前言往行，以广二令君未尽之意。凡以讼来者，随其事示之，间有感悟。然犹虑不能家至户晓，乃捐俸刻梓以传，使尔民之于家庭、于族里、于亲戚朋友，递相训告，率而行之，勿狃故习，勿犯非法，但可以迁善而远罪，即可以昌门户而益子孙。所为不昧天，亦不违此，可谓自爱其身者矣。尔民幸听，毋忽诸。

辛酉秋，瑞芝亭长天台应俊书。

（二）元代左祥《琴堂谕俗编》序

余曩栖翰林，历见累朝元老，唯斋刘公、雪楼程公、草庐吴公，每以忠厚之言告曰："子他日为政，当以道德齐礼、移风易俗为先，不可习苛刻，为俗吏态。"仆拳拳服膺。未几，出宰广州香山，尝以是为心，愧莫有以副其望。偶得《谕俗编》一书，阅之，皆齐民之道。复有感于予衷，欲刊行而未果。继而改官潮幕，初闻是郡乃昌黎过化之地，天水所居之乡，号称邹鲁，喜甚。至则民俗不然，大以为忧，尝语诸在泮之士，有复于余曰："民情莫不好善恶恶，在治而教之者何如耳。吾潮僻处海滨，韩、赵去远，治人者但知有刑，治于人者不知有教。公欲拯弊扶倾，必先有以教之者。郡学旧有三令《谕俗编》，其义本于经书，其言明白简易，感人易入，真化民成俗之要者。岁久无存，今是本得诸照磨东湖刘君英发，刘君得之瑞州新昌。若重锓梓，以劝邦人，诚大惠也。"余喜从其请，长官僚友询谋金同，爰究编目。郑令作之于前，彭令修之于后，应令又从而增益之，以广未尽之意。凡十四篇，始于《五服图》，终于《积阴德》，中言孝友、忠信、务本、节用之类，不一而足。嗟乎，使人人能读而知之，又能行之，则皆有士君子之行，何患乎风俗之不厚哉。若广其传，则可为天下劝，岂独为是邦劝。但惜其阙"交朋友"一条。昔朱子编《小学》书，尝以《实善行》篇偶脱"朋友"一节为恨。盖朋友者，人之大伦，以之责善也，其可阙乎？愚故不揆固陋，窃取朱子之意以足之，庶几有补于民彝之万一云。

天历二年岁次己巳孟夏月，承直郎潮州路总管府经历左祥谨叙

三、宋代应俊、彭仲刚辑补《谕俗编》

宋代应俊、彭仲刚辑补的《谕俗编》续篇，清代编为《琴堂谕俗编》卷上、卷下。全文如下。

一、孝父母

（郑至道原文略）

郑君此篇，谕俗之第一事也。先之以诗礼，所以劝其为孝也。继之以典刑，所以戒其不孝也。夫五刑之属三千，罪莫大于不孝。然世固有不孝之人，而未尝受不孝之刑者，何也？渝川欧阳氏尝论之曰："父母之心，本于慈爱，子孙悖慢，不欲闻官。谓其富贵者，恐贻羞门户，贫贱者亦望其返哺，一切含容隐忍，故不孝者获免于刑。然父母吞声饮恨之际，不觉怨气有感，是以世之不孝者，或毙于雷，或死于疫，后嗣衰微，此皆受天刑也。"呜呼！王法可幸免，天诛不可逃。为人子者，可不孝乎。

昔宋武帝春秋已高，每拂旦朝继母萧太后，未尝失时刻。汉太尉胡广，年八十，继母在堂，朝夕必省瞻，旁无几杖，言不称老。近世陕州夏县苏庆文事继母以孝闻，常语其妇曰："汝事吾母，小不谨，必逐汝。"继母少寡而无子，由是安其室终身。彼为帝王尚如此，况士民乎。彼事继母尚如此，况生母乎。虽然，父母慈爱而子孝，此常事也。唯父母不慈爱而子孝，乃可称耳。舜之所以独称为大孝者，以父顽、母嚚而克谐以孝也。盖天下无不是底父母，父有不慈，而子不可以不孝，彼不孝其亲者，常始于见其有不是处耳。汉薛包好学笃行，父娶后妻而憎包，分出之。包日夜号泣不能去，至被殴杖，不得已，庐于舍外。旦入洒扫，父怒，又逐之，乃庐于里门。晨昏不废，积岁馀，父母惭而还之。为人子者，不幸而事难事之亲，则于舜与薛包之事，可不勉而师之乎？

（以上为应俊《续编》）

虞舜大孝克谐（《书经图说》）

二、友兄弟

（郑至道原文略）

郑君此篇，谕俗之第二事也。先之以死丧孔怀。欲其兄弟之相恤也。继之以急难御侮，欲其兄弟之相救也。然观《常棣》之末章曰："妻子好合，如鼓瑟琴。兄弟既翕，和乐且湛。"夫《常棣》，燕兄弟之诗也。其言乃先妻子而后兄弟，何也？盖兄弟之不和，每起于妻子之离间。故颜之推论兄弟曰："方其幼也，父母左提右挈，前襟后裾，食则同案，衣则传服，学则连业，游则共方。虽有悖乱之人，不能不相爱也。及其壮也，各妻其妻，各子其子，虽有笃厚之人，不能不少衰也。"《柳氏家训》亦曰："人家兄弟，无不义者，尽因娶妇入门，异姓相聚，争长竞短，渐渍日闻，偏爱私藏，以至背戾，分门割户，患若贼仇，皆汝妇人所作。男子刚肠者，几人能不为妇言所惑者。鲜矣。"近世三衢《袁氏世范》亦曰："人家不和，多因妇女以言激怒其夫及同辈。盖妇女所见，不广不远，不公不平。又有所谓妇姑妯娌，皆假合，强为之称呼，非自然天性，故轻于割恩，易于修怨。非丈夫有远识，则为其役而不自觉。一家之中乖变生矣。于是有亲兄弟子侄隔屋连墙，至死不相往来者；有无子而不肯以犹子为后者；有多子而不以与兄弟者；有不恤兄弟之贫，养亲必欲如一，宁弃亲而不顾者；有不恤兄弟之贫，葬亲必欲均费，宁留丧而不葬者。"尝见有远识之人，知妇女之不可谏诲，而外与兄弟相爱，常不失欢，私救其所急，私赒其所乏，不使妇女知之，亦可谓善处妻子兄弟之间者。隋牛弘为吏部尚书，弟弼，尝醉射杀弘驾车牛。弘还宅，其妻迎谓曰："叔射杀牛。"弘闻无所怪问，直答曰："作脯。"坐定，其妻又曰："叔射杀牛，大是异事。"弘曰："已知。"颜色自若，读书不辍。唐平章事韩滉，有幼子，夫人柳氏所生也。弟滉戏于掌上，误坠而死。滉禁约夫人勿悲啼，恐伤小郎意。为兄如此，岂妻妾他人所能间也。然亦有妇人之贤而召兄弟之和者。昔汝敦与兄同居，有祖财物，兄嫂必欲得之，形于辞色。敦妻劝敦尽逊田宅、奴婢与兄，自出别居，但分荒园数亩。后耕园得金一器，敦以示妻，妻曰："本言逊兄，此亦祖物，愿归还。"

唐玄宗兄弟友爱（《帝鉴图说》）

敦于是与妻赍金器共往还，兄嫂初不知来意，以为假贷，有不悦之色。及见金器，踊跃欲留之。兄恻然感悟，即逐其妻，遂与弟合居焉。世有因妻子而失兄弟之义者，亦可以为鉴矣。

（以上为应俊《续编》）

三、教子孙

人有子孙，不问富贫贵贱，皆不可以不教也。（临江傅侍郎之甥孙吴氏，大理寺丞之孙女也，能崇义方，用诗礼导其子。尝谓其夫邹国俊曰："家虽贫，不可不择师。得师，不可不加敬。"南斋先生傅聘君为志其言，而系以铭曰："儒家学脉，择师为先，得师知敬，子学必贤。师得其人，世世勿怠。此脉相传，如亲常在。"萧秘丞兄弟书此铭。谓可为世俗延师教子之法。）所谓教者，非徒诵读之谓也。大要使之识道理，顾廉耻，不作非法，不犯非礼，以尽人道而已。古之人子未生，固有胎教，况已生乎？（刘向《列女传》："古者妇人妊子，寝不侧，坐不边，立不跸，不食邪味，割不正不食，席不正不坐；目不视邪色，耳不听淫声。夜则令瞽诵诗，道正事。如此则生子形容端正，才德必过人矣。故妊子之时，必谨所感。感于善则善，感于恶则恶。人生而肖万物者，皆其母感于物，故形音肖之。"范蜀公东斋记宋君垂言："嘉陵江上见二鹡掷卵，相上下以接之。江上人云，教卵习飞也。其胎教之义乎？"俊谓："鹡，禽也。尚知教子，可以人而不如鸟乎？"司马公《家范》曰："子始生，求乳母，必择良家妇人稍温谨者。乳母不良，非惟败乱家法，兼令所饲之子性行亦类之。"）子始生，未有知，固举以礼，况已有知乎？（《韩诗外传》："孟子幼时，问东家杀猪何为，母曰：'欲啖汝。'既而悔曰：'吾闻古有胎教，今适有知而欺之，是教之不信也。'乃买邻猪肉食之。"《说苑》："父母正，则子孙孝慈。孔子家儿不识怒，曾子家儿不识骂。"为人父者，当知此义。）故颜之推论教子之道，有曰："当及婴孩，识人颜色，知人喜怒，便加教诲，使为则为，使止则止。比及数岁，可省笞罚。父母威严而有慈，则子女畏谨而生孝矣。"吾见世间无教而有

汉邓禹教子各执一艺（《圣谕像解》）

爱，每不能然。饮食云为，恣其所欲，宜诫翻奖，应呵反笑。至有识知，谓法当然，骄慢已习，方乃制之，捶挞至死而无威，忿怒日隆而增怨。逮于成长，终为败德。孔子云："少成若天性，习惯如自然。"俗谚曰："教妇初来，教儿婴孩。"诚哉斯语。（司马温公《家范》曰："人之爱子者，多曰儿幼，未有知耳，俟其长而教之，是犹养恶木之萌芽，曰俟其合抱而伐之，其用力顾不多哉？又如开笼纵鸟而捕之，解缰放马而逐之，曷若勿纵勿解之为易？"亦此意也。）

然教之之法，又当谨其所习。昔黄筌、黄居寀、居实，蜀之名画手也，尤善为翎毛。其家多养鹰鹘，观其神俊，以模写之，故得其真。其后子孙有弃其画业而事田猎飞放者。既多养鹰鹘，则买鼠，或捕鼠以饲之。又其后世，有捕鼠为业者，愈趋而愈下，皆置习使然也。范蜀公尝记其事，且曰："人家置博弈之具者，子孙无不为博弈。藏书者，子孙无不读书。置习岂可以不谨哉？"（李子木《书阁吟》："满堂贮金玉，子孙务吞侵。满堂载管弦，子孙学荒淫。伟哉夫子谋，有阁临竹林。阁中盛群书，古人可披寻。子孙登是阁，不解失光阴。子孙精是书，坐可攀朝簪。德义日以高，见闻由之深。君不见，边先生，便其腹；王先生，醉其心，清风飒飒传于今。又不见，汉相韦贤家一经，教子轻黄金。"语意相似，因附于此。）画家固不足责也，近年吾郡林家巷，有官至浙漕者，公退之暇，每呼其子相对樗蒲以消日。及其死也，其子竟以樗蒲败家，穷困无聊，所为有不可言者。昔丁文简公度之祖颛，尽其家资以置书，至八千卷，且曰："吾聚书多矣，必有好学者为吾子孙。"至公，果为参政。由是观之，范公之言，岂欺我哉！

虽然，子孙之贤不肖，亦系乎乃祖乃父所积何如耳，岂人力所能强教也？唐卢坦为河南尉，时杜黄裳为尹，召坦曰："某家子与恶人游，破产，盍察之？"坦曰："凡居官廉，虽大臣无厚蓄，其能积财者，必剥下以致之。如子孙善守，是天富不道之家。不若恣其不道，以归于人。"此又自本自根之论也。为人祖父者，宜思之。

【附】诚斋杨文节公《劝人教子弟说》

尝观富贵之家，子弟多不通世务，及多不肖者，毋徒归咎于子弟，乃父兄不教之过也。富者曰："吾有金谷以遗之。"贵者曰："吾有爵禄以遗之。"为父兄者，皆以此为得策，而不使向学。为子弟者，以父兄为可恃，而不肯向学，是故蠢尔无所识，懵然无所知，着衣吃饭不知稼穑艰难、礼义廉耻。一旦失其父兄，无所倚赖，败坏其家，狼狈其身者，十常八九矣。予谓家无贫富，人无智愚，子孙皆不可不教。非欲其便取功名，登科第，以光门户，且使粗知礼义廉耻，稍通晓世务，庶免为小人不肖之归，亦好事耳。人能由是以处子孙，则虽不遗以金谷爵禄，彼必能自致之。如其不教，遗以金谷爵禄，彼亦不能守之。不然，古人何以谓"遗子黄金满籯，不如一经"，信哉斯言也！司马温公《家范》曰："为人祖父者，莫不思利其后世，然果能利之者，鲜矣。何以言之，今之为后世谋者，不过广营生计以遗之。田畴连阡陌，邸肆跨坊曲，粟米盈囷仓，金帛充篋笥，慊慊然求之犹未足，施施然自以为子子孙孙累世用之莫能尽也。然不知以义方训其子，以礼法齐其家，自于数十年中勤身苦体以聚之，而子孙于岁时之间奢靡游荡以散之。反笑其祖考之愚，不知自娱，又怨其吝啬无恩于我而厉虐之也。始则欺绐攘窃以充其欲，不足则立约举债于人，俟其死而偿之。观其意，惟患其祖考之寿也。甚者至于有疾不疗，阴行酖毒，亦有之矣。然则向之所以利后世者，适足以长子孙之恶而为身祸也。顷尝有士大夫，其先亦国朝名臣也，家甚富而尤吝啬，斗升之粟，尺寸之帛，必身自出纳，镇而封之。昼则佩钥于身，夜则置钥于枕下。病甚困，绝不知人。子孙窃其钥，开藏室，发篋笥，取其资财。其人复苏，即扪枕下求钥，不得，愤怒遂卒。其子孙不哭，相与争匿其财，遂致斗讼。其处女亦蒙首执牒，自诉于府廷，以争嫁资，而乡党笑之。盖由子孙自幼及长，惟知有利，不知有义故也。"夫生生之资，固人所不能无，然勿求多馀。多馀，希不为累矣。使其子孙果贤邪，岂疏粝布褐不能自营，至死于道路乎？若其不贤邪，虽积金满堂，又奚益哉？故多藏以遗子孙，吾见其愚之甚也。然则圣贤，皆不顾子孙之匮乏耶？曰："何为其然也，昔者圣人遗子孙以德以礼，贤人遗子孙以廉以俭云云。其为利，岂不大哉？"

（以上为应俊《续编》）

四、睦宗族

（郑至道原文略）

郑君尊祖敬宗之说，深得范文正公之遗意。然古人所谓睦族者，岂止吾一宗而已也。尝以族服考之，父族四，母族三，妻族二，皆吾之所当亲睦者也。昔晏平仲弊车羸马，桓子以为隐君之赐。晏子曰："自臣之贵，父之族，无不乘车者；母之族，无不足于衣食者；妻之族，无冻馁者。齐国之士，待臣而举火者三百馀人。如此而为隐君之赐乎，彰君之赐乎？"吾爱晏子之仁有等级，而言有次第也。先父族，次母族，次妻族，而后及其疏远之贤，是所谓以其所爱及其所不爱者也。若晏子者，可谓能尽睦族之道矣。

今之人固未可尽以晏子之事责之，能不伤九族之义者，亦寡矣。每阅讼牒，见有讼其父族者焉，有讼其母族者焉，又有讼其妻族者焉，是何风俗之不古也。呜呼！讼父之族者，犹讼其父也，独不念其父乎？讼母之族者，犹讼其母也，独不念其母乎？讼妻之族者，犹讼其妻也，又独不念其妻乎？观其待父母妻之族尚如此，则其待国人者，不言可知也。甚非令之所乐闻也。执笔教讼者，纵不能传问孝之章，又岂无诗书之族，典刑之老，崇礼义以薰化之，明理法以晓谕之，使天理复还，人情不失，伯叔兄弟依旧成伯叔兄弟，甥舅亲戚依旧成甥舅亲戚。（《尔雅》："母之昆弟为舅，妻之父为外舅，姑之子为甥，舅之子为甥，妻之昆弟为甥，姊妹之夫为甥。"《孟子》"馆甥"注："婿亦谓之甥也。"）如此，则人伦归厚，风俗还淳，亦令之所深望也。

（以上为应俊《续编》）

宋范仲淹义田赡族（《圣谕像解》）

五、恤邻里

（郑至道原文略）

晏子曰："君子居必择邻，可以避患。"左氏曰："弃信背邻，患孰恤之？"故梁人宋季有"百万买宅，千万买邻"之语，诚以急难相恤，远亲不如近邻之密也。

余尝闻眉山苏仲先（序），为人疏达，轻利好施，救人之急，孜孜若不及。及岁凶，卖田以赈其邻里乡党。至冬间丰熟，人将偿之，公辞不受。由是破散其祖业，迫于饥寒，然公未尝以为悔，而好施愈甚。遇人无疏密，一与之倾心焉。或欺而侮之，公亦不变色，人莫测其用心。后生子曰洵（老泉先生），孙曰轼（东坡先生）、曰辙（颍滨先生），皆显名天下，人以为善恤乡邻之报。又闻唐贞元中，海盐县有戴文者，家富而性贪，每乡人举债，必收利数倍。有邻人与之交易，利中起利，刻剥至多，邻人深恨。数年文病死，邻人家牛生一黑犊，胁下白毛成字，曰"戴文"。文子耻之，乃求谢以物，熨去其字，邻人从之。既而，文子以牛身无验，乃讼邻人妄称牛犊有字，追至官，则白毛复出，字愈分明，但呼"戴文"，牛则应声而至。人以为不恤乡邻之报。今之居邻里者，岂徒不能为苏公，且有甚于戴文者。或因侵越以起争，或以兼并而速讼，由是不相往来，视如仇敌。岂知昔人所以待邻里之道哉？

试以往事观之。陈嚣与民纪伯为邻，伯夜窃嚣藩地自益，嚣见之，伺伯去后，密拔其藩一丈，以地益伯。伯觉之，惭惶，既还所侵，又却一丈。太守周府君高嚣德义，刻石旌表其间，号曰"义里"。又如赵清献公家三衢，所居甚隘。弟侄有欲悦公意者，厚以直，易邻翁之居，以广公第，公闻不乐，曰："吾与此翁三世为邻矣，忍弃之乎？"命亟还翁居，而不追其直。此皆人情之所难者，而二公能之，此其所以为贤也。

且古人所以恤邻里者，为其贫富可以相资，缓急可以相助。苟平时有怨无恩，则临难皆吾仇敌。如景定初，大军临城，小人倖乱。时天宝乡富人周氏为邻里所劫，若钱若谷，若金银，若衣物匹帛，悉为盗有。至于窖藏之物，亦无遗留。虽犯者不免于刑，而周之家计亦荡然一空矣。后尝判决此事，就推其原，为诸大税家告。其略曰："富

宋于令仪钱赠邻儿（《圣谕像解》）

者乃贫者所恃以相资者也。除伏腊供输之外,凡可以济亲族、济闾里、济贫乏者,随吾力而行之。既平时有恩意以及人,一旦设有缓急,人方亲附之不暇,谁肯以横逆加诸我也?若多蓄之是贪,又一毫之不拔,是乃怨之招也,是乃盗之资也。非惟家不可保,抑恐灾及其身。为富不仁者,又不可以不察。"是说也,初判之时,虽尝备榜市心以谕众,尚虑远乡有未见者,因附录于此,以为富家不恤乡邻者之戒。

(以上为应俊《续编》)

六、重婚姻

(郑至道原文略)

婚礼者,将合二姓之好,上以事宗庙,下以继后世。则择妇宜重于择婿也。余以《大戴礼》教之。其略曰:娶妻嫁女,必择孝悌世世有行义者,则子孙慈爱孝悌,不敢淫暴。凤凰生而有仁义之意,虎豹生而有贪戾之心,无养乳虎,将害天下。是则妇与婿之性行,俱不可以不择也。故司马温公尝为之说曰:"凡议婚姻,当先察其婿与妇之性行,及家法如何。"(真文忠公曰:"孔子五不娶之说,即择妇之法也。妇人深居闺闱,美不外著,贤否未易知也,亦观其家如何耳。逆家子不娶,是其所娶必忠孝之家也。乱家子不娶,是其所娶必礼义之族也。推是类而求之,其不中者鲜矣。惟丧父长子一节,先儒以为疑。若父虽丧而母贤,则其教女必有法,又非所拘也。")勿苟慕其富贵。婿苟贤矣,今虽贫贱,安知异时不富贵乎?苟其不肖,今虽富贵,安知异时不贫贱乎?妇者,家之所由盛衰也。苟慕一时之富贵而娶之,彼挟其富贵,鲜有不轻其夫而傲其舅姑,养成骄妒之性,异日为患,庸有极乎?借使因妇财以致富,依妇势以取贵,苟有丈夫之志气者,能无愧乎?孔子谓南容:"邦有道,不废;(行能有过人者,故'邦有道,不废')邦无道,免于刑戮。"(寡言而谨事,故'邦无道,免于刑戮'也。)以其兄之子妻之。此可以为择婿之法矣。晋武帝以卫氏种贤而多子,贾氏种妒而少子,欲纳卫瓘女为太子妃。(后惑人言,卒娶贾充女,果淫妒。)此可以为择妇之法矣。(胡安定《遗训》:

汉任延嫁娶遵礼法（《圣谕像解》）

"嫁女必求胜吾家者，则女之事人也恭；娶妇必不若吾家，则妇之执礼也谨。"楚谚曰："男婚低户，女嫁高门。"）

而今之世俗，每不能然。将娶妇，惟问资装之厚薄，而不问其女之贤否。将嫁女，惟问聘财之多少，而不问其婿之何如。及其成亲而悔之，则事无及矣。又有始者，妇家责聘财之少，而不还其亲，终也，婿家怒资装之薄，而欲遣其妇。婚姻之家，结为仇敌，甚至激闺门之变，而破家荡产者有之。文中子曰："婚娶论财，夷虏之道也。君子不入其乡，为其知利而不知义也。"（唐僖宗时，裴坦为相，性俭素。其子娶杨收之女，资给丰厚，器用多犀玉。坦见之，盛怒，命坏之。曰："殃我家矣。"收终以赂败，而坦号"太平裴相"。本朝范文正公子纯仁娶妇归，或传妇以罗为帐幔者。公闻之不悦，曰："罗绮岂帷幔之物耶，吾家素清俭，安得乱吾家法？敢持至吾家，当火于庭。"今之人固不可以二公之事责之，能见利而思义者，亦少矣。）

温公又曰："世俗好于襁褓童幼之时，轻许为婚，亦有指腹为婚者，及其既长，或不肖无赖，（吴许升少为博徒，不治操行。妻吕荣尝躬勤家业以奉姑，数劝升学，每有不善，流涕进规。荣父积忿疾升，乃呼荣，欲改嫁之。荣叹曰："命之所遭，义无离二。"终不肯归。升感激自厉，乃寻师远学，遂以成名。）或有恶疾，（华阴吕君举进士，聘里中女。后既中第，妇家言曰："吾女故无疾，既聘而后盲。敢辞。"吕君曰："既聘而后盲，君不为欺，又何辞？"遂娶之。生五男子，皆中进士第。其一人丞相，汲公是也。）或家贫冻馁，（齐人刘廷式本田家，邻舍翁有女，约与为婚。契阔数年，廷式登第归乡，而翁已死，女因病双瞽，家极困饿。廷式使人申前好，而女之家辞以疾，仍以佣耕不敢姻上夫夫。廷式曰："与翁有约，岂可以翁死女疾而背之乎？"卒与成婚。）或丧服相仍，（《南史》：韦放，字元直，为徐州刺史，与吴郡张率皆有侧室怀孕，因指腹为婚姻。其后产男女，未及成长，而率亡，遗嗣孤弱。放常赡恤之，及为北徐州，时有贵族请婚者，放曰："吾不失信于故友。"乃以息岐娶率女，又以女适率子。时称故能笃旧。）或从宦远方。（鲍、苏事见后）遂至弃信负约、速狱致讼者多矣。

是以先祖太尉尝曰："吾之男女，必俟既长，然后议婚。既通书，不数月必成婚。故终身无此悔。乃子孙所当法也。"（婚姻家背盟者凶，践盟者吉。俊昨主奉化簿时，见管下鲒埼镇有张汉英，定亲后，亦如吕公，卒登高第，黄甲四名。人以为不负亲盟之报。又吾乡有定亲后，才入太学，而即背盟者两人。后皆不利，识者鄙之。但以乡曲之事验之，便知凶吉。）世之人又有同姓为婚者，尤为不知礼也。《礼》曰："娶妻不娶同姓，买妾不知其姓，则卜之。"《白虎通》以为不娶同姓者，重人伦，防淫佚，耻与禽兽同也。外属小功以上，亦不得娶，为其尊卑混乱，人伦失次也。惟姑舅兄弟姊妹，乃是一等，可以为婚，而州县官不能细读律令者，尚断离之。嫁娶不可不谨也。（《容斋随笔》："姑舅兄弟为婚，在礼法不禁，而世俗不晓。"按《刑统·户婚律议》曰："父母姑舅，两姨姊妹，于身无服，乃是父母缌麻，据身是尊，故不合娶。及姑又是父母大功尊，若姨虽于父母无服，亦是尊属。"母之姑、堂姑，并是母之小功以上尊。己之堂姨，及再从姨，堂外甥女，亦谓堂姊妹所生者，女婿姊妹，于身虽并无服，据理不可为婚。并为尊卑混乱，人伦失序之故。然则中表兄弟姊妹，正是一等，其于婚娶，了无所妨。予尝记政和八年，知汉阳军王大夫申明此项，敕局看详，为如表叔娶侄女，从甥女嫁从舅之类，甚明白。徽州《法司编类续降》有全文。今州县官书判，至有将姑舅兄弟成婚断离者，皆失于不能细读律令也。又朱文忠公云："自仁宗皇帝以公主嫁李璋，亦是姑舅成婚。"此又一证也。）

虽然，婚姻之外，犹有说焉。古者自天子至于士、庶人，妻、妾、媵，各有等降之数。（《礼》：天子妻妾十二，诸侯九，大夫三，士二。惟庶人无之，谓之匹夫匹妇。）后世惟力是视而已。此文中子所以有"妾媵无数，教人以乱"之叹也。夫正家之本，由于夫妇之各正。治家以礼，而无宠昵之偏，使嫡妾之次不紊，此夫之正也。（司马温公为太原府通判，尚未有子，夫人为买一妾，公殊不顾。夫人疑有所忌也，一日教其妾："俟我出，汝自饰至书院中，冀公一顾。"妾如其言，公诃曰："夫人出，安得至此？"亟遣之。）抚下以恩，而无妒忌之失，使怨旷之祸不兴，此妇人之正也。（宋鲍女宗者，鲍苏之妻也，养姑甚谨。鲍苏去仕于卫，三年而娶外妻，女宗养姑愈谨。因往来者请问鲍苏不辍，赂遗外妻甚厚。女宗之姒谓女宗曰："夫人既有所好，可以去矣。"女宗曰："若抗夫室之好，苟以自荣，吾未知其善也。夫礼，天子妻妾十二，诸侯九，大夫三，士二。今彼室人固士也，其有二，不亦宜乎？且妇人有七去之道，妒忌为首。姒不教吾以居室之礼，而反使吾为见弃之行，将安所用？"遂不听，事姑愈谨。宋公闻而美之，表其闾，号曰"女宗"。）得其正，则家治；失其正，则家乱，此必然之理也。至于妾媵猥多，未有不为家之害者，内或陷子弟于恶。（《礼》曰："禽兽无礼，故父子聚麀，是故圣人作，为礼以教人，使人以有礼，知自别于禽兽。"昔卫宣公卒，惠公幼，其庶子顽烝于惠公之母。生子五人：齐子、戴公、文公、宋桓夫人、许穆夫人。国人疾之，作《墙有茨》诗以刺其上，曰："不可道也。言之丑也。"）外或生僮仆之变。（晋王济，字武子，谕左右人尝于阁中就婢取济衣服，婢欲奸之，其人云："不敢。"婢云："若不从我，当大呼。"其人终不从。婢乃呼曰："甲欲奸己。"济令杀之，其人具述前状，武子不信，其人曰："枉不受，当讼府君于天。"武子经年疾困，此人见形，云："府君当去矣。"遂卒。）无所不有。欲正其家者，可不戒哉？（《史记》："齐桓公多内宠，内嬖如夫人者六人，长卫姬生无诡，少卫姬生惠公元，郑姬生孝公昭，葛嬴生昭公潘，密姬生懿公商人，宋华子生公子雍，桓公欲以孝公为太子。桓公病，五公子各树党争立。十月乙亥，桓公卒，遂相攻。以故宫中空，莫敢棺。桓公尸在床上六十七日，尸虫出于户外。十二月乙亥，无诡立，乃棺赴。辛巳夜，敛殡。"呜呼！桓公九合诸侯，一匡天下，为春秋霸主，而家道不正，嫡庶不分，身后至于此。读史者未尝不为之掩卷叹息焉。袁氏《世范》："别宅遗腹子，宜早收养教训，免致身后论讼。或已习为下愚，方欲归宗，尤难处也。或婢妾与人私通，因事逐去，皆不可不于生前早有辨明。恐身后有求归宗，暗昧不明，子孙被其害者。"）

（以上为应俊《续编》）

七、正丧服

（郑至道原文略）

孔子曰："少连、大连善居丧。三日不怠，三月不懈，期悲哀，三年忧，东夷之子也。"言生于夷狄而知礼，所以警中国不知礼者也。郑君丧服之编，是固使人知有礼矣。愚谓葬、祭二事，尤孝子所当尽心焉。盖孝子之丧亲也，葬之以礼，则可以尽慎终之道，祭之以礼，则可以尽追远之诚。世之人固有不葬其亲者，况望其能以礼葬之乎？固有不祭其先者，况望其能以礼祭之乎？故司马温公尝论之曰："葬者，人子之大事。死者以窀穸为安宅，死而未葬，犹行而未得其归也。是以孝子虽爱亲，留之不敢久也。古者天子七月，诸侯五月，大夫三月，士逾月而葬。今五服年月，敕王公以下，皆三月而葬。是举其中制而言之。按礼，未葬不变服，啜粥居庐，寝苫枕块，盖孝子之心，以为亲未获所安，己故不敢安也。"（《南史》：海虞令何子平，母丧去官，哀毁逾礼，每至哭踊，顿绝方苏。蜀大明末，东土饥荒，继以师旅，八年不得营葬。昼夜号哭，常如袒括之日，冬不衣絮，夏不清凉。一日以米数合为粥，不进盐菜。所居屋败，不蔽风日。兄子伯兴欲为葺理，子平不肯，曰："我情事未申，天地一罪人耳。屋何宜覆？"蔡兴宗为会稽太守，甚加矜赏，为营冢圹。）

今世信葬师之说，既择年月日时，（唐太常博士吕才《叙葬书》曰：按礼，天子、诸侯、大夫葬皆有月数，则是古人不择年月也。《春秋》：丁巳葬定公，雨，不克葬。戊午日下昃，乃克葬。己丑葬敬嬴，雨，不克葬。庚寅日中而克葬。是不择日也。郑葬简公，司墓之室当路，毁之则朝而窆，弗毁则日中而窆，子产弗毁。是不择时也。）又择山水形势。（古之葬者皆以国都之北域，兆有常处，是不择地也。司马温公曰："《孝经》云：'卜其宅兆而安厝之。'谓卜地决其吉凶耳，非若今阴阳家相其山冈风水也。"程正公曰："卜其宅兆，卜其地之美恶也。地美则其神灵安，其子孙盛。然则曷谓地之美者？土色之光润，草木之茂盛，乃其验也。而拘忌者咸以择地之方位，决日之吉凶，甚者不以奉先为计，而专以利后为虑，尤非孝子安厝之用心也。惟五

154 至道清风

莆籍廉官天台知县郑至道文化

宋孝宗复古丧制（《圣谕像解》）

患者不得不谨：须使异日不为道路，不为城郭，不为沟池，不为贵势所夺，不为耕犁所及。"盖以安亲为心，则地不可以不择。其择也，不可以太拘，择而不至于太拘，则葬不患其不时矣。）以为子孙贫富贵贱、贤愚寿夭，尽系于此。而其为术又多不同，争论纷纭，无时可决。乃至终丧除服，或十年，或二十年，或终身，或累世，犹不葬。至为水火所漂焚，它人所投弃，失亡尸柩，不知所之者，岂不哀哉！人所贵有子孙者，为其死而形体有所付也。既死而不葬，则与无子孙而死于道路者，奚以异乎？《诗》云："行有死人，尚或墐之。"况为人子，乃忍弃其亲而不葬哉？

大抵世之迁延不葬者，多以昆弟各怀自利之心，（唐温大雅改葬其祖，卜人占其地曰："弟则吉，不利于君，若何？"大雅曰："如子言，我含笑入地矣。"后官至侍郎，子孙亦为御史。）而野师俗巫又从而诳惑之，甚至偏纳其赂，而给之以私己。（受兄之赂，则给之曰："此地利长房。"又受弟之赂，则给之曰："此地利小房。"愚而无知者安受其欺而弗悟也。（倪尚书诗："风水人间不可无，亦须阴德两相符。若无阴德凭风水，再生郭璞也难图。"又曹仙姑诗曰："风水山人喜脱空，指南指北指西东。山头若有王侯地，何不归家葬老翁？"）夫某山强则某支富，某山弱则某支贫，非惟义理所不当问，虽近世阴阳书，亦有深排其说者。惟野师俗巫则张皇煽惑，以为取利之资。择地者必先破此谬说，而后无太拘之患。为人子者，所当深察也。大观中，南剑州罗巩在太学，学有神祠，甚灵。巩每以前程事朝夕默祷。一夕神见梦，曰："子已得罪阴间，宜亟还乡，前程不须问也。"巩恳之曰："巩平生操守鲜有过，愿告以获罪之因。"神曰："子无它过，唯父母久不葬耳。"巩曰："家有兄弟，罪独归某，何也？"神曰："以子习礼义，为儒者，故任其咎。馀子碌碌，不足责也。"巩既寤，悔恨，束装遽归。乡人有同舍者，悉惊问之，巩以梦告。行未及家而卒。此亦可以为鉴也。

世之人又有用羌人法而火化者，（《列子》曰："秦之西有仪渠之国，其亲戚死，聚柴积而焚之，熏则烟上，谓之登遐。"世人亲死而焚之，何异于是？）积习既久，视以为常，曾不知古者背叛恶逆之人，乃有焚骨扬灰之戮。（鲁夏父弗忌献逆祀之议，既其葬也，焚烟彻于上，谓已葬而火焚其棺椁也。又王莽作焚尸之刑，烧陈良等，则是古人以焚尸为大僇也，哀哉！）今亲肉未寒，为人子者，何忍付之烈焰，使为灰烬乎？言之犹可痛心，况复忍为其事。或曰："旅宦远方，贫不能致其柩，不焚之，何以致其归葬？"曰："如廉范辈，岂其家富耶？"（汉廉范父遭丧乱，客死于蜀，范遂流寓西川。西川平，归乡里。年十五辞母，西迎父丧。蜀守张穆重资送范，范不受，与客并负丧归。）延陵季子有言："骨肉复归于土，命也。魂气则无所不至。"舜为天子，巡守至苍梧而殂，葬于其野。彼天子犹然，况士民乎？必也竭力不能归其柩，即所亡之地而葬之，不犹愈于火焚乎？"

温公又曰：世俗信浮屠诳诱，于始死及七七日、百日、期年、再期、除丧，饭僧，设道场，或作水陆大会。云为此者，灭弥天罪恶，必生天堂，受种种快乐。不为者，必入地狱，剉烧舂磨，受无边波吒之苦。殊不知人生含气血，知痛痒，或剪爪剃发，从而烧斫之，已不知苦，况于死者形神相离，形则入于黄壤，朽腐消灭，与木石等，神则飘若风火，不知何之。借使剉烧舂磨，岂复知之？且浮屠所谓天堂地狱者，计亦以劝善而惩恶也。苟不以至公行之，虽鬼可得而治乎？唐人有言（刺史李舟《与妹书》）："天堂无则已，有则君子登；地狱无则已，有则小人入。"世人亲死而祷浮屠，是不以其亲为君子，而为积恶有罪之小人也。何待其亲之不厚哉？就使其亲实积恶有罪，岂赂浮屠所能免乎？昔伊川程先生家治丧，不用浮屠，洛人有化之者。自江西言之，南斋先生传聘君以孝行化乡人，亦如伊洛，其门人邹宗居丧疏食，公雅敬之，为铭其母吴夫人之墓，且告之曰："疏食，礼也，更不要作佛事。"然尝闻西山真文忠公曰："彼之教得行，由吾之礼先废。使今之居丧者，始死有奠，朔有殷奠，虞祔祥禫，皆有祭，既足以尽人子追慕之情，则于世俗之礼且将不暇为之矣。不复祭礼，而徒曰勿用浮屠，使居丧者依依然无以报其亲，未见其可也。"经曰："卜其宅兆而安厝之，春秋祭祀，以时思之，孝子之事亲终矣。"（祭之说，亦岂止为居丧时也？伊川程子曰："豺獭皆知报本。"今士大夫家厚以奉养而薄于先祖，甚不可也。余尝修六礼，大略：家必有庙，庙必有主，月朔必荐新，时祭用仲月，冬至祭始祖，立春祭先祖，季秋祭祢，忌日迎主，祭于正寝。凡事死者，皆当厚于奉生者。人家能存得此等事数件，虽幼者，可使渐知礼义。或问俗节之祭，朱文公曰："韩魏公处得好，谓之节祠。某家依之，但七月十五用浮屠，设素馔祭。某不用。"初，钦夫废俗节，某问公："于端午须吃粽，重阳须饮茱萸酒，不祭而自享，于汝安乎？"唐颜鲁公、张司业家祭，不用纸钱，衣冠效之。纸钱起于元宗时王玙，古无有也。）

虽然，君子有终身之丧，忌日之谓也。忌日不用，非不祥也。言夫日志有所至而不敢尽其私也。（朱文公母夫人忌日，着黔墨布衫，其巾亦然。学者问："今日服色何谓？"曰："公岂不闻《礼》'君子有终身之丧？'"又丁晋公云："文侍郎中孺母归时，于衣笥中得一墨衰，妯娌骇而诘之，云：'父母教以候翁姑私忌日，着此衣出慰。'"当时士族之家犹有此礼，今未之闻也。）或又曰："人子之于生日，苟无父母，亦当以忌日之礼自处。"为人子者，可不知此意乎？（伊川先生曰："人无父母，生日当倍悲痛，更安忍置酒张乐以为乐？若具庆者可矣。"唐太宗谓长孙无忌曰："今日吾生日，世俗皆为乐，在朕翻成伤感。今君临天下，富有四海，而承欢膝下，永不可得。此子路所以有负米之叹也。《诗》云：'哀哀父母，生我劬劳。'奈何以劬劳之日，更为宴乐？"因泣数行下，左右皆悲。真文忠公曰："人子之于生日，苟无父母，当以忌日自处。太宗以万乘之主能行之，况学者可昧此乎？"师友服胡澹庵为清节先生制师之服。张魏公为张无垢制友之服。蔡文襄公闻朋友丧，不御酒肉。杨诚斋尤笃师友之义，凡少时有一字之师者，必谨而称之曰某人先生，未尝独以字称。清纯刘先生卒，为之制服。）

（以上为应俊《续编》）

八、保坟墓

坟墓者,父母之所由归,而子孙之所由生也。父祖子孙同气,亡者安,则存者安,亦其理也。人所贵有子孙者,为其死而坟墓有所托耳。世未有坟墓不守,而子孙昌盛者。唐柳子厚谪永州,与许孟容书曰:"先墓在城南无异,子弟为主,惧便毁伤松柏。刍牧不禁,以成大戾。"此惟恐亡墓为人毁伐也。(郭原平贸家赀,贵买坟前田数十亩,今之人乃有鬻其赡茔田者。程伊川择地法,要使异日不为耕犁所及,今之人乃有侵耕墓地者。)今之人乃有望其木思以为材,(《礼》曰:"君子为宫室,不斩于邱木。"世人伐阴宅以修阳宅者,未有不随受其祸也。)视其榛棘思以为薪,(伐而为柴炭者,何地无人?)登其邱墓思发其所藏者。(宝祐、开庆间,乡人艰食,盗发人家甚多,亦有不肖子孙自发其三代之冢者。亡者不得其安,存者随受其害。)使其先代有知,亦将悼其不幸于土中矣。呜呼!尚忍言之哉!

昔有富儿题壁间曰:"家有千万贯,一世不求人。"有续其后曰:"既深三尺土,难保百年坟。"政为此也。

虽然,吾尝闻之唐人有言:"高坟厚垄,珍物毕备,此适所以为亲之累,非曰孝也。"(虞世南《谏厚葬书》)故后周太祖郭威屡戒晋王曰(柴荣,即世宗也):"昔吾西征,见唐十八陵无不发掘者,此无他,惟多藏金玉故也。我死,当衣以纸衣,敛以瓦棺,速营葬,勿久留宫中,勿置守陵宫人,勿作石羊虎人马。惟刻石置陵前云:'周天子平生好俭约,遗令用纸衣瓦棺,嗣天子不敢违也。'汝或违吾,吾不福汝。"(《邵氏闻见录》:"张侍中耆遗言厚葬,晏丞相殊遗言薄葬,二公俱葬淮翟。元祐中,同为盗所发,侍中圹中金玉犀珠充塞,盗未近其棺,所得已不胜慰,皆列拜而去。丞相圹中,但瓦器数十,盗怒不酬其劳,斲棺取金带,亦木也,遂以斧碎其骨。厚葬免祸,薄葬致祸,杨王孙赢葬之计疏矣。"然特一时不幸耳,厚葬诲盗,终不宜也。)夫以天子之尊,犹虑及此,况庶人乎?后之欲保坟墓者,又当于此而思之。(为人子孙,须时月一省坟墓,非但不忘祖宗,亦免外人侵犯。

(以上为应俊《续编》)

宋郭淑和不废古冢（《劝戒图说》）

九、重本业

（郑至道原文略）

宋盛德平民务本（《劝戒图说》）

十、崇忠信

人之所以异于禽兽者，以有人理也。人理莫大于忠信，忠则不欺于心，信则不欺于人。人能内不欺心，外不欺人，然后可以为人，而异禽兽矣。苟能力行不息，则明无人非，幽无鬼责，天地祐之，鬼神福之，亲族信之，乡党敬之。其在世也，岂不乐哉！若不忠不信，怀私饰诈，内以欺心，外以欺人，则人理绝灭，去禽兽不远矣。如此则明有官府之典刑，幽有鬼神之谴责，不协于亲族，不齿于乡党，又何利焉？

三代之时，人人有士君子之行，虽小夫贱隶、妇人女子，皆知蹈履忠信，不敢为欺。何必古之时，近世如包孝肃公尹京时，民有自陈："某人以白金百两寄我，其人死矣，以金还其子，子不肯受，愿召其子还之。"尹召其子，其子辞曰："亡父未尝以白金寄人。"两人相逊久之。又尝亲见田间一老农，时当大旱，人皆诈以求蠲税，独不肯诈。问其故，曰："老夫田偶得荫注，实不伤，若雷同挟诈，是欺天也。"又见一老吏，有乡人诉事于郡，嘱以三十千，后果得理。其老吏遣人送三十千还之，云："此事乃知州自判，我实不曾致力，不敢欺心受此钱也。"后其子登科，人以为不欺之报。又浙西有一牙侩之子登科，人贺之，答曰："老夫自小为牙，以至今日，未尝欺瞒官司一文税钱，所以获此报。将来儿子受得官中俸钱，亦无愧也。"如此数事，皆可谓不欺心、不欺人者矣。今每见词讼，动饰诈欺，或有伪作契券，揩改簿约，负财赖业，设诈规利，隐减财产，规避赋役，本因喧争，便称被打；本因讨索，便称打劫。情态万状，虚伪百端，皆是自欺其心，以欺他人，岂不大可耻哉！

（以上为彭仲刚《续编》）

《谕俗》之为编，一也。郑君先之以孝悌，彭君先之以忠信。孝悌忠信，等为天爵，不可以二道观也。世未有孝悌之人而不忠信，亦未有忠信之人而不孝悌者。盖能孝于家，必忠于国，入孝出弟，必谨而信。孔子曰："忠信笃敬，可行蛮貊。"孟子曰："孝悌忠信，可挞甲兵。人有天爵，而不贵者，皆自弃也。"余观此篇，特取老农、

宋王震谦厚待人（《劝戒图说》）

老吏、牙侩及无名人之事，亦所以愧上一等人之不忠不信者也。彼无名之人及为农、为吏、为牙侩者，尚忠信如此，况稍有名称，不为农，不为吏，不为牙侩，而不忠信，可乎？孔子曰："少连、大连善居丧，东夷之子也。"言生于夷狄而知礼，所以警中国之不知礼者也。彭君所编，盖得此意，观者可以自警矣。

（以上为应俊《续编》）

十一、尚俭素

俭，美德也，古人之所宝也。禹，圣人也，帝舜称其德曰："克俭于家。"人君富有天下，犹以俭为德，况民庶乎？故曰："俭，德之共也。"又曰："俭，常足。"人能崇尚俭素，深自撙节，省口腹之欲，抑耳目之好。不作无益以害有益，不务虚饰以丧实费。食可饱而不必珍，衣可暖而不必华，居处可安而不必丽，吉凶宾客可备礼而不必侈。如此则一身之求易供，而一岁之计可给。既免称贷举息，俯仰求人，又且省事寡过，安乐无事。故富者能俭，则可以长保；贫者能俭，则可以无饥寒，岂不美哉！

今世之人，不知以俭为美德，而反以俭为鄙笑，往往纵目下之欲，而不恤后来，饰一时之观，而不顾实患，亦可谓愚矣。故富饶之家，日朘月削，浸以不足；中人之产，积逋累欠，浸以贫困。于是见利忘义，苟求妄取，兼并争夺，放僻邪侈，无所不为。农工商贩之家，朝得百金，暮必尽用，博弈饮酒，以快一时。一有不继，立见饥冻。于是相攘相诈，甚至盗窃，身陷刑辟，妻子流离。原其所由，皆不知崇尚俭素之过也。

（以上为彭仲刚《续编》）

司马温公《训俭文》曰："吾本寒家，世以清白相承。吾性不喜华靡，自为乳儿，长者加以金银华美之服，辄羞赧弃去之。二十忝科名，闻喜宴，独不戴花。同年曰：'君赐不可违也。'乃簪一花。平生衣取蔽寒，食取充腹，亦不敢故服垢弊，以矫俗干名，但顺吾性而已。众人皆以奢靡为荣，吾心独以俭素为美。人皆嗤吾固陋，吾不以为病，应之曰：孔子称'与其不孙也，宁固'，又曰'以约失之者，鲜矣'，

至道清风
莆籍廉官天台知县郑至道文化

宋司马池宴客从俭（《圣谕像解》）

又曰'士志于道而耻恶衣恶食者，未足与议也'。"古人以俭为美德，今人以俭相诟病。嘻，异哉！近世风俗尤为侈靡，走卒类士服，农夫蹑丝履。吾记天圣中，先公为群牧判官，客至，未尝不置酒，或三行、五行，多不过七行。酒沽于市，果止于梨栗枣柿，肴止于脯醢菜羹，器用瓷漆。当时士大夫家皆然，人不相非也。会数而礼勤，物薄而情厚。近日士大夫家，酒非内法，果肴非远方珍异，食非多品，器皿非满案，不敢会宾。常数月营聚，然后敢发书。苟或不然，人皆非之，以为鄙吝。故不随流俗者鲜矣。嗟乎！风俗颓弊如是，居位者虽不能禁，忍助之乎？又闻昔李文靖公为相，治居第于封邱，门内厅事前仅容旋马。或言其大隘，公笑曰："第当传子孙，此为宰相厅事诚隘，为太祝奉礼厅事已宽矣。"参政鲁公为谏官时，真宗遣使急召之，得于酒家。既入，问其所来，以实对。上曰："卿为清望官，奈何沽酒于肆？"对曰："臣家贫，客至，无器皿果肴，故就酒家觞之。"上以其无隐，益重之。张文节为相，自奉养如为河阳掌书记时，所亲或规之曰："公今受俸不少，而自奉若此，公虽自信清约，外人颇有公孙布被之讥。公宜少从众。"公叹曰："吾今日之俸，虽举家锦衣玉食，何患不能，顾人之常情，由俭入奢易，由奢入俭难。吾今日之俸，岂能常有，身岂能常存，一旦异于今日，家人习奢已久，不能顿俭，必致失所。岂若吾居位去位，身存身亡如一日乎？"呜呼！大贤之深谋远虑，岂庸人所及哉？御孙曰："俭，德之共也；侈，恶之大也。"共，同也。言有德者皆由俭来也。夫俭，则寡欲。君子寡欲，则不役于物，可以直道而行；小人寡欲，则能谨身节用，远罪丰家。故曰"俭，德之共也"。侈则多欲，君子多欲则贪富贵，远道速祸；小人多欲，则多求妄用，败家丧身。是以居官必贿，居乡必盗。故曰"侈，恶之大也"。昔正考父馆粥以糊口，孟僖子知后必有达人。季文子相三君，妾不衣帛，马不食粟，君子以为忠。管仲镂簋朱纮，山节藻棁，孔子鄙其小器。公叔文子享卫灵公，史鱼酋知其及祸。及戍，果以富得罪出亡。何曾日食万钱，子孙以骄溢倾家。石崇以奢靡夸人，卒以此死东市。近世寇莱公，豪侈冠一时，然以功业大，人莫之非。子孙习其家风，今多穷困。其馀以俭立名，以侈自败者，多矣，不可遍数。聊举数人以训汝。汝非徒身当服行，当以训汝子孙，使知前辈之风俗云。

（以上为应俊《续编》）

十二、戒忿争

一朝之忿，可以忘身及亲。锥刀之争，可以破家荡业。故忿争不可以不戒。大抵忿争之起，其初甚微，而其祸甚大。所谓涓涓不壅，将为江河；绵绵不绝，或成网罗。人能于其初而坚忍制伏之，则便无事矣。性犹火也，方发之初，灭之甚易。既以焰炽，则焚山燎原，不可扑灭。岂不甚可畏哉！俗语有云："得忍且忍，得戒且戒。不忍不戒，小事成大。"试观今人忿争致讼，以致亡身及亲，破家荡业者，其初亦岂有大故哉？被人少有所触击，则必忿；被人少有所侵陵，则必争。不能忍也，则詈人，而人亦詈之；殴人，而人亦殴之；讼人，而人亦讼之。相怨相仇，各务所胜。性既炽，无缘可遏。此亡身及亲，破家荡业之所由也。莫若于其将忿之初，则便忍之，才过片时，则心便清凉矣。于欲争之初，则且忍之，果所侵有利害，徐以礼貌问之，不从而后徐讼之于官可也。若蒙官司见直，行之稍峻，亦当委曲以全邻里之义。如此，则不伤财，不劳神，身心安宁，人亦信服。此人世中安乐法也。比之忿斗争竞，丧心费财，伺候公庭，俯仰胥吏，拘系囹圄，荒废本业，以至亡身及亲，破家荡产者，不亦优乎？

（以上为彭仲刚《续编》）

人心有所忿者，必有所争。有所争者，必有所损。忿而争斗损其身，忿而争讼损其财。此君子所以鉴《易》之《损》而惩忿也。昔唐娄师德戒其弟曰："吾甚忧汝与人相竞。"弟曰："人唾面，亦自拭之。"师德曰："凡人唾汝，是其人怒也。拭之，是逆其心，何不待其自干？"又有人问吕荣公（希哲，字原明）曰："为小人所詈辱，何以处之？"公曰："上焉者知人与己本一，何者为詈？何者为辱？自然无忿怒心。下焉者且自思曰：'我是何等人，彼为何等人，若是答他，与他一等。'如此自处，忿心自消。"人能如二公之言，无所争矣。晋刘伶尝醉与

明崔鏄息讼还金(《圣谕像解》)

俗人相忤，其人攘臂奋拳而往，伶曰："鸡肋不足以当尊拳。"其人笑而止。此可谓能消忿心，而不与人争斗者也。尚书杨玢致仕归，长安旧居多为邻里侵占。子弟欲诣府诉其事，玢批状尾云："四邻侵我我从伊，毕竟须思未有时。试上含元（殿名）基上望，秋风吹草正离离。"子弟不复敢言。此可谓能消忿心，而不与人争讼者也。（魏子曰："己是而彼非，不当与非争。彼是而己非，不当与是争。"）彼二女争桑，至于灭邑，（楚边邑脾梁之女与吴边邑处女蚕争界上桑，二家相攻，吴国不胜，遂更相伐，灭吴之边邑。吴怒伐楚，取二邑而去。出后汉赵晔《吴越春秋》。）兄弟讼田，至于失欢，（清河百姓乙普明兄弟争田，积年不断，太守苏琼谕之曰："天下难得者兄弟，易求者田地。假令得田地，失兄弟心，何如？"普明兄弟叩头乞外，更思分异十年，遂还同住。）皆忿心使之耳。况又有哗徒恶党，激之使斗，唆之使讼，不至亡身及亲，破家荡产不已也。（何提刑耕《谕俗诗》曰："时闻忿怒便行拳，招引官司在眼前。下狱戴枷遭责罚，更须枉费几多钱。""他侵我界是无良，我与他争未是长。布施与他三尺地，休夸谁弱又谁强。""写状唆人去入官，入时容易出时难。引人平地破家产，他在傍边冷眼看。""伤人利己事多端，唆讼尤为第一般。二竞力疲俱愿息，中人未了又经官。"）《传》曰："鹬蚌相持，渔人之利。"（《春秋后语》：苏代曰："臣过小水，见小蚌方出暴，而鹬啄其肉，蚌合而挟其喙。鹬曰：'今日不雨，明日不雨，必见蚌脯。'蚌亦曰：'今日不出，明日不出，必见鹬死。'鹬蚌两不相舍，渔父得而并擒之。"）谚曰："与人不足，喷人相论。"起屋斗讼者，盍亦反而思之，曰："激吾之斗者，必有所为也；唆吾之讼者，必有所图也。吾可中其计乎？"思念及此，则斗讼之心自冰释矣。必不得已而至斗，斗而至于讼，略求直可也，必求胜不可也。

淳祐初，尚书江古心万里守吉州，其《劝农文》有曰："如里巷间、朋友亲戚间有讼，或是一家兄弟骨肉自有讼，某曲某直，虽是见得分晓，直者不必甚胜，曲者不必甚负，宁为民间留有余不尽之意，使亲戚依旧成亲戚，朋友里巷依旧成朋友里巷，自家兄弟骨肉依旧成兄弟骨肉。"

其意甚忠厚也。官司大率忠厚如此，而昧者不察，往往自县而州，自州而台部，词讼不已，必欲求胜，宁不自取终凶之祸哉？此亦乡无善士以表率之，礼义消亡，风俗颓败，以至于此。独不见邻邦之美俗乎？渝川吴寺丞家世有典型，乡人则之，兴于礼义。十数年来，间有争者，不质于官，而质于其孙吟峰先生（燮，字和卿），以其平心率物，公是公非，足以服人也。至有畏其公议，望庐而返者，相与言曰："宁自议让，无使吟峰先生闻之。"人以为有王烈之风焉。尝考《宜丰图志》，见邑之前辈亦有此风，如无为居士蔡中奉（字伯恭），筑义方书院，以教乡人，讼者亦不愬于官，而决于居士。想见当时风俗淳厚，虽有争讼，亦不如今日之甚也。呜呼！中奉已矣，九原不可作矣。虽无老成，尚有典刑。是邦大夫之贤者与其士之仁者，有能化风俗而不化于风俗，使乡邑之间，薰其德而善良，卖私斗之剑以为牛，移教讼之笔而传孝，庶不与南康、庐陵、宜春三郡，并蒙恶声。（谚云："瑞袁虔吉，头上插笔。"虔，即赣州。吉，南康郡。）且不负江西道院主人为父老雪耻之意，亦俊区区之所望也。（枢相雷文简公孝友之高祖新鼎臣，为人长者，乡里号曰"慈悲居士"。祖就有道，屡魁郡庠。父孚保信，由上舍登进士第，居官清白长厚，好德尚义。新以枢相恩，赠太子太保，就赠太子太傅，孚赠太子太师。按《图志》云：自唐雷衡咸通中人，至孚十一世，未尝讼人于官。时以为积善之报。公，宜丰人也，因附录于此，以为邑人争讼者之劝。

（以上为应俊《续编》）

十三、谨户田

常人之家，每被官司追呼禁系，不得安宁者，多缘户门之事，田产之争。此最不可不谨也。大抵税赋宜及早输纳，不使违期，差役合依理承认，不须妄纠。以至交易尤当审细，须防卑幼寡妇重叠私取之类，致有违碍。又须钱物过度牙保契要之类，凡事分明具账。取问亲邻，依限投印契书，即时交业抱税。无纽债负，以准折交易。无抬虚价，以蒙昧亲邻。无诡名隐寄，以避免赋役。无广作四至，以包占他

汉仇香役民耕桑（《圣谕像解》）

业。抱税则尽其数，不可使少抱。未抱则还其钱，不可使代纳。已典而就卖者，酬其价。限满而取赎者，听其赎。理曲而被诉者，还其业。其或理直而有争竞，则当闻之于官，不可强种强割。强种强割，势必斗争，忽有杀伤，必遭刑败。至于分析财产，务在和平，宁可敦笃亲属，损己分以资骨肉，不可争诉州县，竭家赀以奉吏胥。如前数事，苟能谨守力行，无贪小利而不念大患，无见目前而不恤后来，无争虚气而不思实祸。如此，则追呼不至其门，刑责不及其身，在家无耗费之财，与人无争忤之怨，岂不乐哉！

（以上为彭仲刚《续编》）

十四、积阴德

人之所以能安身立家、长育子孙者，不可但恃其智力而已，必积行阴德，而后为天地之所祐，鬼神之所福，则其身康强，其家昌盛，其子孙逢吉。苟惟矜恃智力，多行不义，不祐于天地，不福于鬼神，未有不祸败而覆亡也。若不在其身，必在其子孙。故阴德不可以不修也。

夫所谓阴德者，何也？知善之可欲而力行之，知不善之不可为而不为，不求知，不责报，不以隐显二其心，夫是之谓阴德。能行阴德者，不矜智以诈愚，不逞勇以苦怯，不恃强以陵弱，不挟众以暴寡。不以口腹之欲而戕杀物命，不以己私之利而妨害他人。凡事之有负于心、有害于物者，皆不忍为也。凡事之有便于人、有利于众者，皆所乐为也。宁可输人便宜，不可讨人便宜。苟能如是，岂不为天地所祐、鬼神所福哉？如近世所见人行数事，皆获善报。或平价粜谷，求济饥民；或高赀置产，深怜失业；或得业即时受税，不使虚挂名籍；或买业亦许收赎，不欲夺其祖产；或周旋族党闾里，极其欢心；或存抚鳏寡小弱，时加赈恤。见人不善，委曲劝诲；闻人祸患，多方救解。修桥道以便行人，筑堰埭以利农亩，散药食以济病人，为粥食以食饿者。怜男女之无归，而为之婚嫁，悯旅丧之不举，而为之津遣。收弃子于路，而养育以俟其长；拾遗物于道，而标记以待其取。如此之类，不一而足，往往身获寿考，家道兴隆，子孙蕃盛。阴德之报，岂诬也哉！

172 至道清风

莆籍廉官天台知县郑至道文化

唐徐宗仁做船济渡（《劝戒图说》）

（以上为彭仲刚《续编》）

"积善之家，必有馀庆；积不善之家，必有馀殃"。此《易》辞也。《易》六十四卦，凡事不言，必独《坤》之《文言》论积善有庆，积不善有殃，断以两"必"字言之，以其效之必应也。夫圣人言积善不于他卦，而独于《坤》卦者，以坤属阴，一元之善在坤，为阴德也。积阴德者，必有福庆；不积阴德者，必有祸殃。盖人有一二善，未必便有善报。（《左氏传》曰："天之假助不善，非祚之也，厚其凶恶而降之罚也。"）然今日作一善，明日作一善，积之不已，人钦神相，福庆必来。今日作一不善，明日作一不善，积之不已，人钦神相，福庆必来。今日作一不善，明日作一不善，积之不已，人怨神怒，祸殃必至。故圣人《系辞》又申之曰："善不积不足以成名，恶不积不足以灭身。"成名即庆也，灭身即殃也，岂惟身名而已哉？

《易》之所谓馀者，言其殃庆尚及子孙也。前汉于公为县狱吏，尝曰："我治狱，多阴德，未曾有所冤，子孙必有兴者。"至定国为丞相。陈平封曲逆侯，尝曰："吾多阴谋，道家之所禁。吾世即废，亦已矣。"至曾孙何而绝。夫于公阴德之多，善之积也，虽身为县吏，而子孙至于丞相。则善之有馀庆，诚可必矣。陈平阴谋之多，不善之积也，虽身为将相，而子孙至于绝灭。则不善之有馀殃，亦可必矣。以是观之，则善与不善，顾在人所积何如耳，而馀庆、馀殃，皆于子孙见之，人又何苦不为善而为不善耶？虽然，圣人于《益》之《大象》又曰："风雷益，君子以见善则迁，有过则改。"而《象》辞亦以有庆言之。然则积善固有庆也，迁善亦有庆也。积不善之家，有能悔过，洗心向善，亦可转祸为福。如近世信州周才美家，其子娶妇，贤德能干。翁令分管家务，付与斗斛秤尺，各有两件，谕以所用出纳、轻重、大小、长短名色。其妇不悦，拜辞舅姑："不愿为妇，恐他日生子败家，以谓妾之所出，枉负其辜。"翁愕然曰："吾家薄有田业，可供伏腊，何遽辞去？"妇曰："公平日所为，有逆天道，妾心有愧，居之不安。"翁曰："汝言诚是，当悉除毁。"妇曰："未可。"问其所用年数若干，翁曰："约计二十馀载。"妇曰："必欲妾留此侍奉，若许以小斗量入，大斗量出，小秤短尺买物，大秤长尺卖物，以酬前日欺瞒之数。果能如是，妾即愿留。"翁感悟，欣然许诺。其妇后生二子，皆少年登科。嗟夫！才美何如人也，改过自新，尚获贤孙之报。《传》曰："人谁无过，过而能改，善莫大焉。"才美有之，因并举以为世俗劝。

【附】倪尚书思《劝积阴德文》

夫积土成山，积水成池，阴德之在人也亦然。于公治狱不冤，而子孙以兴。孙叔敖埋蛇去害，而其身以贵。报应之理，捷于影响。夫所谓阴德者，非独富贵有力者能为之，寻常之人皆可为也。世有乐施者，施棺椁，砌水井，修桥路，行此等事，固其一念之善，然作用彰彰在人耳目。此乃为阳德也。惟能广推善心，务行方便，不沮人之善，不成人之恶，不扬人之过。人有窘乏，吾济之；人有患难，吾救之；人有仇雠，吾解之。不大斗衡以倍利，不深机阱以陷物。随力行之，如耳之鸣，惟己自知，人无知者。此所谓阴德也。隋李士谦之语："今日为之，明日又为之，今岁作之，明岁又作之。"则所谓积者，如是而已，岂有甚高难行之事哉？然世之人鲜有能至焉者，以其未知存心故也。苟能以存心为先，开方便之门，行正直之道，不望报，不邀功，则天之报也殆见。福寿增崇，门户昌盛，子孙光显，有不可得而辞者矣。佛氏有言："修善因，结善缘，永得人身，生生富贵，代代荣昌。"又曰："作福相似，来生我家。与我同志勉之可也。"又曰："好阴地不如好心地，好住场不如好肚肠。心地肚肠好，子孙代代昌；心地肚肠恶，子孙代代殃。君不见，无限朱门生饿殍，几多白屋出朝郎。岂因风水能如此，盖为前人行短长。风水人间不可无，亦须阴德两相扶。若无阴德凭风水，再生郭璞也难图。"

（以上为应俊《续编》）

四、元代左祥补续《谕俗编》

十五、择朋友

窃谓友者，所以辅仁也。自天子至于庶人，莫不资友以成其德。人徒知朋友居人伦之后，而不知为当先也。君臣、父子、夫妇、长幼，所以有义、有亲、有别、有序者，非朋友相与讲明之，鲜有能尽其道者矣。是以古之圣贤修道立教，必重乎此而不敢忽也。自世教衰，君臣、父子、夫妇、长幼之伦所以废坠者，岂有他哉？盖朋友道缺，无有以相与辅成之故也。且人生而蒙，长无师友则愚。推明义理，指引涂辙者，师之功也。而其所以渐摩诱掖，讲学明伦，以成德性者，朋友之力也。从师固不可不择，而交友尤不可不择也。（《文中子》曰："君子先择而后交，故寡尤。"韩子曰："怀道守义，非其人不交。"赵典不交非德，陆龟蒙不交流俗，郅原至汝南止交范孟博，李膺居颍州独友陈仲弓。是数者，皆知所以择交也。）

孔子曰："友直，友谅，友多闻，益矣。友便辟，友善柔，友便佞，损矣。"此正所以教人择交也。奈何后世交友者，直谅多闻者，反见疏；便辟善柔便佞者，反见亲，其不几于侮圣言乎？唐宰相王珪少与房、杜善，母李氏曰："而必贵，未知所与游者何如人，试与偕来会。"玄龄等过其家，母大惊，敕具酒食。宋密学张奎、弟密省元，母宋氏亲教二子读书，客至，辄于窗间听之。客与二子论文学、政事，则喜为设肴馔，或闲话戏谑，则不设也。盖气习美恶，最能移人趋向，苟差，成就顿异，可不慎欤？二母妇人也，尚知此义，况男子为人父兄者，可不知此乎？

或谓人之禀质，各有不同。质美者，虽与不善者同居，自知为善，不肯为恶，如其不美，虽有善者，亦无如之何。殊不知人性相近，习则远矣。彼其天资粹美，自止于善，不为流俗所变者，能几何？人下此一等，苟求益友，相与切磋琢磨，质稍美者，可使进之于善，恶者亦可使化而为善也。《家语》曰："与善人居，如入芝兰之室；与不善人居，如入鲍鱼之肆，久则与之俱化。"岂虚语哉？此其交朋友不可以不择也。

至道清风

莆籍廉官天台知县郑至道文化

唐白敏中不负至交(《圣谕像解》)

虽然，以予观之，友义之所以失，亦由学者有以致之也。古之学者平日所与讲明，无非人伦日用所当然之则，所以然之理，善则相勉，过则相规。今之学者，专尚华靡，群居较艺，争长竞短，互相排毁，终成雠衅。朋友之义既无，况能讲夫人伦日用之道哉？欲其士风民俗之厚也，不亦难乎？使其后生晚学无所效慕，不知君臣、父子、夫妇、长幼之义所当讲明，而乃弃本趋末，习为浮躁之归，果何益哉？甚至忘义徇利，相诱习吏，刻剥善良，虽邻里亲戚，亦鲜不为之吞噬。君子之学，果如是耶？其有不然者，则相与好闲游手，破荡家产，始则拍肩握袂，执俗乐，学歌舞，昼夜酣饮，游戏无度，终则赌博奸偷，靡所不为，灾及其身，以累其亲。不孝不义，罪莫大焉。言而至此，良可太息。为士民者，习已成俗，纵不知愧，宁不为州县耻耶？

祥忝赞潮郡，日观讼牒，违理犯义之事，比比皆是。原其所由，岂非交游之不择，讲明之无素使然乎？故不能自已于言。凡尔士民，幸而察之，著之于心，行之于身，诲而子弟，谕乃乡邻，使人皆知向善背恶，同为君子之归。海滨邹鲁之风，以渐而复，顾不美哉？

（以上为左祥补续）

五、《谕俗编》续补作者简介

（一）彭仲刚

彭仲刚（1143—1194），字子复，南宋浙江温州平阳县金舟乡彭堡（今苍南县金乡镇彭家堡村）人。父彭汝砺是处士，素爱读书，严格教育子女，乡里称之为"善人"。彭仲刚登乾道二年（1166）进士，历官浙江金华县主簿、临海县令、两浙运司均斛官、国子监丞、全州知州等。绍熙五年（1194），提举浙东常平，惜诏下彭氏病卒。著有《彭监丞集》、《谕俗续编》（又称《广谕俗》）、《监丞集》。

（二）应俊

应俊，生卒年不详，号东野，南宋浙江台州天台县（一说临海）人，嘉熙二年（1238）进士，景定间至咸淳初历官江西新昌（宜丰）、浙江绍兴县令。咸淳五年至七年（1269—1271）任处州知州。《古今万姓统谱》载："应俊，天台人，号东野，景定知新昌，弭盗安民，政教兼举，尝奏罢县税务，有《琴堂谕俗编》行于世。"应氏实际为《谕俗编》辑补者之一。

（三）左祥

左祥，生卒年不详，字祥卿，元江西抚州新城县旌善乡（今江西黎川县北部）人，元仁宗时以秀才举任翰林从事，得名儒吴澄赏识，称赞他"才优守固，必为良吏"。泰定二年（1325），授承直郎、广东香山（今中山市）县尹。历潮州路经历、增城县尹、万安知州、广安知府等，卒于任。在任时注重提高政教风气和改进社会风俗。作《劝学文》以训导社学弟子，增续郑至道、彭仲刚《谕俗编》和《谕俗续编》以警世。与士子讲授程朱理学学说。

第七章 郑至道思想理念的现代价值

台州天台县历史文化底蕴丰厚，天台地方官留下的精神也是一笔宝贵文化遗产。唐宋时期，天台邑令不乏宗室名儒，如唐代的李璥、王潜，宋代的石牧之、太史章、陆淞（陆游兄）、赵希俣、赵与悥等都有天台县令经历。宋代莆人郑至道在治理天台时，则能将莆田文献名邦的优秀文化传统所孕育出来的重廉耻、惜行检等清廉思想，以及以人为本、刚健有为、贵和尚中等醇谨资性，运用于其从政实践，形成了一套郑至道思想理念，包含作风清廉、敢于担当、从政为民等理念和价值观。其思想理念，不仅在古代社会受到人们的褒扬，在现代社会依然具有其文化价值、教育价值和警示价值。

第一节　郑至道思想理念的现代文化价值

郑至道的思想理念集中体现于其所著《谕俗编》一书。他在《谕俗编》中开宗明义指出其书是"采诸经传，择其文理易明而可以感动人之善心者"而编撰的。清乾隆朝，《谕俗编》（《谕民书》）七篇与其续书整合为《琴堂谕俗编》二卷，收录《四库全书》，影响范围广泛。另外，郑至道在天台治理过程为政清廉、政绩卓著，则是其思想理念的实践。他革除陋俗、开发天台山水人文文化等政绩，为后人留下丰富的文化遗产，这些思想理念和为官政绩，具有创新意义，是值得继承和弘扬的文化遗产。

一、郑至道的思想理念

郑至道出生于莆田书香门第、簪缨之家，自幼受到莆田文献名邦科举文化、家风文化等儒家文化的深刻影响。他勤于学习、登科及第、入仕为官，受莆仙家族文化中的重视官德、尽忠报国、光宗耀祖、名垂后世等传统观念的长期浸淫，形成"以民为本、清廉淡泊、立身唯正、慎于交友"等思想理念，其思想精髓至今仍具有文化传承价值。[1]

（一）以民为本的政治哲学

宋代，随着理学的深入和发展，儒家的民本思想进一步得到发扬光大。许多士大夫在家教中都重视教导子弟为官应以民为本。莆仙文化中蕴含深厚的爱民恤民理念，深刻影响郑至道思想理念的形成和固化。他在天台县令任上，兴利除弊，同情百姓遭遇，纠正冤假错案，减少灾民田赋，呈奏许多利国利民的奏折，提出许多解决民生问题的办法，深刻践行"以民为本"思想理念。郑至道也是"士农工商，四民之本"理念的最早、最明确的宣示者。一些学者还认为："北宋天台县令郑至道在中国古代经济思想史上提出士农工商'四民皆本'的思想，恐与中国佛教天台宗创始人智者大师的'治生即道'思想以及寒山子'丈夫莫守困，无钱须经纪'

清代杨柳青《士农工商》年画

---

[1] 宋建晓：《宋代家教中的官德教育思想及其启示》，《决策探索（上）》，2020年第4期。

的穷则思变理念有关。"[1]这是分析郑至道思想理念形成的另一学术新角度。

（二）清廉淡泊的生活操守

"清廉淡泊"既是郑至道为官箴言，也是其生活操守。宋代商品经济空前发达，对官场风气有较大的冲击，许多官员为了发财致富、挥霍享受，利用手中的权力贪污受贿，或者非法经营商业，唯利是图。对此，一些有识之士在家教中特别注意对子弟进行为官须清廉淡泊的教育。因莆田古代清官廉吏大都是进士或举人出身，所以都具备良好的学识。根据史书记载，莆田官员几乎都具备良好的道德品质：诚实守信、勤勉尽责、俭省节约、正直廉洁。这些官员实践能力强，有魄力，在具体事务中处理问题、完成任务均显示出良好的人格魅力。这些清官现象得益于莆仙风清气正的清官廉脉文化的长期滋养，具体表现为德才兼备、克己律己、以上率下、尊老孝亲、为政俭廉、勤政恤民、铁面无私、恪守正道、重视名节等。另外，莆田清官廉吏修身立德的家风家训，渗透于子女理想信念及道德品质的教育，为他们成年后的人生道路奠定了道德根基。郑至道为政宽简，邑人悦服，是一位深受百姓爱戴的廉政官员。清廉从政，淡泊名利，是郑至道精神的精髓之一。

（三）立身唯正的行事原则

所谓"立身唯正"就是要求官员在当政行事时应坚持公心，忠于国家，刚正不阿，不徇私情。朱熹曾说："官无大小，凡事只是一个公，若公时，做得来也精彩，便若小官，人也望风畏服。若不公，便是宰相，做来做去也只得个没下梢。"（《朱子语类》）士人无论优劣，都要尽忠报国，所谓"出身事主，不以家事辞王事；为人臣，无以有己。吾说如此，更以大义，裁断之"（北宋学者胡安国语）。官员处理政事，必须时时站在国家朝廷立场上，公正处断。为官者只有加强自身的学习，提升个人修养，提高治国理事的能力，才会获得升迁。郑至道的从政经历和百姓对他的崇拜挽留，是他维护良知、仁爱宽容之美德和立身唯正之行事原则的最好注解。对当代公职人员来说，应当深刻认识到公正、公平、谨慎、廉洁的重要性，并在为官、办事、独处、立身时，始终

---

[1] 周琦：《论寒山子诗所反映的唐代江南民俗》，《台州文化学刊》，2010年第3—4期合刊，第107页。

坚持原则，维护公正，促进和谐。

（四）互敬互爱的家庭示范

郑至道《谕俗编》中《爱兄弟》《睦宗族》《恤邻里》等文，蕴含丰富的互敬互爱、家庭和谐思想。长辈们在教化文中往往会给子孙一些交友的建议，如要注意选择朋友。交友要严己宽人，互敬互爱。交友要平等相待。如"居处须是居敬，不得倨肆惰慢。言语须要谛当，不得嘻笑喧哗。凡事谦恭，不得尚气凌人，自取耻辱"等。互敬互爱是家庭幸福的基础，也是家庭美丽幸福的源泉。互敬互爱也是爱岗敬业，乐于奉献的基础。在家风家教中更需要加强互敬互爱的教育，要先尊重老人，孝敬父母献爱心的"百善孝为"理念。要团结邻里，互帮互助，达到为大家排忧解难，只有大家都幸福了，才是真正的幸福。

二、旅游文化价值

郑至道所作《刘阮洞记》，对台州乃至浙东地区都具有重要的旅游文化价值。通过郑至道《刘阮洞记》的宣扬，天台刘阮洞不但为后世旅游文化研究留下重要的文献史料，且构建了具有地方特色的集体记忆。台州天台及浙东的文人活动带来了集体记忆的相互碰撞、融合与发展，经过几个时代的积累变革，为台州及浙东地区人民带来了"人杰地灵"的文化认同。[1] 刘阮洞以自然山水之风光为基底，通过融入宗教文化、民间传说等文化意蕴，为台州及浙东山水营造了或神秘或玄奇的氛围。北宋元祐年间，郑至道据前代所传《天台图经》，寻访山僧，考证并捐俸修复刘阮遇仙遗迹，"凿山开道，立亭于其上，环亭夹道，植桃数百本"[2]，翌年春天，他与县尉郭仪等人为桃源各处胜景命名，如"鸣玉涧""桃花坞""金桥潭"等等，贴切而雅驯，所作《刘阮洞记》真实记录了他们的创造性劳动。明代旅行家徐霞客在《游天台山日记后》中也记载了桃源洞入口左右"双鬟诸峰娟娟攒立，岚翠交流，几不能去"的景象[3]。元代，桃源

---

[1] 管开元：《"浙东唐诗之路"文化线路风景园林历史、特征及保护研究》，浙江农林大学硕士论文，2024年，第112页。

[2]〔宋〕陈耆卿纂：《嘉定赤城志》卷二十一，《宋元浙江方志集成》第11册，杭州出版社，2009年版，第5306页。

[3]〔明〕徐宏祖：《徐霞客游记》，北京燕山出版社，2007年版，第36页。

桃源村刘阮庙

洞被列为"天台山八景"之一,即"桃源春晓"。

据载,郑至道还主持创建刘阮庙于桃源溪口(新昌桃源村刘门山有同名庙);元代至元间,道士陈贯道又建有桃源院,惜后废,但留下不少文人吟咏作品。

据明嘉靖进士叶良佩《天台山记》描述:

> (刘阮)洞去护国二里之遥,洞口如门,有古木神祠。沿涧而上,两山绣壁参差,夹涧流水,随山曲折,时漱石有声,曰鸣玉涧。水壖草树芊绵,东崦特葱蒨可喜,曰桃花坞。又折而北上,路渐艰涩。及水穷而路尽,有巨潭,渟澈如镜,中有洞门潜通山底,其深莫测。陈子曰:"此所谓金桥潭也,即刘晨、阮肇遇真处。"潭之南有磐石,可列坐以饮,御史取酒会饮其上。[1]

"刘阮遇仙"的传说一直滋益周边的自然山水——以桃源洞为核心,内部有鸣玉涧、桃花坞、金桥潭等景点。从今天刘阮洞(桃源洞)周边的地理格局来看,"鸣玉涧"应为今"惆怅溪"。根据清阮元《重订天台山方外志要》所

---

[1] 许尚枢主编、徐永恩选注:《天台山游记选注》,西安地图出版社,2004年版,第52页。

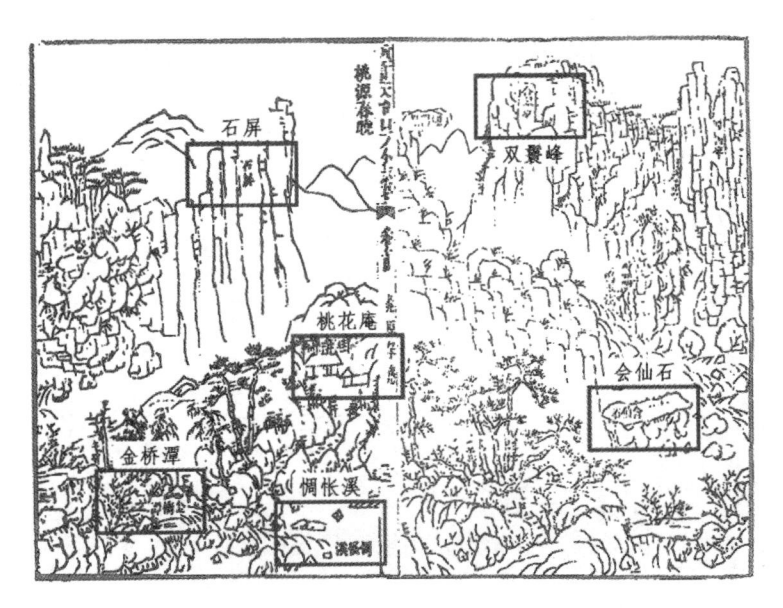

桃源洞周边风景分布（管开元绘）

载天台八景图之一——《桃源春晓图》，以"刘阮遇仙"传说命名的景点，还有桃源洞旁的双鬟峰、桃花庵、会仙石等。刘阮洞（桃源洞）能成为天台历代士民寻幽揽胜的场所，郑至道首倡开发之功自不可没。

三、品牌文化价值

（一）"松关留郑"的文化品牌

郑至道之所以能在天台有重要的影响力，主因是他的为政思想和爱民思想成为天台官员的典范，其影响波及整个浙江政治界、学术界。他关心民间疾苦，重视开发天台，注重教化百姓，深刻影响了基层民间治理实践。"松关留郑"

《桃源诗意图》（天台寒石画）

故事不仅表现了天台人民对一位廉官的敬意,也是天台人民引以为傲的一块文化品牌。今天,天台人依然津津乐道郑至道的"松关留郑"事迹。打造"松关留郑"文化品牌,加强新时代廉洁文化建设,从中华优秀传统文化中汲取养分,将有助于教育引导广大党员、干部正心修身,从而涵养文化,守住为政之本,并在全社会树立重品行、正操守、养心性的廉洁文化导向。郑至道故事对加强新时代廉洁文化建设,教育引导广大党员、干部增强不想腐的自觉,清清白白做人、干干净净做事也是重要的生动教材。

(二)"刘阮传说"的文化品牌

《刘阮洞记》是一篇记载郑至道等官员开发当地旅游资源的纪实散文,无论是丰富的内容,还是优美的文笔,都展现了独特的文化价值。打造"刘阮传说"文旅品牌在当地具有现实意义。刘阮传说之所以脍炙人口,经久不衰,在于它构拟了一个自由幸福的人间仙境,表达了百姓对和平生活的渴望。对于兵连祸结、战乱纷扰的魏晋南北朝时期的百姓来说,那是一处梦寐以求的理想世界。刘阮传说也表现了封建时代女性对爱情的渴望与追求,刘阮传说以人仙相爱为主题,塑造了两位热情奔放的仙女形象。人仙恋爱,这种质朴自然的男女之爱体现了道家的"天人合一",更体现了情性和合之意。二位仙女大胆追求爱情,实现灵与肉的结合,正是魏晋南北朝时期社会风尚的曲折反映,表达了百姓对美好爱情的向往。因此,刘阮传说还具有认识鉴赏价值。

北宋郑至道率民开发桃源,吸引了明代徐霞客两度游览桃源,欲穷其胜。明代地理学家王士性也有感于桃源的秀丽风光,曾修建俪仙馆,期待仙女再次降临。"桃源春晓"吸引了历代无数的文人墨客和平民布衣前来观光揽胜。2016年,浙江省天台县创建首批国家全域旅游示范区,天台县白鹤镇依据"桃源"这一特有的人文资源,围绕"牵手桃源、约定今生"爱情主题规划旅游蓝图,提出了"遇仙之旅"的概念,依托刘阮遇仙传说的原型,设计从"美丽家园""悠然田园"到"浪漫桃源""普光仙境"的路线。其中,"美丽家园"指镇区的大型旅游项目刘阮民俗村,"悠然田园"指护国村、下郭洋村和白水村的休闲田园,"浪漫桃源"指"桃源春晓"的核心景区——刘阮遇仙之地,"普光仙境"指普光山村、莲花村等山中的仙境古村。刘阮传说在当今日益显示出其品牌价值。

（三）"四民皆本"的文化品牌

"四民"之说，始于先秦经济学家管仲，其《管子·小匡》》曰："士农工商四民者，国之石，民也。"但管子主张并不为后代儒家与统治者所重视。在封建社会"士农工商"四民中，士居首、农次之、工第三、商居末，商人是最贱之业。历代统治者一直强调"重农抑商""崇本抑末"，打压工商之民，对中国历史走向产生了重大负面影响。宋代社会，群体间流动性增强，北宋朝廷要求民众重农，不要舍本逐末，强调"民生性命在农，国家根本在农，天下事莫重于农"[1]。北宋统治者重文轻武，采取了一系列加强中央集权的措施，特别是科举考试人才的扩招，使得更多普通学子可以通过考试进入士阶层。同时，由于商品经济的发展，也有不少农民流入到工商业阶层。正因为"为士者"及"舍本逐末"现象的增多，郑至道才发自内心地说士农工商"皆百姓之本业，自生民以来，未有能易之者也"。在郑至道看来，商人阶层与士、农、工一样，皆为百姓本业，这就颠覆了汉唐以来儒家"重农抑商"之传统观念及施政规则。

郑至道"四民皆本"思想的提出恰当其时。其实郑至道提出"士农工商，四民之本"之时，北宋大臣苏轼、司马光、欧阳修、蔡京等朝廷大臣也都意识到商业对于经济的促进作用。南宋永嘉学派代表人物、临海人陈耆卿收录郑至道的《谕俗编》七篇，显示台州学人是认可郑至道思想观念和价值观的。郑至道强调"士农工商皆百姓之本业"从侧面反映百姓存在"不务本"的现象，社会存在不同群体间的流动。随着社会经济的不断发展，"重农抑商"思想不断松动，士农工商阶层趋于平等，客观上有利于促进社会经济文化的繁荣。可以说宋郑至道的"士农工商皆本业"理论之所以为学界所赏识，就是因为学界关注到了以往很少有人关注的榜谕文。郑至道在《谕俗编》的《重本业》中指出："古有四民，曰士、曰农、曰工、曰商。士勤于学业则可以取爵禄，农勤于田亩则可以聚稼穑，工勤于技巧则可以易衣食，商勤于贸易则可以积财货。此四者皆百姓之本业。"对传统的重本抑末思想提出了挑战和重新的认识。《重本业》中将工商作为本业的观念，得到后代不少政治家的肯定，商人地位也得以明显提高，这不仅是商品经济高度繁荣的反映，同样也为当时各类手工业等商品经

---

[1]〔宋〕黄震：《黄氏日抄》卷七八《咸淳八年春劝农文》，影印文渊阁四库全书本。

营者的大量出现提供了孕育和发展的土壤。

郑至道为"四民皆本"正名，展现了他的敢于担当、求真务实的勇气和关心百姓生活的实事求是精神。《史记·管晏列传》中载古人名言："仓廪实而知礼节，衣食足而知荣辱。"从"重农抑商"到"四民皆本"，及至近代商人"国无商不富，家无商不有"的言论，郑至道对于商业重要性的认知是难能可贵的，对于商业历史地位的转变亦有其独特价值。郑至道认为只有人民富足了，仁义才有所附丽。民不知教的现象在天台特别的突出就是因为地处僻远，人民苦于经营生活而无暇顾及修学。今天我们要学习的是郑至道的勇气和智慧，要从中汲取借鉴其创新精神。

郑至道在北宋时期就提出了"四民皆本"思想，在重农抑商思想占权威地位的封建时代，这一思想的开创性意义不言而喻。郑至道"四民皆本"思想，是台州商人创业精神的最初启蒙，也是台州商人创业精神的渊源所在。打造"四民皆本"文化品牌，对地方商业经济的发展也具有重要的价值。

士农工商财发万金（天津杨柳青年画）

四、莆田与台州的文化交流价值

郑至道定居台州天台，对天台文化的影响很大，"松关留郑"成为莆田与台州文化交流的一个品牌。北宋后莆田、台州两地的官员交流越来越多，士人迁居现象也代不乏人，这对莆田与台州的文化交流创造了条件，对加强莆田与台州在妈祖文化、人员交流、艺文交流等方面交流都具有一定的价值，也为今天莆田市与台州市文化交流提供重要的人文资源和依据，彰显出郑至道思想观念的文化交流价值。

莆田与台州人文交流历史悠久。如唐代天台宗僧人与莆田佛教的交流，广化寺天台宗无际禅师传佛教天台宗至莆田，为莆田佛教传播之始。莆田林氏迁居台州，为莆田与台州人员交流作出贡献，台州玉环市至今还有莆田方言村。南宋诗人刘克庄与天台江湖派诗人戴复古、仙居学者陈仁玉交往密切，刘克庄家族与南宋权相贾似道家族之间实际是因世交形成的交往，而不是所谓投靠权相形成的关系。

莆田人写台州的诗文、台州人咏莆田的诗文、莆田诗人与台州诗人的酬唱诗文等都是两地人文交流的实例。近现代古老的莆仙戏优秀剧目也曾移植台州。如台州玉环县越剧团、台州天台县春亿越剧团都曾移植莆仙戏《春草闯堂》，台州仙居县文工团、仙居莓园越剧团也都曾移植莆仙戏《状元与乞丐》。

妈祖文化是莆田的标志性文化。宋元时期，妈祖文化已传播台州。据方志与宗谱记载，台州林氏始祖林勋，祖籍福建莆田，是闽林始祖林禄的后裔，其父林蒙，是莆田"九牧林"中的七房，林勋为林蒙次子，与妈祖林默娘同为九牧林之后，台州林氏，多尊称妈祖为太祖姑。从元代《台州路重建天妃庙碑》之"台州故有天妃祠，在城东五里"记载看，台州在元至正十三年（1353）就已重建天妃庙，创建时间则可上溯南宋。元英宗至治元年到至顺四年（1321—1333），皇帝遣官致祀的天妃庙共有11座，其中就有台州路天妃庙。《天妃显圣录》中的"温台剿寇"故事，说的是宋代水师军官姜特立奉命进剿温州、台州的海寇，得妈祖神助而得胜。2014年7月，妈祖信仰习俗还入选台州市第五批非物质文化遗产名录。

五、加强莆仙名人宣传的价值

从唐中后期开始，莆仙人才在福建历史上占据重要地位。宋、明两朝，莆仙更以其鼎盛的科举为依托，孕育了一批又一批的杰出人物。明代状元莆田人柯潜曰："莆城巨域，人物英英。"（柯潜《蔡忠惠公墓记》）这些人物中不乏"力学践行，师表后进""致君泽民，又安宗社""随所任使，克举厥职""事亲从兄，笃于爱敬""委身徇国，舍命不渝""兴利除害，以惠乡人"的名人。清乾隆朝编修的《大清一统志》收录莆仙人物144人。乾隆间编纂的《福建通志》收录莆仙名人480人，数量在省内名列前茅。"人物为一郡之柱础，乡邦之光耀"，一代又一代的莆仙名人，以其杰出的才能和突出的贡献，创造了灿烂的莆仙文化，为我们留下了宝贵的精神财富。其中不乏名相良臣、廉官循吏，他们高风亮节、清俭正直、勇于改革的精神，影响一代又一代的政坛和官场风气，他们是莆仙古代官员的代表性群体。

郑至道是莆仙名宦中的一员，他官品不高，但在天台任职期间受到老百姓的喜爱，莆田郑至道式的人物还有许多，如编著谕俗文的郑至道后继者郑杰和廖梯。郑杰，字德俊，景泰四年（1453）福建乡试举人，历万安、河源、青阳三县教谕，性耿直，居官持正，尝编次《守令谕俗编》。廖梯，字云卿，号梅南，正德十二年（1517）进士，他任镇远府知府时，采古贤守化民故事，刻为《谕俗编》，颁行部民。

加强莆仙名人的宣传对如今建设文化莆田具有重要的价值。名人是一种现象，又是一种文化，名人的精神品格以及名人的社会影响是一个地方不可再生的重要资源。著名的德国文化史家斯宾格勒曾说："所有伟大的文化都是城镇文化……但是，真正的奇迹是一个城镇的心灵的诞生。一种全新的群众心灵——它的最后的基础是我们永远也看不到的——突然地从它的文化的一般精神中产生出来。它一旦觉醒了，就为自己形成了一种可见的实体。"[1] 莆仙名臣在其官宦生涯、文化创造过程中形成独具个性与特色的精神品格，其精神品格经过历史沉淀已内化成莆仙文化的优秀组成部分。莆仙丰富的名人文化让莆田城市更

---

[1]〔德〕奥斯瓦尔德·斯宾格勒：《西方的没落》（全译本）第2卷《世界历史的透视》，吴琼译，上海三联书店，2006年版，第79页。

具魅力和竞争力。利用好名人文化资源，是增强莆田城市竞争力，提高城市知名度、美誉度、认可度和整体形象的得力抓手之一，它无疑对推动莆仙城市文化建设和社会协调发展产生助力效应。

第二节　郑至道思想理念的现代教育价值

　　北宋时期，天台等地民俗鄙陋、不孝不悌、五服之亲间，全然不知"服纪"（指丧服制度）；民风方面，婚姻多苟合、殊无恩义，多有违礼逆德等教道未至造成的现象，令人忧虑，于是作为地方官的郑至道创作并颁布《谕俗编》七篇，戒谕百姓孝父母、爱兄弟、睦宗族。郑至道《谕俗编》是类似家训的劝谕榜文。据《嘉定赤城集》卷四录韩元吉《天台县题名记》载："县固有剧易，事无不可为者。因为之竭日夜之力，疏剔刮磨，不事表暴，一意而持之。未几吏民亦坦坦向化，始得从事于文墨之间。而县之前令名氏，漫不可考，乃访诸塔庙之题识，推以案牍之岁月，得其可兄者，自郑至道而下，才二十二人，将砻石刻于厅事之左。"《谕俗编》引述经典，通过经史中的言论和故事，系统阐述了修身、治家、教子等"伦常日用"方面的思想，"旁证曲谕，以示劝戒"。这些家庭道德观至今仍有重要的教化价值。唐宋之际，在政治、经济、社会急剧变迁和思想文化发展的大背景下，地方官员能够不断探索齐家思想，对民间如何处理家庭关系、如何维持家庭生计等方面进行谕俗实践，这是难能可贵的。郑至道在齐家、处家等家庭观以及家族道德观方面的思考和实践，在当代社会，仍具有教育借鉴价值。

一、郑至道的家国道德观的教育价值

（一）在家尽孝，为国尽忠

"孝"的观念是封建伦理道德的基础，是"以顺天下，民用和睦，上下无怨"[1]的法宝。郑至道也认为"孝父母"是谕俗之第一事，即百善孝为先。他认为："故孝子之事亲，居则致其敬，养则致其乐，病则致其忧，丧则致其哀，祭则致其严，所以为厚德之报也。"（《谕俗编·孝父母》）应俊在《续编·孝父母》中补充指出："夫五刑之属三千，罪莫大于不孝，然世固有不孝之人，而未尝受不孝之刑者，何也？渝川欧阳氏尝论之曰：'父母之心，本于慈爱，子孙悖慢，不欲闻官。谓其富贵者恐贻羞门户；贫贱者亦望其返哺。一切含容隐忍，故不孝者获免于刑。然父母吞声饮恨之际，不觉怨气有感，是以世之不孝者，或毙于雷，或死于疫，后嗣衰微，此皆受天刑也。'呜呼！王法可幸免，天诛不可逃，为人子可不孝乎？"除阐述子弟孝顺父母的道理外，还分析了父母对于不孝之子的难言之情。

郑至道在《谕俗编·正丧服》中又提出天台县的丧事也同样无序，令郑至道颇为反感："亲属相犯，问以服纪年月，皆言不知。"他认为痛失母亲，自己却不在母亲身边，最能弥补的方式便是葬之以礼、祭之以礼，但"邪淫之人，则彼朝死而夕忘之"。郑至道在《正服丧》中把人之有葬礼和祭祀提高到人性的高度进行论述："凡生天地之间，有血气之属，莫不知爱其类。今鸟兽失其群匹，越月逾时，反其故乡，则翔回鸣号，然后能去之。故有血气之属莫智于人，故人于其亲也，至死不穷。"郑至道又引用《礼记》阐述"孝"的含义："居处不庄非孝也；事君不忠非孝也；莅官不敬非孝也；朋友不信非孝也；战阵无勇非孝也。五者不遂，灾及其亲，敢不敬乎？"这与其在家尽孝、为官为民为国尽忠的理念是完全一致的。

（二）兄弟友善，家庭和睦

作为"骨肉之至亲"，兄弟之间的关系也是封建士大夫所关注的问题。子女对父母的根本法则是"孝"，而兄弟之间的关系法则是"悌"。在封建伦理

---

[1] 唐文治：《四书大义（附〈孝经大义〉）下》，乔继堂、刘冬梅点校，上海科学技术文献出版社，2021年版，第863页。

道德体系中,"兄友弟恭"是儒家提倡的兄弟之间最高的准则。但在宋代的现实社会中,商品经济的发展,使人们开始注重追求经济利益。经济利益至上的思想观念,使兄弟间发生经济纠纷的情况变得十分普遍。因此郑至道认为"爱兄弟"是谕俗的第二大事。郑至道认为:"兄弟者,同受形于父母。一气所生。骨肉之至亲者也。"这与北宋司马光认为的"夫兄弟至亲,一体而分,同气异息"的观点是相同的。郑至道认为只有兄弟之间和气友善相处,才能教导好下一代,促进家庭的和睦。而"不明礼义,悖逆天性,生虽同胞,情同胡越,居虽同室,迹犹路人,以至计分毫之利而弃绝至恩,信妻子之言而结为死怨,岂知兄弟之义哉?"郑至道认为:兄弟之间的关系也影响着家族内部的关系,兄弟关系的不和还会影响下一代,一方面,父辈兄弟不和没有给子侄兄弟间相处提供一个好的榜样,子侄兄弟之间也会生嫌隙;另一方面,父辈兄弟间关系不和,会影响到子侄对叔伯的态度,而子侄对叔伯无礼就是不孝的开端。他又认为兄弟之间的关系彰显着个人的交际态度,兄弟之间良好相处是人际交往的基础。宋代,由于社会环境的转变,家族观念也较前代发生变化,门阀宗族制度衰落,敬宗收族的家族观念成为宋代的主流。"敬宗收族"强调的是血缘联系,因此兄弟关系成为当时人们所十分看重的家庭关系。宋代士大夫因十分重视兄弟关系,故在兄弟关系方面提出所谓"兄弟一体"的观念。

(三)敦宗睦族,慎终追远

"敦宗睦族"对于传统社会意义深远,宗族和睦才能相保,所谓"内睦者家道昌,外睦者人事济"(宋李邦献《省心杂言》)。郑至道《谕俗编·睦宗族》提出的尊祖敬宗之说,前人认为深得范文正公(范仲淹)创行义庄、以赡族属行为之遗意。《睦宗族》云:"今尔百姓,多逆人理,不知族属。苟有忿怨不能自胜,则执持棒杖恣相殴击,岂择尊长也,力足以胜之斯殴之矣。我富而族贫,则耕田佃地荷车负担之役皆其族人,岂择尊长也,财足以养之斯役之矣,此皆风俗薄、恶人伦之深害。"基于传统价值观,郑至道对这类骨肉相争的诉讼颇为感叹。他意识到宗族祭祀与宗族文化的核心内容即"伦理文化"。郑至道谈及宗族诉讼纷争时称,现在的诉讼者肆意凌犯宗族亲戚,五服之内的亲属,当被问服制亲疏时却一点不知,一人富裕了却不知帮助回报贫困的宗族亲属。他提及百姓悖逆人伦纲常,不知人理,相互之间若有忿怨便施之拳脚、动之棍棒,彼此殴击，且社会风俗逐渐恶薄、人伦失常等现象，认为宗族内部弱肉强食与剥削压迫是"凌犯宗族"。在北宋变革与转型的时代背景下，郑至道提出"岁时之间，合族以食，序以昭穆，别以礼义。使之生则有恩以相欢，死则有服以相哀，然后宗族之义重"是有正面意义的。

在宋代，因"亲邻法"规定的亲邻权而引发的私有田宅争讼无日无之，这类讼争在宋代民间财产争讼中占有较大比例。随着封建土地的变化，人们的宗法血缘观念逐渐趋向淡薄。宋代理学家张载说："宗法，管摄天下人心，收宗族，厚风俗，使人不忘本，须是明谱系世族与立宗子法。宗法不立，则人不知统系来处，古人亦鲜有不知来处者。宗子法废，后世尚谱牒，犹有遗风。谱牒又废，人家不知来处，无百年之家，骨肉无统，虽至亲，恩亦薄。"[1]宗族社会关系松解，反映为兄弟之间争夺遗产，父子之间分财异居，这在宋代文献中可以找到不少事例。这是因为封建社会农民与地主之间的阶级矛盾，首先反映在同族人之间的贫富不均方面。宗族祭祀和祖先崇拜，对维系宗族伦理产生的作用是十分巨大的。因为祭祀祖先，崇拜祖先，最根本的目的就是使人们自觉地做到儒家经典所说的"尊尊"和"亲亲"。要求全体宗族成员具有一种团体意识，相互帮助，相互体谅，和睦相处，从血浓于水的角度去爱自己的族人。如果在现实的宗族生活中，这种尊卑关系遭到破坏，就会被看作"风俗薄恶，人伦之深害"。

另外，针对人们宗法血缘观念淡薄的现象，郑至道对于宗族内矛盾的描述，对后来族内救助的慈善思想也产生重要影响。郑至道主张同宗子应摈弃亲疏，对族内之人一视同仁地养老、慈幼、济贫。宋代政治体制已发生变化，人们入仕不再受门第的制约，官吏基本通过科举选拔，孙以祖贵的现象不再多见。重整孝悌伦常关系又被提到日程上来。宋以后的统治者更是大力提倡敬宗收族。地主阶级用来敬宗收族的主要办法，一是建祠堂，二是置族田。祠堂用以敬宗，族田用以收族。祠堂是从精神方面团结家族，族田则从物质方面来凝聚家族。

古代把"孝亲"同"事君"联系在一起的。要想做孝子，必须同时做忠臣。"孝"与"忠"有着内在的联系，存在着交融性，孝道包含浓重的忠君内容。

1〔宋〕张载：《横渠经学理窟》卷一《宗法》，明嘉靖元年（1522）黄巩刻本第一册。

这种交融性，使得家族文化突破了家族的范围，使它不仅成为家族社会的信念，还是整个社会的一种观念。郑至道敦宗睦族、慎终追远的价值观，是由凝聚家族关系进而形成民族国家凝聚力的一种文化因素。古代如此，今天仍在延续。因此树立正确的家庭观、家族观、社会观，对于今天建设社会主义国家，增强爱国主义意识仍具有重要的教育价值。

（四）互帮互助，邻里和谐

在古代中国，统治者和士大夫都十分重视乡邻之间的关系。在周代，"大司徒令五家为比，使之相保；五比为闾，使之相受；四闾为族，使之相葬；五族为党，使之相救；五党为州，使之相赒；五州为乡，使之相宾。及三年则大比，大比则受邦国之比要。"[1]这些记载说明周代已有较严密的基层社会组织。春秋时邻里乡党间的关系已十分紧密，孟子曾说："乡田同井，出入相友，守望相助，疾病相扶持，则百姓亲睦。"（《孟子·滕文公上》）可见，儒家是十分重视邻里乡党间的亲睦关系的。作为儒者出身的郑至道，他的"与邻为善、以邻为伴"思想理念，是中华优秀传统文化的重要组成部分。《谕俗编·恤邻里》中有言："夫古人所以睦邻里者如此，今尔百姓，以富役贫，以强凌弱，以少犯长，岂知古人所以交邻里之道哉？"郑至道对邻里不和睦的现象表达出自己的深切担忧，认为这将会影响家庭和社会。郑至道通过例举历史上的一些处理邻里的事例，强调了邻里之间和谐相处和互助合作的重要性。

郑至道的这些训谕旨在促进社会和谐，通过强调家庭和邻里之间的和谐相处，来促进整个社会的稳定和发展。他的这些做法深受百姓爱戴，任期结束后，百姓不舍其离去，终有"松关留郑"之美谈。郑至道的思想理念及其实践，不仅体现了中国传统文化中"和为贵"的思想，也展示了通过教育和文化传播来促进社会和谐的可能性。他的影响力不仅局限于天台县，其教育理念对后世也产生了广泛的影响。在邻里关系和社区和谐方面，对现代社会建立邻里和睦关系也富有教育价值。

郑至道对尚齿尊德同样给予高度重视。北宋时期，乡饮酒礼仍沿用古制"三年宾贤能"。"三年宾贤能"指三年大比，诸侯之乡大夫献贤者能者于其君，

---

[1]〔唐〕杜佑：《通典》卷三《食货志三·乡党》，影印文渊阁四库全书本。

将行之时，以宾礼待之，与之饮酒，谓之"乡饮酒礼"。《礼记》中尚齿尊德的概念在宋代重归于乡饮酒礼当中。《恤邻里》篇的内容反映出这一时期乡饮酒礼沿袭敬老、养老之义的"正齿位"之礼。他认为："乡饮酒之礼，于岁十二月，帅乡党之民会聚饮酒，以正齿位。长者坐，少者立；老者食以厚，少者食以薄。所以示民以孝弟之道也。"并引《礼记》曰："居乡之礼，年长以倍，则父事之；十年以长，则兄事之；五年以长，则肩随之。"

《恤邻里》篇对当今开展"互容、互合、互助"教育具有重要参考价值。在传统中国乡土社会生活中，人们的价值观和生活方式相对稳定单一，而快速的城市化进程和社会结构变迁打破了这种单一性和稳定性。城市化的多样性和复杂性在某些方面带来了矛盾和冲突，为化解各种因利益冲突、思想观念差异带来的矛盾，我们需要唤醒邻里精神，倡导包容的和谐人际交往观。包容是现代城市社区新型邻里关系的重要内涵。传统的乡土社会是依亲缘、地缘而居的熟人社会，通过相互信任和习俗规范引导人与人之间的自愿合作，城市化进程则解构了这种关系网络和信任基础。因此，城市化进程中的个体需要以一种合作精神化解冲突，在认可冲突和差异的合理性的基础上，寻求共识的最大公约数，倡导以"合作"为方法，以"和谐"为目的，实现以"合"达"和"的邻里关系状态。"邻里相扶，守望相助"是中国传统邻里文化的实践导向。邻里具有距离相近的自然区位优势，"远亲不如近邻"之古训正说明了邻里互助的重要功能。互助精神是邻里文化内化于心、外化于行的具体体现，互助精神的培养是城市社区新型邻里关系的实践特征。互容、互合、互助的新型邻里关系，契合了中华优秀邻里文化传统，体现了与时俱进的价值观念。

（五）婚姻重礼，夫妇有义

婚姻和夫妻关系是家庭关系的重要方面，夫妇之道是历来备受关注的问题。宋代司马光曾说："夫妇之道，天地之大义，风化之本源，可不重欤？"（司马光《温公家范》）在古代社会，婚姻不仅是当事男女的结合，更是家族利益和社会稳定的基石。婚姻被视为连接两个家族的纽带，是男女双方共同承担起家庭和社会责任的重要开始。郑至道《谕俗编·重婚姻》写道："男女有别，然后夫妇有义；夫妇有义，然后父子有亲。婚姻者，礼之本。所以合二姓之好，上以事先祖，下以继后世，可不谨乎？"他认为要谨慎对待婚姻大事，首先要重视庄重的婚礼仪式。庄重的婚礼不仅体现了对婚姻的尊重，也预示着新婚夫妇即将开始的新生活。古代"六礼"程序从"纳采"到"请期"，每一个步骤都充满了神圣与庄重，体现了古人对婚姻大事的慎重与敬畏。郑至道在《重婚姻》中感叹："今尔百姓，婚姻之际多不详审，闺闱之间，恩义甚薄，男女之家，视娶妻如买鸡豚，为妇人者，视夫家如过传舍，偶然而合，忽尔而离，淫奔诱略之风久而愈炽，诚可哀也。"为了增强婚姻的神圣感和严肃性，郑至道认为民众应采用传统的婚姻程序，而且要在缔结过程中上告家庙，下通乡党，表明男女间的婚姻结合绝非"苟合"，而是十分"合情合理"，以减少夫妻间的离异。夫之家，不可视娶妻如买鸡豚，反对买卖婚姻陋俗。这些理念对今天的婚姻嫁娶移风易俗仍有教化价值。

　　郑至道从传统纲常理念出发，指出："盖妇人从人者也，幼从父兄，嫁从夫，夫死从子。男先而女从，则从人之义也。"在封建社会生产力不发达的情况下，男性是家庭的顶梁柱，经济上居于支配地位，而妇女因体质等因素只能做一些体力强度较低的工作。"男耕女织"说明了夫妻双方在生产和生活中各自扮演的角色。虽然在封建社会中讲求三纲五常，所谓女子"幼从父兄，嫁从夫，夫死从子"等三从四德伦理思想对妇女有极大束缚，但这些夫妻关系的传统的伦理道德，在特定时代对夫妻关系的稳定以及家庭关系的和谐维护，都曾产生一定的积极作用。历史上，"三纲五常"被用来维护社会秩序和伦理道德，对中华文明的发展起到了重要作用。随着社会的进步，"三纲五常"中的一些内容被视为封建糟粕，尤其是在清末民初时期，许多进步人士都对其进行了严厉批判。但是，站在历史唯物主义的角度，"三纲五常"既有其历史局限性，也有其文化和道德价值。在评价"三纲五常"时，应该辩证地看待其内容和影响，应去其糟粕，取其精华。如"五常"的"仁、义、礼、智、信"，就属于传统美德的精华，应该加以继承和发扬。在婚姻关系的伦常中，郑至道认为婚姻是很神圣的，结婚要讲究仪式，要维护婚姻的神圣感和严肃性，以使外在的仪式激发夫妻之间的恩义之情。在夫妻关系中，认为"男女有别，然后夫妇有义"，即指出男女的社会角色是有区别的，在家庭中所负责的事情亦有区别，只有夫妻之间各自做好分内的事情，才能相敬如宾，互敬互爱，构建和谐家庭。因此，通过弃其糟粕，取其精华，郑至道的婚姻观对今天的社会还是具有一定教育意义的。

二、郑至道思想理念对乡村治理的价值

（一）郑至道社会治理思想体系价值

儒家历来重视教化。北宋中期，官僚士大夫群体中的一些有识之士，关注、重视乡村社会治理，积极展开对乡村社会礼仪教化的讨论和实践尝试。如北宋名臣、莆田人蔡襄知福州时，着意于推行礼教，针对乡里子弟有不率教令者，"条其事作《五戒》以教谕之"。《五戒》即《福州五戒文》，其中涉及人子之孝、兄弟之爱、父母之慈、婚娶之要、乡党之和等五个方面，以期居于"乡党"之民能尊礼教为良善。从《谕俗编》的劝戒文字来看，郑至道对社会问题已经作了很深的思考，它已经包含了今天所谓"社会治理"的基本维度。在郑至道看来，理想的社会状态是社会个体能各尽其责，人与人之间关系和谐融洽。当一个社会按照约定俗成的既定规则有序运行时，即已基本达到了社会治理的良好状态。郑至道在天台的劝谕文，蔡襄在福州劝戒之规条，福州人陈襄在台州仙居所作的劝谕文，在涉及法与礼、法与情、法与道德之间关系的观点，以及礼教用意等方面，形成了较为科学的社会治理思想体系。

（二）郑至道乡村社会礼教规范价值

宋哲宗时，郑至道为台州天台令，以为民俗鄙陋皆由"教道未至"之故，遂创作并刊布《谕俗编》七篇，戒谕乡间百姓孝父母、爱兄弟、睦宗族、恤邻里、重婚姻、正丧服、重本业，以期乡里百姓"各以此更相训教，率而行之"，则礼义之风"必从此始"。郑至道之颁谕俗文，直接将孝友于家、和睦于族、乡间救济、重婚礼丧服等诸项礼教规范广布于乡党之间。细品这些劝谕或戒谕所宣示的规范内容可知，在建构乡村社会礼教规范体系方面，北宋中期以来的官僚士大夫群体中，已形成一定"共识"，它与著名的《吕氏乡约》[1]体系设计亦基本相同。千年以来，郑至道的为民、发展、礼教、务实等县政治理的核心理念，为历代天台县令乃至台州郡守称颂、传承，薪火相传，历久弥新。

（三）郑至道思想理念对当代乡村治理启示价值

郑至道思想理念，对当代乡村治理仍有独特的启示价值。乡村传统文化体

---

1 《吕氏乡约》指北宋神宗熙宁九年（1076）陕西蓝田人吕大忠、吕大钧、吕大临、吕大防所制订和实施的我国历史上最早的一部成文乡约。

现着乡村社会的生活理念，对村落个体成员的心理、行为有着引领、规范与模塑的作用，对乡村的社会治理有着独特的精神价值和秩序价值。文化与社会治理相互影响、相互渗透，乡村传统文化发生的变化，使乡村社会治理也面临着诸多的问题，事关乡村传统文化出路，也事关乡村社会治理出路。

1. **重塑乡村传统文化生存空间**。为人民谋福祉是乡村社会治理的目标之一。当前乡村生产、生活、娱乐三位一体的空间缺失严重，很多青壮年村民纷纷离开村庄外出他乡打工经商，致使原有村庄空心化、老龄化，出现抛荒问题、养老问题、留守子女教育问题、村干部年龄结构问题等。这些问题威胁着乡村社会的稳定发展，村庄管理乏力。由于"长时期处于'温饱有余、小康不足'的状况，因而无法支撑起各种现代的乡村治理制度"[1]，同时会加速乡村传统文化的灭失。只有将传统文化资源纳入乡村经济分析的框架中来，或外化为传统文化产品、传统文化景观、传统文化活动、民俗旅游，或内化为村民生产劳动的精神力量，方能切实发挥传统文化推动乡村经济增长的作用。提升乡村生活品位，展现其真正魅力，凸显其在民众生活中的角色功能，凝聚人心，将起到维护社会稳定的作用。

2. **重构乡村传统文化的意义**。以国家主流价值观引领乡村传统文化价值，挖掘乡村现有且存在于村民身边的传统文化中蕴含着的优秀品质，比如遵纪守法、勤劳节俭、互帮互助、诚实守信、善良淳朴、热爱生命、热爱大自然等，设计出既能合乎村民认知方式、审美习惯和思维方式，又能体现国家精神和时代价值的新型乡村文化活动和文化产品，才能在丰富村民的精神文化生活的同时，彰显传统文化所具有的凝聚民心、和谐社会的内在价值，从而获取更多支持，焕发更多自信，促使蕴含现代性价值的传统文化获得新的生机。

3. **激发乡村传统文化的活态特质**。英国著名人类学家马凌诺夫斯基在其著作《文化论》中指出："文化是包括一套工具及一套风俗，人体的或心灵的习惯，它们都是直接地或间接地满足人类的需要。"中国学者也认为："文化不能满足人的需要，将会失去其存在的价值。作为一种从古延伸至今的乡村传统文化，

---

[1] 王荣华、黄仁伟主编：《中国学研究：现状、趋势与意义》，学林出版社，2007年版，第252页。

必须在与社会生活的互动之中展现其活态特质，才能在互动中展现价值，求得生存和发展。从社会的角度看，乡村治理中构建的法律制度、倡导的核心价值观、培植的先进文化，如果没能很好地与乡村优秀的传统文化相兼容、相融合、相对接，是难以在乡村社会的沃土中植根、发芽和结果的；从村民的角度看，他们根植于乡村生活与自身需求的文化诉求需要被关注、被满足。因此，在尊重乡村传统文化发展规律的基础上，在保持优秀核心文化因子前提下，多渠道多方式挖掘和整理现存的乡村优秀传统文化并将其与当代生活对接，如以各类节日、生婚丧礼俗、人际交往及衣食住行等传统习俗、仪式为载体开发出更多民众喜闻乐见的民族文化产品；借民族传统节日规范相关礼仪制度，传达新型价值观、人生观及道德伦理和理想信念。"[1] 只有唤醒村民群众对乡村传统文化的自觉、自信，才能在振兴乡村中实现文化自救和乡村自救。

三、郑至道思想理念的"为政以德"教育价值

儒家学说认为，构建理想社会不仅要有施行仁政的统治者，为民众创造好的物质生活环境、清明公正的吏治氛围，更要以高尚品德为万民之师。作为天台县令，郑至道以文化人、移风易俗、与民同乐，使得天台县治理局面发生根本性好转。这对当代为政以德有重要的借鉴教育意义。2014年10月，习近平总书记在中共中央政治局第十八次集体学习时的讲话中指出："一个国家的治理体系和治理能力是与这个国家的历史传承和文化传统密切相关的。解决中国的问题只能在中国大地上探寻适合自己的道路和办法。""我国古代主张民为邦本、政得其民，礼法合治、德主刑辅，为政之要莫先于得人、治国先治吏，为政以德、正己修身，居安思危、改易更化，等等，这些都能给人们以重要启示。"[2] 中国古代的德治思想是中华优秀传统文化的重要组成部分，是历代政治家、思想家的探索实践、经验总结和理论升华。考察"为政以德"思想的内涵、

---

[1] 农淑英：《乡村传统文化现实境遇与发展机会——基于社会治理的视角》，《人民论坛》，2015年第8期。

[2] 胡为雄：《"依靠学习走向未来"——习近平论学习的系列重要讲话研读体会》，《党的文献》，2015年第1期。

逻辑，对于当代治国理政实践具有借鉴意义。[1]

（一）修齐治平的政治理想

"为政以德"思想蕴含高超的政治智慧。从国家治理层面看，"为政以德"的目的是"为政"，关键在于"德"，其中"内圣外王"是修齐治平的政治理想，"道德教化"是管理国家的主要手段。先秦时期，诸子先贤提出很多卓有建树的思想观点。郑至道在宋代就意识到人们若不将修养自身的道德品性作为根本，就不可能管理好家族，治理好国家，也不可能使天下太平。故而由社会的顶层到基层，所有的人都应当努力自我修为。上对下，作道德的表率、垂范，以及教化的实施；由下而上，是由小而大对社会奉献、影响的拓展，层级一步步提升。层级越高影响越大，提高自身道德素养的责任也越发重大。无论高官、公务员还是平民百姓，都应有足够的思想品性修养。只有守持信仰、道德底线和理想追求，才能在各自层级推动社会关系和谐、社会风尚向好。若这一点成为全社会的主流意识，长此以往，人类的文明进步和自我完善就有望美梦成真。修齐治平能让良好的精神品格素养产生可观的社会功用。如今，一些社会现象、人际关系不尽如人意，信仰缺失、道德败坏的现象频繁发生，弘扬传统文化之菁华，必须有现实的针对性，而儒家倡导的仁学及其"修身养性""修齐治平"主张，为革除这些弊端提供了一条思路。

修齐治平，首先要坚持把家风建设作为党员干部的必修课。宋代明智的士大夫都会通过言传身教对子孙提出明确要求，营造良好的家风。家风好，则族风好、民风好、国风好。领导干部的家风对社会风气有着重要影响，在一定程度上起着引导和示范作用。对领导干部而言，良好家风既是砥砺品行的"磨刀石"，又是抵御贪腐的无形"防火墙"。其次，要始终把严于修身作为家庭教育的根本要求。宋代官德教育思想中非常强调修身律己、淡泊自持，慎于交友。自古以来，中华民族就遵循这么一条古训："自天子以至于庶人，壹是皆以修身为本。"[2] 严于修身乃做人之本、从政之基、成功之道，体现了中华民族的优良传统，因此在家庭的官德教育中，必须把严于修身作为根本要求。

---

[1] 杨波：《"为政以德"思想的重要启示》，《团结报》，2024年7月22日。
[2] 邵逝夫：《大学释义》，北京联合出版公司，2021年版，第89页。

（二）崇德尚贤的个人理想

中华优秀传统文化蕴含着丰富的政治文化资源。郑至道"重教化、重修养"的德行思想、"知行合一"的求实思想、"以民为本"的民本思想、"为政以德"的清正廉洁思想、"崇德尚贤"的选人用人思想、"道义为先、舍生取义"的奉献精神、"天下兴亡、匹夫有责"的担当精神等思想精华为政治生态文化的生成与发展提供了丰富的思想来源，是政治文化形成和发展的思想源泉和文化根基。[1]"为政以德"思想蕴含着丰富的人生哲理。从个人层面看，注重个人修养、强调崇德尚贤、追求和而不同是大雅君子心目中的理想状态。春秋时鲁哀公曾向孔子请教如何得人，孔子的回答是："为政在人，取人以身，修身以道，修道以仁。"（《中庸》）孔子强调为政之要在于得人，认为上层只有率先垂范，加强自身道德修养，才能有效识别与任用贤人，进而达到修身和修道以成仁的目的。在传统中国法政思想史中，儒家致治论的核心思路立基于崇德尚贤的"为政在人"。郑至道的"重教化、重修养"对当今树立个人为政理想提供了正确路径。

宋代官德教育思想中突出强调为民、公正和清廉，不仅体现了封建士大夫的为官之道，也反映了他们对职业道德的理解。北宋政治家、史学家司马光在《智伯之亡》中写道："才者，德之资也；德者，才之帅也。"[2]德与才，相辅相成，缺一不可。相比而言，才不够，可以学；德不行，则难补。要做官，先做人；要立业，先立德。因此，在家庭教育中要树立"以德为先"的培养理念，把职业道德的要求融入家庭生活，着力营造重德、尚德、修德的家庭氛围。

（三）天下为公的社会理想

历史上，"天下为公"更多地表达着人们对统治者价值追求、精神境界、道德情操的美好期望。"天下为公"是治理国家、治理天下的基本政治操守和道德要求，是实现天下大同的前提条件。郑至道关心老百姓、热爱老百姓，体现了他"天下为公"的社会理想。"为政以德"思想蕴含着重要的社会价值。

---

[1] 钟天娥：《发展积极健康党内政治文化的意义、内涵及路径研究》，《实事求是》，2021年第1期。

[2]〔宋〕司马光：《资治通鉴》卷一"周纪"，吉林大学出版社，2015年版，第4页。

从社会层面看，无论是"大道既隐，天下为家"的小康社会，还是"大道之行，天下为公"的大同社会，都提倡公平、公正、不偏私等理念。儒家构想的大同社会虽然离现实生活还很遥远，但"天下大同"的社会理想却早已扎根于中国社会的深厚土壤，溶化于中华民族的血脉之中，在推动中国社会和整个人类社会发展进步方面具有重要的价值。而"构建人类命运共同体"理念的提出，既是中国向世界交出的中国智慧和中国方案，也是古代儒家"天下为公"政治理念在当代中国的生动呈现，具有超越时空的现实意义。

第三节 郑至道思想理念对人民公仆的警示价值

郑至道是莆田郑氏望族出身的进士，家居莆田城内，若勤恳为官可以享受荣华富贵，但郑至道在天台老百姓挽留时放弃升官和颐养天年机会，甘于清贫，为天台百姓安居乐业奉献自己的一生，是"官为民役"的公仆典型人物。"廉洁乃干部之魂，勤政是公仆之本。廉洁从政，报效人民；防微杜渐，永做公仆"。[1] 勤政廉政是郑至道公仆观的思想基础。郑至道思想理念突出特点之一，就是继承和发展了儒家民本思想的传统。他认为："县令之职，所以承流宣化，于民为最亲。民不知教，令之罪也。"他非常关心百姓的疾苦，官虽不大，但从不敢忘记百姓的苦难。他时时把人民的疾苦放在心上，认为如果没有让百姓过上安定生活，作为县令的自己是有罪过的。郑至道的公仆观对今天仍有警示教育意义。

---

[1] 中共毕节市纪委、毕节市监察局编印：《警示千言》，2014年版，第145页。

一、人民公仆须有"为民役"的自我警示

"为民役"是郑至道对待群众的根本态度，也是一种为官智慧，更是为官从政的一种思想境界。在天台县令任上，郑至道对民间疾苦深感不安，他在《谕俗编》中指出："百姓各以此更相训教，率而行之，礼义之风必从此始。"郑至道"官为民役"的思想，从根本上摆正了官、民的位置，表现了他重视人民群众的地位和作用，体现了一名县令的智慧和大爱。

"为民役"的自觉对今天仍有启示教育意义。党员干部作为人民的公仆，就是要全心全意为人民服务，牢固树立正确的群众观，做到"一切为了群众，一切依靠群众，从群众中来，到群众中去"。我们只有始终坚定不移地站稳人民立场，把人民的利益摆在首位，扎扎实实地为群众办实事解难事，把服务工作做到群众的内心里，才会赢得群众的赞许、拥护与支持。为官者须有"为民役"的自觉。我们要经常想一想手中权力来自哪里、权力该用到哪里，守好公与私的界线，牢记为民服务的根本宗旨，坚定理想信念，时刻保持"为民役"的公仆本色，认清"为了谁、依靠谁、我是谁"问题，这样才能不辜负组织的信任和人民的期盼，为官之路才能够越走越宽。我们要敢担当、善担当，敢于攻坚克难、啃硬骨头，面对矛盾问题敢于迎难而上，面对责任风险敢于主动担当，做到守土有责、守土尽责，做到敢干事、会干事、干成事，切实用实实在在的行动把服务群众工作抓在手上、做在实处。

二、人民公仆须有去除"官本位"意识的警示

郑至道生活的年代，也是古代"官本位"思想占主导地位的年代。郑至道在天台任期满后，据记载朝廷任命他为乐昌县令，如果继续为官，郑至道有很大的升迁机会，但是他选择辞官定居天台，甘为平民，与天台百姓共生活，这是他不屑"官本位"思想的行为体现。

今天，不论是从践行党的"为人民服务"的宗旨上来看，还是从干部与人民的鱼水关系上来看，摒弃"官念膨胀""官架子十足"官本位思想，全心全意为人民服务都是至关重要的。要心甘情愿当人民的公仆，就必须破除这些"官本位"的思想，消除"官本位"的意识，树立"公仆"意识，把自己实实在在地当成人民的公仆，扎扎实实为人民服务，视人民为亲人，尊重人民、亲近人民，

身体力行，时时刻刻注意自己的一言一行、一举一动，尽心竭力为人民服务，做一名真正的人民公仆。

新时代，干部要站稳政治立场，代表人民利益。要坚定地站在当"老百姓的官"的立场，坚定理想信念，始终坚持以人民为中心的根本立场，恪守全心全意为人民服务的宗旨，从思想上彻底消除形式主义、官僚主义滋生的土壤，把造福人民作为最重要的政绩，坚决反对和克服形式主义和官僚主义，"要把官僚主义这个极坏的东西扔到粪缸里去"（毛泽东主席语）。在工作上时刻注意自己的思想动态，时刻关注自己的行为举止，时刻反思自己的工作心态，加强自我反思和自我监督，严格要求自我，时刻坚持把人民群众放在工作规划第一位，放在工作开展第一位，放在利益分配第一位。同时要在日常学习过程中，常学、常思、常省，对标初心使命，查一查、捋一捋自身存在的差距和不足，不断改造提升自己，使自己真正成为合格的党员干部。通过在反面教材的学习中吸取教训，发现不足，摒弃腐化堕落的思想，树立年轻干部廉洁本色；通过在党史学习中丰厚知识、提升能力，厚植人民至上的情怀，永葆共产党人政治本色。

三、人民公仆须树立勤政廉政观念的警示

勤政廉政的公仆观是新时代党员干部的基本要求。党员干部要以勤政、廉政、善政的思想作风，勤勤恳恳地去为人民做事，鞠躬尽瘁；要干净做事，修身立德；要有担当，劳而有果，勤而有效。

"民"作为一种政治力量，很早就受到中国古代思想家、政治家的重视，并形成了独具特色的"以民为本"的民本思想。在政治的实践中，勤政为民就是践行着民本思想，而勤政是廉政的内在要求。宋代廉官郑至道的勤政为民思想包含了为什么要以民为本及如何爱民、富民、利民、教民等方面。"民为邦本"思想是中国仁人志士将民众视为治国安邦根本的政治学说，其基本内涵是在强调民众基础地位的前提下，重视民意和民生、珍惜与利用民力、巩固政治秩序。民本思想包含着一系列"厚民生为本"的富民之策，要求统治者采取富民、养民的经济政策，关心民众生计，使民众生活富足而安乐。民本思想及民生实践对近代以来民主思想的发展、对推进国家治理现代化有重要的借鉴价值。以人

民为中心的发展思想是中国共产党将唯物史观强调的"人民群众是历史创造者"的基本观点，同中国传统民本思想相结合而提出的创新性理论成果，既是中国共产党对新时代中国特色社会主义丰富实践经验的科学总结，也是根据新时代需求对中国传统民本思想进行的创造性阐释。这种新阐释促进了中国传统民本思想的创造性转化，成为中国古老的民本思想在新时代获得创新性发展的标识。

郑至道坚持民为政本，爱民、富民、利民、教民，是典型的民本思想体现。他关心群众的日常生活，大胆地提出"四民皆本"的富民政策，训谕教化百姓，也是服务于百姓的实际举措。他努力践行为官要为民办事，必须要勤廉为政的理念。如今在治理国家过程中，政之廉否，也要以民众是否富庶、安居乐业作为衡量标准，而民众富庶且安居乐业正是民本论中所提倡的。因此，民本论与廉政的目标是相一致的，勤政为民本身就是廉政思想的主要内容。

对当今的领导干部而言，勤政为民是天职，廉洁自律是底线，底线不守，天职无存。只有坚守廉政这条底线，堂堂正正做人，清清白白为官，干干净净干事，才能保有勤政的资格，筑牢勤政的根基，把住勤政的方向。必须保持清醒头脑，坚持"吾日三省吾身"，始终做到慎独、慎微、慎初、慎欲，自重、自省、自警、自励，防微杜渐，警钟长鸣。必须正确看待名利，正确对待得失进退，既不因位高权重而沾沾自喜、忘乎所以，也不因一时失意而斤斤计较、心理失衡，做到取之有道、用之有节，宠辱不惊。必须消除侥幸心理，时刻警惕诱惑，在生活圈、工作圈、交际圈中提高自控能力，过好名利关、金钱关、美色关，守住心中的那一片蓝天。对干部而言则必须履行好"一岗双责"，严格执行党风廉政建设责任制，切实抓好本地区本单位本系统的党风廉政建设。

郑至道清廉善政，为民作官，天台百姓感恩不尽，离任时，百姓依依不舍将他留在天台。这也是郑至道善政为民的最好证明。《宋书》卷六十二"王悦传"史臣论曰："夫善政为民，犹良工之于埴也，用功寡而成器多。"孟子也曾说："仁言不如仁声之入人深也，善政不如善教之得民也。善政，民畏之；善教，民爱之。善政得民财，善教得民心。"（《孟子·尽心上》）百姓重实行，未必信言，惟有仁之实可以使民信服。善政为民，功在取民之财，用民之力，为民之事；善教爱民，以化育万民为其德，功在生民善心，以求天下仁义体统自成，道德自化，使天下归心。郑至道对天台不良习俗进行改良，秉持"善政为民"

思想理念，为天台百姓带来深远的利益。

四、人民公仆须廉洁从政，保持公仆本色的警示

孔子在回答季康子为政之问时曾说："政者，正也。其身正，不令而行；其身不正，虽令不从。"（《论语·子路》）对于今天的党员干部来说，要"不受虚言，不听浮术，不采华名，不兴伪事"（习近平《之江新语·不兴伪事兴务实》），做始终如一的人民公仆。中国悠久的传统文化中蕴含着丰富的廉政思想内容，凝结着历代有识之士对廉政的追求与智慧。积极借鉴历史上优秀的廉政文化，对于今天进行廉政建设具有重要意义。今天的社会比之古代的社会早已有翻天覆地的变化，但是，历史上优秀的廉政文化，其本质内涵及一般规律则亘古不变，充分挖掘这些文化精髓，批判和摒弃其糟粕，珍视和借鉴其精华，结合当代的实际，是我们推进廉政文化建设所应有的科学态度与有效方法。

首先，要倡导知耻责己之清白。在古代坚守正确廉耻观的官吏看来，"清白"二字的确价值非凡，是必须念兹在兹的操守和觉悟，应当知耻改过、自尊自新。他们总能守身如玉地砥砺品行，换得一身坦然，从而登及"磊磊落落，如日月皎然"（《晋书·石勒载记》）的人格高地。其次，要倡导忠诚爱民之清正，从道德领域而言，忠，实际上是一种责任意识，包括家庭责任、社会责任、政治责任等。忠诚是古代官吏必须奉行的最高政治标准。最后，要倡导勤政廉政之清苦，"勤者，政之所要；廉者，政之本也。廉与勤，是历朝历代的清正官员的为官之本、莅官之要"[1]。所谓"不勤无以成事，不廉无以立身"。

北宋贤令郑至道的公仆思想理念，无疑亦警示我们做好党员干部的教育，廉洁从政，必须确立以下三个"准则"：第一，要从思想上确立准则，防止和克服失衡、寻租、侥幸心理。第二，要从行为上确立准则，做到慎初、慎微、慎独。第三，要从作风上确立准则，坚持为民、务实、清廉。[2]

---

[1] 方正出版社：《党员干部和公职人员岗位履职教育读本》，中国方正出版社，2020年版，第117页。

[2] 赵绪生：《新时代党性教育读本》，中国方正出版社，2019年版，第279—280页。

壹 历代诗咏选录

"南湖郑氏三贤"指莆田南湖郑氏三先生郑露、郑庄、郑淑,三贤为同族兄弟,于南朝梁陈年间自永泰迁莆田南山,构筑书堂,讲学授业,后人称为"开莆来学",肯定他们对莆田教育的开创性贡献。郑氏三贤子孙不但在莆仙地区繁衍生息,衍成巨族,而且泽被裔胄,开枝散叶,迁徙世界许多地方,历代赞颂三贤倡学之咏甚多,特选录部分作品。

一、唐代至元代诗咏选

〔唐〕郑良士(1首)

郑良士(856—930),初名昌士,字君梦,唐福建仙游县郑宅(今鲤南镇圣泉村)人,景福二年(893)献诗五百首,昭宗恩赐国子监四门博士,历补阙,迁康、恩二州刺史兼御史中丞。闽国时,任建州判官、威武军节度书记等。有《白岩集》等。

栖湖山精舍

凤翼平分万仞峰,峰头禅室瞰寒空。
喷烟一带香泉白,倚雪千株好树红。
宿客语来岩谷迥,真僧游去虎狼同。
先公和乐读书处,薜碧苔青桧影中。

〔宋〕蔡高（1首）

蔡高（1015—1042），字君山，宋福建仙游枫亭人，蔡襄弟。景祐元年（1034）进士，授长溪（今福建霞浦）县尉，升河南太康主簿。卒年二十八，欧阳修铭其墓。

南山三先生祠

凤麓三君子，道风满八壶。

先生如不出，莆海无真儒。

〔宋〕陈俊卿（1首）

陈俊卿（1113—1186），字应求，号六梅，南宋福建兴化军莆田县白湖（今莆田市城厢区镇海街道阔口社区）人，绍兴八年（1138）榜眼，累官至吏部尚书、同知枢密院事兼参知政事、尚书右仆射、同中书门下平章事兼枢密使等，为著名丞相、诗人。卒谥正献。著有《陈正献集》。

郑庄公像赞

瑰杰之才，宏博之学。

倡道莆中，驰芳馆阁。

灿朝阳之孤凤，矫秋空之黄鹤。

励冰雪之严威，承雨露之优渥。

爰黼黻绂乎皇猷，为臣僚之矩矱。

同元芳之并驰，睹仪容之沃若。

【校注】录自道光二十八年刊《郑氏族谱》卷三"像赞"，文字与《莆田玉湖陈氏家乘》所载小异。

〔宋〕郑樵（1首）

郑樵（1104—1162），字渔仲，号夹漈、溪西逸民，学者称夹漈先生，南宋福建兴化军兴化县广业里（今莆田涵江区）人，居夹漈山，刻苦力学三十载。绍兴中荐召对，授右迪功郎，后改监南岳庙，著《通志》书成，入为枢密院编修。有《通志》《夹漈遗稿》等。

题南山书堂

一泓澄澈照人间，明月团团落古湾。
不向奔流随浪击，独持高洁伴云闲。
禅房夜静留清鉴，阆苑仙归坠碧环。
每到轩前心转逸，了无纤翳可相关。

〔宋〕朱熹（1首）

朱熹（1130—1200），字元晦、仲晦，号晦庵、晦翁、紫阳。祖籍江西婺源，生于福建尤溪。南宋绍兴十八年（1148）进士，官转运副使、崇政殿说书、焕章阁待制，赠太师，追封信国公。著名理学大家、教育家，世称朱子。有《朱熹集》等。

倡学祠堂题壁

倡学功高泽且宏，庆流奕叶盛云礽。
三贤文献俨然在，云案薪传夜夜灯。

〔元〕郑穟（1首）

郑穟，字献可，号宗湖，明福建莆田人，弘治府志载为元统三年（1335）贡士。有《宗湖文集》。

登南山草堂

当年老衲太痴顽，托梦南湖昼扣关。
故宇若存今世代，精蓝安得此溪山。
平田过雨盐花白，古径无风树影寒。
我欲携书归旧隐，瞿昙不语自怡颜。

〔元〕洪希文（1首）

洪希文（1282—1366），字汝质，号去华山人，元福建莆田人。父洪德章（岩虎）为宋贡士，宋末曾任兴化教谕。会兵乱，父子二人居万山中。后在家乡授徒为业，皇庆中荐授兴化郡学训导，有《续轩渠集》。

题灵岩广化寺

始则郑氏书室，后创寺。

招客东西窣堵波，出城五里郁峨峨。

游人争逐蚁九曲，衲子分屯蜂一窠。

佳句不随飞鸟尽，名山可想属僧多。

前修旧日读书地，肯着吟翁坐具么。[1]

【原注】[1]小说九曲宝珠穿之不得，问之孔子，孔子教以脂涂于线，使蚁通焉。

二、明代诗咏选

〔明〕柯潜（1首）

柯潜（1423—1473），字孟时，号竹岩。明福建莆田县（今莆田市城厢区）人，景泰二年（1451）状元，历官翰林院修撰，右春坊、右中允、詹事府少詹事兼翰林学士掌院事等。擅诗文，工书法，有《竹岩诗文集》。

《太府卿露公像》赞

三先生讲学倡道，以振士风，司业吴公源著《名公事述》称其开先莆学矣。

生际梁陈，学宗周孔。

讲道南湖，以开愍懵。

莆人知学，实倡自公。

有贤二弟，同振其风。

十室之间，书堂八九。

公泽所渐，名垂永久。

我瞻遗像，肃然以兴。

吁嗟乎公，百世典型。

〔明〕林文（1首）

林文（1390—1476），字恒简，号澹轩，莆田城内赤柱巷人，明宣德五年（1430）探花，授翰林编修，官至翰林侍读学士，卒赠礼部左侍郎，谥襄敏。有《澹轩稿》。

南　山

郑氏先公露庄叔，诛茅结屋南湖曲。
道讲羲皇太古先，风几洙泗兴莆俗。
肇隋迄今千载余，胜景已让浮屠居。
三公颜像俨然在，子孙来祀岁无虚。
山形依旧凤凰翼，乔木参天几千尺。
洋洋书泽流南湖，烨烨文光照东壁。
夹漈著书布帛文，状元枢密留奇勋。
侍御声名播古今，甲科三世登青云。
後埭移居孙复子，宅馆如云接桑梓。
学诗学礼诒孙谋，立德立言绳祖武。
河源教谕远象贤，皎如玉树临风前。
百里师模陶后学，一传源委宗正传。
水木之思敦本始，绘却斯图时仰止。
无念尔祖当何如，厥德聿修而已矣。

〔明〕王常（1首）

王常（1409—?），字大经，明江西抚州临川县人，正统十三年（1448）进士，任御史，天顺二年左迁海宁知县，丁父忧，服满改知莆田县。

凤凰山广化寺

三公倡学自何年，冠盖追攀信有缘。
泉奏瑶琴低落涧，塔撑玉笋上摩天。
风铃自说无生话，尘榻谁参不语禅。
我亦因君动幽兴，可能重许谒金莲。

【校注】本诗清末民初由翰林张琴篆书刻于广化寺寺壁，首句作"门开不二是何年"，与郑氏谱记载小异。

〔明〕陈璧（2首）

陈璧（1415—?），字延奎、仲奎，明直隶苏州府常熟县人，景泰五年（1454）

进士，官监察御史，因事左迁福建长汀县丞，除浙江按察司佥事。擅诗工章草书。

（一）南山

五里南湖五里山，草堂长被白云关。
一川家学多经史，十室儒风尽孔颜。
剑气寒冲星斗上，书声时出薜萝间。
莆人百代怀先哲，逸驾飘飘不可攀。

（二）南湖草堂

湖上草堂幽，山光紫翠浮。
地灵人更杰，讲学德还修。
海内瞻星凤，床头汗马牛。
问君能继述，敷政尚优优。

〔明〕张穆（1首）

张穆（1416—？），字敬之，号勿斋，明江苏昆山人，正统四年（1439）进士，授工部主事，历刑部主事、员外郎，进郎中。天顺元年（1457）擢山东按察副使兼理学政。成化三年（1467）升浙江右参政，次年罢归。有《勿斋集》。

咏三公南湖草堂

山下湖波接渺茫，湖光山色远苍苍。
连枝叶萼三棠棣，万卷诗书一草堂。
奕叶千年承世泽，辉煌五夜烛虹光。
黄金遗子纷纷是，不似君家有义方。

〔明〕吕㘏（1首）

吕㘏（1418—？），字希颜，明江苏常熟东湖人，正统四年（1439）进士，授行人，擢监察御史，迁湖广按察司副使，官至云南布政使。

南湖草堂

阀阅传来重八闽，湖山光映草堂春。
三公倡学名当代，千载斯文启后人。
家世绵绵敦礼义，云礽济济继儒绅。

明时太史如椽笔,汗简辉煌永奠伦。

〔明〕汤琛（1首）

汤琛（1425—？），字鲁宝，明江苏常熟县海虞镇人，天顺元年（1457）进士，官刑部主事。

南湖草堂

昔日湖山构草堂，湖山湖水共增光。
当时家学传诸弟，千载斯文化一乡。
德望如山人仰止，书香似水世流芳。
于今风木犹无恙，早晚孙枝作栋梁。

〔明〕李仁杰（1首）

李仁杰（1431—1482），字士英，明福建莆田城内人，成化八年（1472）探花，授翰林院编修，官至国子监祭酒。

南　山

郡城南去凤凰冈，紫翠深中结草堂。
万卷遗书充栋积，三公倡学破天荒。
莆人从此文方盛，道脉传来派益长。
纵使桑田能变海，湖山千古色苍苍。

〔明〕陈音（1首）

陈音（1436—1494），字师召，号愧斋，明福建莆田涵江人，天顺八年（1464）进士，授翰林院编修，进侍讲，升南京太常寺少卿、太常寺卿。有《愧斋集》。

南　山

破荒文业向南湖，兄弟同心道不孤。
顿使邹陬崇圣教，却怜遗址变浮屠。
弓裘百代传书泽，俎豆千年拜学徒。
世路从教陵谷改，定传书舍重吾莆。

〔明〕吴希贤（3首）

吴希贤（1437—1489），旧名衍，字汝贤，号静观，明福建莆田黄石人，天顺八年（1464）进士，选翰林院庶吉士，历官翰林修撰、左春坊左谕德、南京翰林侍读学士，掌院事。有《听雨亭稿》。

南山（三首）

（一）

青衿变却曼胡缨，草堂湖上高峥嵘。
堂中讲学者谁氏，人言同道三先生。

（二）

书声隐隐碧云里，五夜灯光落湖水。
衣冠一代名不虚，山斗千年人仰止。

（三）

白云满地乔松阴，上方钟磬山沉沉。
斯文元气岂磨灭，尚有书香留至今。

【校注】此组诗作者一作岳正，然岳正《类博稿》等集中无录，故依吴希贤说。

〔明〕钱润（1首）

钱润，字雨生，明贵州清平卫（治今黔东南州凯里市清平镇）人，正统六年（1441）云南乡试（贵州士子附）中举，官至广西思恩府同知。

南山草堂

湖山倡道草堂成，尽说君家世府卿。
兄弟同心敦孝友，子孙无忝得科名。
亭开绿野群峰秀，源发寒泉一派清。
今日莆阳比邹鲁，间阎无处不书声。

【校注】郑氏族谱载作者为"闽按察使钱润"，明清时代福建按察使无"钱润"其人。

〔明〕林俊（1首）

林俊（1452—1527），字待用，号见素、云庄，明福建莆田城内人，成化十四年（1478）进士，授刑部主事，进员外郎，历姚州判官、云南副使。正德时以右副都御史巡抚四川，嘉靖时官至刑部尚书。有《见素文集》等。

南　山

虎困龙疲岁不虚，开皇历服竟何如。
中原赤子犹流血，太府先生合著书。
香阁午风生席细，竹筛流月映帘疏。
南湖依旧人千古，仰止当年为式闾。

林俊像
（《林氏族谱》）

湖山书屋为郑敬道题（选二）

（一）

草堂遗址翠微间，邹鲁莆风手一还。
胜地浮图几尘劫，只今香火祀湖山。

（二）

丈外烟霞席对温，化先青紫到吾门。
松间隋鹤能明语，何惜波余及子孙。

〔明〕祝允明（1首）

祝允明（1460—1526），字希哲，号枝山、枝指生，明江苏长洲（今苏州）人，弘治五年（1492）举人，官宁兴知县、应天府通判。擅诗文，尤工书法，名动海内。与唐寅、文徵明、徐祯卿并称"吴中四才子"。有《怀星堂集》等。

梁太府卿郑公湖山书堂铭

莆之郑，自昭始，由永嘉南渡，家而墓于邑之凤凰山。莆之学，自昭之孙露始，庐昭之墓，因湖山之胜，作室其间，与弟庄、淑共学焉，是所谓湖山书堂。而露之季昪，当时所谓南湖三先生者也，时在梁陈间。露官太府卿，庄中郎将，淑别驾，邦乘国志，咸徵为其地之华重。今河源令敬道，守其先泽甚谨，以诸先辈纪咏书堂者示允明,缀铭以归之。

莆邑之阳,凤凰之冈。
有斐君子,肯焉斯堂。
舒涛泛翠,华岑叠苍。
苏楣药疏,兰柱桂梁。
策有我书,我绨我缃。
音有我琴,我磬我簧。
我有圣师,孔姬羲皇。
我有嘉宾,颜曾荀杨。
忠基孝阶,义路礼防。
水智山仁,日就月将。
琳瑶在库,纹绣列房。
霄凤览辉,雾豹含章。
既鸿亦栖,亦骖以骧。
流庆曷涯,积实接芳。
秩秩河源,闲闳有光。
国宠方来,家善弥昌。
文学矢诗,镌之勿忘。
诏百文孙,日见尔墙。

〔明〕郑岳(2首)

郑岳(1468—1539),字汝华,号山斋,明福建莆田黄石人,弘治六年(1493)进士,历户部、刑部主事,因忤逆帝意受杖。后历官江西按察使、左布政使、右副都御史、大理寺卿、兵部左右侍郎。因陈刑狱失平八事被御史聂豹弹劾归。有《山斋集》《莆阳文献》等。

(一)南湖乔木图诗

永嘉政衰纷首房,衣冠避乱入南土。
湔涤陋习变儒风,邑小曹滕俗邹鲁。
云谁奋振为之先,南湖诸老抱遗编。

结庐弦诵南山下，陶冶欧林诸名贤。
流风遗泽讵云斩，玉树芝兰多异产。
吾家一脉分太卿，转徙桃源入蒲坂。
坂中族庶衍而昌，腴田稉稻充烝尝。
故家门面亦何有，绿绿古树几千章。
先宪当年手自植，老干嵯峨蔽天日。
水霜饱嚼节如枪，孙枝秀出皆径直。
画工描写入此图，先辈文字墨未渝。
箧笥久藏喫虫鼠，上下残缺半糊涂。
小弟佑生知爱惜，缘旧易新重装饰。
凌晨捧帚扫家堂，高挂此图於素壁。
先人手泽存岂多，弃置将奈愚骏何。
窗前感此起遐念，涕泣更下欲滂沱。
敬拭下方书数语，此意根心难缕缕。
吾宗衰替理宜复，共振先声时望汝。

（二）蒲坂构祠书事

故里心长系，新祠喜落成。
好山当面立，流水入怀清。
文献开先裔，公侯复始情。
衰年头重白，力尽此经营。

〔明〕丁镛（2首）

丁镛，字凤仪，号石匡，明江苏上元（今南京市）人，成化五年（1469）进士，授南京刑部主事，历员外郎中。成化二十年（1484）以南京刑部郎中，出知兴化府。有《石匡集》。

重游广化寺（二首）

（一）

我昔在江南，第作山中游。
山有兜率崖，石栏半空浮。

　　　　天人觉异壤，我在崖上头。
　　　　　　　（二）
　　　　此山颇佳胜，松竹成翠林。
　　　　中有学道者，逃虚入山深。
　　　　我心已澹若，无用问安心。

〔明〕郑铃（1首）

郑铃，字仪和，明福建莆田城内人，景泰七年（1456）岁贡生，官番禺县学教谕，赠郎中。

拜太府卿公祠墓有感，兼呈同社黄未轩先生

　　　　南湖胜处近何如，乔木参天拱把馀。
　　　　鹤发神人入梦后，蝉冠朝彦卜居初。
　　　　家为殿宇今无地，学绍箕裘世有儒。
　　　　欲接青云须勉力，凤凰冈上贮名书。

〔明〕郑瑾（1首）

郑瑾，字壁润，明福建莆田人，南湖郑氏后裔，天顺六年（1462）岁贡，官钱塘训导。

题南寺东祖祠

　　　　书室巍巍并远公，云林猿鸟兴偏同。
　　　　仪容俨雅千年后，尘世升沉一瞬中。
　　　　旦夕灯香资衲子，春秋苹藻总儿童。
　　　　南湖原委今犹昨，何必临风叹短蓬。

【校注】或认为郑瑾为晋代福州骠骑大将军郑衡第六子，应为同姓名误。

〔明〕郑思亨（1首）

郑思亨，原名墅，字藏庵，明福建莆田城内人，成化元年（1465）举人，授淳安训导，免归。日以探讨为事，尝编莆田古今诗文五十卷，名《冈凤集》。

谒南山诸祖祠墓

三公别业凤凰巅，道学渊源千百年。
灯火已无篝夜月，砚池犹自带寒烟。
当时文誉辉岩谷，万古书声沸涧泉。
每到祠前增感叹，绕山湖水变桑田。

〔明〕钱昌（1首）

钱昌，明江苏常熟人，成化、弘治间诗人。

南湖草堂

三贤伯仲产莆阳，首辟荆榛建一堂。
道立化行寻易俗，山横水绕聿增光。
八闽图志推尊旧，列代诗文赞述详。
更有琼林林君子，惟膺肯构忍遗忘。

〔明〕郑敬道（5首）

郑敬道，字自修，号耐轩，明福建莆田城内人，弘治十七年（1504）举人，授曹县教谕，正德九年至十四年（1514—1519）任河源知县，纂修《河源县志》。

湖山书堂颂（五首）

（一）

山色在上，湖光在下。
中有草堂，图书满架。
鱼泳鸟飞，风晨月夜。
道宗周孔，业讲虞夏。

（二）

湖光在下，山色在上。
一堂中峙，六籍敷畅。
闽之儒学，莆有令望。
莆之儒宗，祖实首倡。

（三）

同源分流，三邑是居。

植根既固，枝干亦舒。

聿修世德，经训菑畲。

科第簪组，奕叶靡虚。

（四）

明明侍御，业弘城东。

青云三世，庆衍无穷。

介哉我祖，绩著芹宫。

仁考肥遯，抹月批风。

（五）

嗟予固陋，以嗣以续。

才不副志，性寡谐俗。

民社尸素，簿书烦促。

钦哉先训，捧盈执玉。

〔明〕李中（1首）

李中（1478—1542），字中庸，明江西吉水县人，正德九年（1514）进士，授工部主事。曾在广东、广西、四川、山东等地任职，官至副都御史，总督南京粮储。居里名谷平，人称"谷平先生"。

南　山

哲人久已逝，书堂名犹存，

湖山堪仰止，论世可与知。

圣言存六籍，浩荡渺无涯。

尼山拈仁字，天元本在兹。

后儒寡知学，凿似枝叶辞。

万古此天地，孔氏真吾师。

卓哉由湖郑，灯火事书帷。

兄弟相丽泽，圣贤为表仪。

活活恻隐心，弗与世推移。

莆中称先觉，郡史书法宜。

余庆流孙子，家学力支持。

壮志图光大，绵永分无疑。

〔明〕周廷用（1首）

周廷用（1482—1534），字子贤，号八崖，明湖南华容东山人，正德六年（1511）进士，历官礼科给事中、福建参议、江西按察使。有《八崖集》。

谒三先生祠呈郑雪斋

前朝三郑读书台，今代高僧剪草莱。

遗像云窗时一见，后人祠宇岁频来。

名山细检碑文读，石室难将剑舄开。

莆海可怜龙远逝，辽阳几度鹤重回。

〔明〕郑登高（1首）

郑登高，字日进，号次山，明福建莆田城内人，正德十六年（1521）进士，历官户部郎中、嘉兴知府、南安知府、云南按察副使、湖广布政使司右参政等。

谒南山祖祠

暴骨中原尽可伤，先生端合卧南阳。

萤窗草屋春宵尽，鹤发金仙夜梦长。

云里溪声连寺磬，月中湖色漾禅床。

一年三度阶前拜，瞻望凤凰千仞翔。

【校注】此诗作者或误植为莆田郑光与。

〔明〕郑弼（1首）

郑弼（1492—1584），字楷甫、谐甫，号棠泉，明莆田城内后埭（今荔城区镇海街道英龙社区）人，嘉靖二年（1523）进士，官工部郎中、广南知府。

谒三公祠

村前篱落舒人景，郭外南山旧祖庐。

此日千竿栖凤竹，当年万卷古人书。
寺高渐觉钟声迥，云薄应怜月色疏。
极目海天风迅疾，江湖何幸乐樵渔。

〔明〕郑赞（1首）

郑赞，字元参，号心江，福建莆田城内人，明万历间岁贡，官桃源知县，崇祯间与彭汝楠等创建"颐社"。

书带圃

风动绿烟疏，芊芊不其草。
留护读书声，千秋长不槁。

〔明〕林铭几（1首）

林铭几（1579—1649），字祖册、祖策，号慎日、南村，明福建莆田人，崇祯元年（1628）进士，授中书舍人，擢御史。九年（1636）官江西巡按，迁山东按察司副使。明亡，辞官归里，建北村别墅，以藏书及收藏法书名画为乐。有《南窗遗稿》等。

赋得三公读书处

朱绂苍髯望萧然，松萝满院自芊芊。
遥传一榻青灯处，正傍层岩翠霭边。
禅室今仍留胜迹，山灵长与护遗编。
老僧犹记月明夜，时有书声杂涧泉。

三、清代至民国诗咏选

〔清〕林麟焻（3首）

林麟焻，字石来，号玉岩，清福建莆田城内人，少从王士禛游，以诗闻名，康熙九年（1670）进士，授内阁中书舍人，历官礼部郎中，曾与检讨汪楫奉使琉球，官至贵州提学佥事。有《玉岩诗集》《莆田县志》等。

（一）南山灵岩寺

灵岩古寺山之麓，诚悫大书榜高屋。

有唐迄今千百年，圣境流传俨天竺。
南湖舍宅三先生，金地奚殊给孤独。
凤凰山势高飞骞，大象天马相攒簇。
自从沧海纷扬尘，深谷为陵岸为谷。
飞楼涌殿半倾颓，僧倚破铛煨淡粥。
将军鸠材挽万牛，奂轮顿使旧观复。
都人拾翠争来游，耳听筝笛琵琶筑。
花茵叶幄杂笑歌，惊起沙鸥飞扑漉。
我亦放浪登宝场，混迹渔樵友麋鹿。
此间一百二十寺，丛林大小随所筑。
东塔西塔今犹存，涧水琤琮冷坤轴。
抽枝秾郁霭云桃，映丛婵娟多福竹。
露芽石鼎当窗煮，碧玉瓯中飞素瀑。
凝香方丈趺蒲团，落日衔山如转毂。
归来火急摹清景，作诗为报老同叔。

（二）南山寺

百二天池曾选佛，山横翠黛水拖蓝。
乱来柏树庭空在，霜后梅花客共探。
博士古坟荒寺北，郑公书屋倚湖南。
一从尊宿宗风杳，密谛传衣果孰堪[1]。

【原注】[1]谓二胜上人。

（三）南湖郑三先生祠

天马自西来，骏逸舒其股。
化为青凤凰，高蹲盛毛羽。
林木相蔽亏，涧谷互吞吐。
惟昔三先生，功实造化补。
选胜兹山间，溪水流雪乳。
结屋依南湖，诛茅事斤斧。
儒服推开先，弦诵遍乡土。

十室九书堂，锵锵习雅舞。
　　遂令经术盛，衣冠相接武。
　　暮年感梦来，施作金仙宇。
　　灵境罗人天，象筵散花雨。
　　岢然俎豆长，傍听道场鼓。
　　招提百二十，溪山信奥府。
　　我来行旷野，笑匪兕与虎。
　　登堂拜遗像，整襟谁敢侮。
　　想当振学时，如彍千石弩。
　　数椽涂暨旧，万世典型睹。
　　哲人仰如在，私淑于焉取。
　　阶屺立徘徊，神明俨宗主。
　　终学列御寇，逍遥此郑圃。

〔清〕卫楫（1首）

卫楫，清江苏嘉定（今上海市）人，祖籍昆山，康熙间贡生。有《嘉定志余》。

南　山

　　丹山碧水映朱甍，花萼相辉弟与兄。
　　化雨三人开后学，高风千载慕先生。
　　天光云影诗情好，鱼跃鸢飞理趣明。
　　从此莆民知礼义，至今犹有读书声。

【校注】郑氏族谱载作者为明代"闽按察使钱润"。

〔清〕萧重（1首）

萧重，字千里，号远村，又号梅村、剖瓠子、三十六湾梅花主人，清直隶静海（今天津市）人，贡生，嘉庆十三年（1808）赐举人，十七年起任莆田县凌洋司巡检，道光五年（1825）迁同安县丞（驻金门）。有《剖瓠存稿》。

郑南湖书堂

　　南湖三先生，白眉推恩叟。

中郎别驾斲轮手，如骖之靳相左右。
　　辞徵辟，甘沉沦。
　　陈太府，唐逸民。
　　晋处士，陶徵君，海隅倡学终其身。
　　云何清籁编，乃以冠唐贤。
　　夷齐之节高弗传，元史乃传元遗山。

〔清〕陈池养（1首）

陈池养（1788—1859），字子龙，号春溟、莆阳逸叟，清福建莆田城内人，嘉庆十四年（1809）进士，历官直隶隆平、武邑、平乡、枣强、元氏、河间等知县兼署冀州、景州、深州诸知州。道光元年（1821）丁忧归里，致力于家乡水利等公益事业。有《慎余书屋诗文集》《莆田水利志》。

郑南湖书堂
　　凤凰山下海潮生，不辍弦歌弟与兄。
　　八姓衣冠安乐土，一庭风雨宝荣名。
　　咸知砥砺成邹鲁，渐觉联翩肇宋明。
　　造士今来贤太守，犹听两岸读书声。

〔清〕黄绍芳（1首）

黄绍芳，字小石，清福建侯官（今福州市）人，道光十六年（1836）进士，官刑部主事，以员外郎告归，历掌清源、兴安、建宁、海东、玉屏、紫阳等书院讲席。有《兰陔山馆诗钞》。

莆阳杂咏二十四首（选一）
　　山川雄郁古名都，沃壤平畴绣错铺。
　　比户弦歌似邹鲁，莆中学始郑南湖。

〔清〕宋际春（1首）

宋际春（1816—1874），字孟礼，号柘耕、蔗耕、凌虚子、壶中子，清福建莆田城内人，道光十五年（1835）举人。历官福建寿宁县、闽清县教谕，同治八年（1869）任台湾县学教谕，卒于任。有《柘耕诗文集》《绿天偶笔》。

郑太府卿露

梁陈一儒者，舍宅奉金仙。

万古南湖派，名家诗礼先。

何须矜倡道，即此冠乡贤。

〔清〕陈乔龄（1首）

陈乔龄，字荔庄。清福建莆田东阳（今荔城区拱辰街道东阳村）人，举人陈云章长子，陈椿龄兄，父子兄弟皆文学家，道光十七年（1837）举人。曾任学官。有《荔庄诗稿》。

访南湖三先生故宅

出自城门南，言寻灵岩去。

良友携两三，同蹑白云履。

遥见凤凰山，支提矗先露。

指点山麓间，招提郁烟树。

横隔一水塍，纡徐复移步。

已抵梵王家，门外足小驻。

为访名迹来，殷勤问常住。

阇黎多俗人，茫然昧所据。

不知舍宅时，全家属何处。

废基渺难寻，古碑久倾仆。

空有志乘传，惜乏山灵护。

徒令游子心，徘徊为四顾。

忆昔初来莆，旧风陋且固。

倡学在南湖，一邑仰师傅。

弦歌遍村乡，诗书授章句。

从此滨海滨，化成邹与鲁。

是宜建特祠，千古祀无斁。

惟余一龛存，馨香祇园附。

金友兼玉昆，两两比肩衬。
四时荐伊蒲，犹为檀越故。
太息浇俗额，临风生慨慕。
饮水贵知源，瓣香礼一炷。
游倦鸟思还，行行遵归路。
回首望松门，黯然夕阳暮。

张琴（1首）

张琴（1876—1952），字治如、知庐、持儒，晚号石匏老人，福建莆城十八张厝人，光绪三十年（1904）末科进士。宣统元年（1909）春进京，授翰林院编修。入民国，任国会众议院议员、《亚东新闻》主笔。后回莆田任兴郡中学堂校长。有《桐云轩声画集》《桐云轩诗文集》等。

南山登高

登高有约出城闉，弥勒迎门笑口新。
白发又逢重九节，青山曾见六朝人。
疏泉碧涧添幽响，扪字苍崖刷细尘。
何日结茅寻席地，生涯长与老僧邻。

郑文熙（1首）

郑文熙（1888—？），字庶咸，福建莆田城内人，历任省立莆田师范学校、省立莆田中学教员，民国壸社诗人。

壸社同人宴萨上将鼎公，广化寺僧求公书因次亦翁郎即席韵赋呈

南山樾荫留题在，呵护应知有百灵[1]。
幸侍襜帷过竹院，又看蚕纸写兰亭。
粉墙生色笼纱碧，芋火分光照字青。
永镇山门宜彩笔，如公况是斗南星。

【原注】[1]寺内散族祖祠有文信国公所题"南山樾荫"四字石刻，至今尚存。

宋增佑（1首）

宋增佑（1881—1955），字启人、启仁、仁陶，笔名幼石。莆田城内罗弄里人，宣统元年（1909）拔贡。入民国，任湖山小学校长、莆田县劝学所所长、省立十中（莆一中前身）教师。有《宋仁陶遗集》等。

游南山广化寺

提倡风骚人笑痴，陶情淑性却相宜。
个中三昧征诸佛，公退分阴课以诗。

四、当代诗咏选

游天荆（1首）

法曲献仙音·莆田广化寺

柏郁松苍，泉凌霞翠，水色山光云远。一派禅房，数声清磬，广化灵岩宫苑。那轩宇凭观看，楼台锁星灿。　草堂晚，伴南湖弟兄灯烛，看鹤迹仙址，东峰书院。司药阿弥陀，拥如来端坐雄殿。万德庄严，石经幢、双塔霄汉。笑沙弥大肚，也受几多惊颤。

连炳辉（1首）

中秋南山广化寺诗会感作

凤山宝地聚中秋，诗友风情广寺游。
郑氏当年开讲席，南人来学悦书楼。
随缘禅境慈怀去，向佛空门法不丢。
斋饭平安存福气，归儒释道老身修。

吴中胜（1首）

过广化寺

塔影分灵水，菩提倚翠峰。
书声犹在耳，忽落几疏钟。

郑立新（1首）

游湖山书堂抒怀

开莆来学忆当初，一睹书堂意自舒。
湖映龙门文教起，山如凤翼大儒居。
书声朗朗声犹在，堂境幽幽誉岂虚。
歆羡郑家人睦乐，现今可不玩诗书？

郑志梅（1首）

南山广化寺

寺落凤凰翼，名归兴化先。
南陈初为舍，一梦献金仙。
金仙开山后，千又六百年。
我行穿湖镜，拾级佛门前。
灵地多文物，追踪见宝传。
释加文佛塔，竦竦立渠沿。
方言谱经幢，梵诵学问禅。
锻钟实冠绝，好音胜调弦。
信步随溪转，问心亭涧边。
涧亭邀茗饮，三盏乐悠然。
丛林终不负，昔日郑公贤。

吴玉忠（1首）

题莆田广化寺

开莆来学起南湖，广化兹生兴化儒。
百顷喷泉升梵境，千年含露蚀浮屠。
灵岩精舍迎才俊，经阁深藏毓俗愚。
心静闲来多受教，醍醐灌顶一须臾。

郑世雄（2首）

（一）忆开莆来学

兰溪碧水流，浩荡几春秋。
授业臻佳境，思源逐上游。
苍苍松柏地，屹屹状元楼。
遥望乡关路，云帆驾远舟。

（二）秋月禅风

释迦塔影掠平川，日下樯帆白浪边。
恩叟樾荫垂奕代，书堂佛国结禅缘。
千年松柏贫家子，万里云空皓月天。
古刹钟声闻宇外，诗情涌动颂先贤。

郑金辉（2首）

（一）南湖郑氏

远祖南山守墓丘，三兄各自数风流。
开莆来学名邦著，化雨传薪文献修。
早就声闻成望族，曾经位重显彬彪。
先贤厚德今依效，此地儒生遍九州。

（二）郑生有梦

南山脚下边，故迹忆先贤。
正是儒生宅，方成佛宇天。
高风归一梦，化雨渡千年。
照古观今事，依然见旧泉。

施春莺（1首）

广化寺湖山书堂寻踪有作

采风古寺影踪寻，佛国传奇史脉钦。
郑氏三贤才德茂，书堂千载李桃荫。
培成学子长鸿志，教化莆阳添仕林。
欲往灵岩挥梦笔，何如此地且看今。

杨丽芬（1首）

南山广化寺

僻静尘嚣外，灵岩附凤凰。
一朝三圣杰，十室九书堂。
儒释交相溢，人文合与长。
重修依佛日，教化助莆阳。

林人杰（1首）

咏广化寺兼怀郑露三兄弟

坐依凤翼面瑶塘，古刹前缘三郑堂。
十里湖山成佛国，五朝科第荟书香。
灵岩御赐柳题匾，梵塔神雕宋历霜。
又近南山心欲醉，晓泉松籁伴儒乡。

宋寿海（1首）

步韵林人杰《咏广化寺兼怀郑露三兄弟》

金刚不坏对莲塘，海曙雷音动佛堂。
玉宇氤氲开梵宇，檀香缭绕接书香。
家贫启智怀三郑，地瘦栽松凛九霜。
科甲联芳盛风雅，终赢邹鲁荔枝乡。

李更生（1首）

咏广化寺

古刹南山几易名，书声何夕变经声？
释迦塔伴晨钟醒，般若门穿香客轻。
御赐灵岩成佛国，僧留精舍隐郊城。
凭谁忆昔曾三郑，石匾犹存任说评。

林国飞（1首）

咏开莆来学

八闽首屈建书堂，科举辉煌誉四方。
遗址而今成古刹，莆阳长忆郑公郎。

原孝勋（1首）

南山广化寺采风笔会有感

三贤兴学泽莆阳，双柏参天兆吉祥。
宝刹慧光成佛国，梵音塔影伴仙乡。
云飞高阁千峰静，风递疏钟万树苍。
此际诸君挥笔墨，庄严圣地自添香。

林志勇（1首）

瞻湖山书堂感怀

凤凰山麓座书堂，古寺清幽翰墨香。
郑氏三贤开学智，名留史册耀荣光。

黄金明（3首）

（一）郑露来莆开学

人间至宝数文章。启迪人心从善彰。
社会井然何乐丽，功归郑露竞传扬。

（二）南湖书院

郑家来吉地，教育启先河。
文献名邦崛，功劳今亦歌。

（三）千载郑风（节录）

文献名邦播盛名，欣欣文化倍繁荣。
溯源郑露来倡学，教育先河启昌明。
吟诗珠玉千年耀，音韵铿锵多美妙。
检点乾坤何媲堪，南山樾荫众花俏。

苏庆敏（1首）

登湖山书院

郑氏湖山构书院，灵岩儒行定来学。
肇开兴化扬名邦，圣哲道胂授简渥。

郑元龙（2首）

（一）湖山书堂怀古

郑露倡兴学，莆阳文献开。
书声磅礴起，直上九天来。

（二）春游湖山书堂

南山松柏长，阵阵读书香。
郑露开莆学，一灯千古光。

郑举（3首）

湖山书堂怀先祖郑露公开莆倡学

（一）

露公乘凤至，展翅凤凰山。
多少传奇事，松风阵阵间。

（二）

千载长风起，胸中天翼开。
男儿多少梦，都付画图来。

（三）先祖郑露开莆来学

郑露开莆倡学梦，千年不尽读书风。
古今多少豪情事，都付平平仄仄中。

吴国清（2首）

（一）咏南山广化寺

翠绿南山松柏烟，初开儒学忆三贤。
莆田文化摇篮地，沐浴东风使命肩。

（二）中秋南山诗会行

海潮归隐现南湖，山麓冲天松柏粗。
开学郑公推鼻祖，授经佛院辟新途。
释迦高塔岩基固，古刹广场宏伟图。
秋月悬空聊意景，晚钟远颂彩灯殊。

赖澹然（1首）

咏湖山书堂

湖平云影动，山合树笼烟。
书韵亲松籁，堂庠启学先。

李福珍（1首）

西江月·入广化寺随感

香霭千秋缭绕，梵音几度悠扬。石幢古塔煅钟旁，曾有书生高朗。
三郑开莆来学，一邦启智飞翔。状元宰辅焕荣光，地瘦松携柏长。

刘成宁（1首）

过广化寺湖山书堂感咏

开莆来学迩遐名，古刹前身是塾黉。
千载皇恩披浩荡，万家士子沐新清。
形成市井繁华闹，教化民风淳朴生。
今日乡关复邹鲁，难忘三郑启蒙情。

贰 当代楹联作品选录

一、南湖郑三先生祠联（2副）

家承东汉光先后，
学启南闽肇弟兄。（林祖韩）

东汉绍家风，先众后玄，又三兄弟；
南湖长世泽，湘乡夹漈，有两云仍。（林祖韩）

二、凤凰山"开莆来学"新坊联（1副）

筑书室，授儒业，南湖勋迹垂竹帛；
承懿范，超先贤，莆邑英才遍环球。

三、仙游园庄郑庄郑淑祠堂联（1副）

倡学衍东南望族，
开莆发天地文章。

四、仙游郑氏通德祠联（1副）

开莆来学启文献，
舍地建庵发丛林。

五、南山松柏同题联（15副）

晨钟暮鼓，道法传灯开佛国；
翠柏苍松，文章盖世仰南山。（郑世雄）

翠峙双幡,青归一塔,对渺渺梵音,十里柏松参佛国;
南湖授道,师宪读书,承琅琅精舍,千年此地起人文。(祁朝洪)

南山松柏千年,樾荫绵长,开莆来学栋梁盛;
梵寺塔钟三宝,布施利乐,秉法修行良善多。(关一涵)

松柏繁荣,湖山书院开莆学;
凤凰利乐,广化禅林宏梵音。(关一涵)

松柏为邻,南山倡学起人文,名邦璀璨;
鼓钟相伴,广化慧光成佛国,圣地壮严。(原孝勋)

苍松倚日,千余年古刹,佛地谈经留胜迹;
翠柏凌云,廿四景名山,南湖讲学起人文。(戴剑恩)

四大丛林教学,金仙院启源于郑露,南山广化;
千年古刹藏经,广化寺缘名自太宗,圣地金仙。(陈秀琴)

道承东鲁,拂洗尘根,心池水绕禅窗静;
学启南山,啖餐松柏,朝暮花开佛国香。(林如峰)

何以解忧,唯有参禅,古刹梵音香火旺;
苍松翠柏,经楼佛国,书堂倡学圣贤多。(方宗和)

劲松撑玉宇,凭沐雨栉风,枝繁叶茂历千载;
古寺坐南山,溯开莆倡学,佛教论坛叱九州。(陈奇兵)

南山松柏,曾经三郑,独抱丛林净土;
八角塔楼,并立九天,静观佛界烟尘。(李祥霖)

松柏秀南山，称郑氏芳邻，古道荫深游后学；
凤凰归佛国，浴禅林圣火，上方清净证前尘。（林新雄）

天地一隅，松柏常青，覆郑氏书堂，南山犹献颂；
沧桑千载，波涛俱绿，乘空门宝筏，东海近参禅。（林新雄）

凤凰腾瑞彩，净地有情，霞生金碧酬清荫，古今积翠；
龙虎显文星，开莆来学，云起西南接好风，世代流芳。（陈金藏）

南山开莆学，揆文奋武媲邹鲁；
松柏向阳生，净性明心悟禅宗。（俞顺良）

附录二 古代兴化郡与台州的官员交流

莆田市古代府郡级建制皆称兴化，宋代为兴化军，元代为兴化路，明清为兴化府。宋太平兴国四年（979）至明正统十三年（1448），兴化郡辖莆田、仙游、兴化三县，正统十三年（1448）后至清代灭亡，兴化府只辖莆田、仙游二县。本附录之官员交流人物，时代涉及宋元明清四朝，籍贯亦涉及三县，故以兴化郡统称之。

一、兴化郡莆仙人任职台州官员

（一）台州官员

郑元龟，宋兴化军仙游孝仁里郑宅（今赖店镇圣泉村）人，"南湖三先生"之郑淑后裔。郑良士第四子。太平兴国二年（977）进士，八年（983）以宣德郎行左拾遗权知（《嘉定赤城志》卷九作"以著作郎知"）浙江台州军州事。天台山螺溪传教院高僧义寂法师圆寂，郑元龟尝作诗痛悼。

方崧卿（1135—1194），字季申，宋兴化军莆田县城内后塘（今荔城区镇海街道梅峰社区后塘巷）人，政和进士方廷实从子，丞相叶颙婿。隆兴元年（1163）进士，授绍兴府学教授，以忧不赴。后历官奉议郎、明州通判，知信州上饶县。于孝宗时知南安军，改知台州军事。《历代台州知府传略》载："据方崧卿《韩集举正》淳熙己酉年（1189）的自跋，其于孝宗朝曾出知台州，《嘉定赤城志》失载。方崧卿为人'自治严，接人和'，居家常用'宁人负我，毋我负人'八个字训诫子弟。"后任广东路提点刑狱、广西转运判官、京西转运判官等，皆有政声。

叶棠，字次魏，号万竹，宋兴化军仙游县万善里古濑（今大济镇古濑村）人，后迁莆田城内，丞相叶颙孙。以荫补官，历任知邵武军、太府丞等职。绍定元年（1228）以朝请大夫提举浙东常平茶盐。二年（1229），权知浙江台州。九月，台州大水，死人两万。叶棠组织筑堤赈饥，多方救灾，台州民众德之，为建生祠。绍定四年（1231），除直宝谟阁、浙东提刑。两年后，迁直徽猷阁、知绍兴府兼浙东安抚使。端平元年（1234）改知安徽太平州，移知宁国府奉祠。起用为将作监，卒于任上。

方良节（1464—1516），字介卿，号雪筠，明兴化府莆田城内草舍里（今荔城区镇海街道梅峰社区）人，弘治三年（1490）与兄方良永登同榜进士，授南京户部主事，历礼部郎中。弘治十八年（1505）出知浙江台州知府。正德初改知惠州，"下车伊始，首询民间疾苦，咨民所不便"，减徭役，浚西湖，修学舍，民颂其德。正德六年（1511）升广东右参政，八年（1513）升广东右布政使，次年（1514）转左布政使。十一年（1516）卒于官。擅书法，博通经史。著有《雪筠集》。

杨万程（1502—？），字志挏，明兴化府莆田县人，嘉靖十四年（1535）进士，授广东潮州府学教授，其为人"温和近人，容止慎重，课试诸生必面可否，潮人称之"。升户部郎中，嘉靖二十五年（1546）十月，以苑田收获赐羊酒有差。二十六年（1547），出知浙江台州府。

陈策（1509—？），字时偕，明兴化府莆田县梯吴村（今秀屿区忠门镇梯吴村）人，军籍，嘉靖十四年（1535）进士，授江西九江府推官，质朴诚实，明瞭通达，九江人爱之。嘉靖十九年（1540）十月选授为广西道试监察御史，次年十一月实授，十二月与同邑郑芸、吴人伊敏生联名上疏弹劾奸相严嵩，触怒皇帝，夺俸一级。出按广东，恪执宪度，岭徼肃清。未任，严嵩授意铨司，出陈策为浙江台州知府。陈策为官，"廉而不激，仁而不煦，宽而不阿，明而不刻"。在台州知府任上，"兴贤造士，养兵卫民，褒忠奖节，浚凿河道"，诸所措置无不当于舆情，百姓深受其恩惠。《台州府志》称陈策"居郡最久"。但《兴化府莆田县志》则记载陈策因得罪严嵩，被外派台州，"寻襫职归"。当以台州任职地记述为更可靠。

王绍燕，字谷贻、谷诒，清兴化府仙游县人，举人王捷南子，道光十九年（1839）举人，二十三年，任衢州知府。任上"礼贤下士，勤政爱民""培养人才，振兴文教""月课诗文，亲自批评"，培养了大批人才。道光三十年复任，"遗爱犹在民也"。道光二十六年（1846）十月至二十七年（1847）任台州知府，任上"颇多善政"。道光二十六年夏间，"台郡大旱，公祷而辄应"。二十七年兼正学书院山长，"月课生员，评批制义"（项士元《旅杭日记》载）在台州知府任上还为太平林茂崡《环碧楼诗集》和临海道光间诸生董炜《蠡测集》作序。咸丰三年至五年调署严州知府。著有《不忘初斋诗草》。

黄景星，字继聚，号若顷，明兴化府莆田县黄石人，万历二十九年（1601）进士，授浙江台州府推官，升南京礼部主事，转北京礼部主事，晋员外郎。历湖北武昌知府、湖广提学副使。泰昌元年（1620）升江西布政使司右参政兼摄学政参政。天启五年（1625）补广东布政使司右参议，巡视海道。天启七年（1627）五月任广东副使，备兵罗定。著有《槐芝堂集》。卒祀乡贤祠。

林以顺，初名升，字子睦、子木，元兴化路莆田县城内柴坊（今荔城区凤山社区东大路）人，至治元年（1321）进士，泰定元年（1324）授台州宁海县丞，历官浙江庆元县、浦江县尹。至元三年（1337）主持改建浦江县儒学。迁任浙江台州路推官，任上"治狱多善状。海寇滋炽，总管议抚，以顺曰：'恐遂以姑息乱天下。'历江西儒学提举、福清州知州。廉靖宽简，以礼为政。时元政已熄，所在盗起，劫杀乡邑，以计剪除之"（《闽书·英旧志》）。后升任福州路总管府同知，致仕归。卒年81岁。黄仲昭论曰："林以顺历官郡县，发摘奸伏，辨雪诬枉，新庙学，歼勃寇，所至皆有政绩，可谓能吏矣。"

欧阳直卿，字温叟，宋兴化军仙游人，宋政和二年榜眼欧阳盼子，少嗜学，能属辞，以右迪功郎调剑浦县主簿，元丰间（1078—1085）荐授惠州军事推官，迁广东海阳知县。绍兴间，以右奉议郎改任福建漳浦知县，复求签判惠州，转宣议郎，任浙江台州通判，赐绯衣银鱼。所官之处，皆有政声，所至号为易治。致仕归，卒年六十。著有《温叟词话》。

王晞亮（1094—1168），字希明，一作季明[1]，宋兴化军莆田县人，端方正直，宣和初贡入太学，绍兴元年（1131）特赐同进士出身。历建州、汀州教授，福州宗教，迁太学录。秦桧与晞亮曾同为学官，素知其行艺，及桧当国，擢其敕令所删定官兼权太学博士，冀为己用，晞亮岿然守正，桧知其不附己，外除为福建安抚司干官。时山寇爆发，请兵于朝，帅委晞亮从军，俾授诸将方略。王晞亮调护诸将，区处得宜，寇束手请命。诸司列荐，桧宿憾未已，复差任浙江台州通判，自居选调十九年未改秩。桧死，始以国子博士召，除吏部员外郎，累迁工部侍郎兼国子祭酒，除给事中。终以秘阁修撰致仕。

周杰，字元秀，明兴化府莆田清江上廊人，进士周莹从侄，成化十六年（1480）举人，历官浙江乐清县学训导，升任浙江台州府通判。

陈曰淑，字子善。明兴化府莆田城内刘桥人，弘治八年（1495）举人，历官浙江新昌县学教谕，累迁浙江台州府通判。

陈余馨，明兴化府莆田城内后街人，弘治十一年（1498）举人。官至浙江台州府通判。

方涞，明兴化府莆田城内后塘人，嘉靖举人方叔猷子。万历七年（1579）举人，官浙江台州府通判。

林仲璧，明兴化府莆田涵头（今涵江）人，天顺六年（1462）举人，官浙江台州府同知，改广东惠州府，升长芦运同。成化二十一年（1485），御史刘信等在涵江刘下为林仲璧立"步瀛洲坊"。

郭世忠，明兴化府莆田人，父郭逢高，万历四十年（1612）举人。官浙江台州府同知。

林窠，一作林松，宋兴化军莆田城内义门（今荔城拱辰仪门）人，宣和进士林孝泽子，隆兴元年（1163）进士，官浙江台州儒学教授，有诗集。

吴咏，明兴化府莆田县人，天顺进士吴宏密之从弟，成化四年（1468）进士，平度州儒学学正，台州府学教授。尝典应天文衡。

吴翰，字士宗，明兴化府莆田县人，进士吴咏孙，嘉靖五年（1526）进士，

---

1 〔清〕陈衍编《闽诗录》丙集卷七载："王晞鸿，字季明，初作晞亮。避金主亮讳改名鸿，亮死后复原名。莆田人，绍兴元年进士。"

官台州府学教授，工书法。

柯添，字长益，晚号归乐翁，明兴化府仙游县功德里（今度尾镇）人，严静力学，正统三年（1438）仙游县学岁贡，选录用，官浙江台州府学训导，后至雷州所河任职，所至有声，年五十乞休。成化元年（1465）十一月与郑纪等36人募资重建金凤桥。

戴孺筬，宋兴化军莆田城内衙西（今荔城区镇海街道）人，乾道进士戴规子，绍熙四年（1193）进士，官浙江台州经历、迪功郎。

许兴裔，宋兴化军仙游人[1]，绍兴进士许知新子，绍熙元年（1190）进士，官广东新州（今新兴县）知州。庆元年间任浙江台州司法参军。嘉定初，提辖建康府榷货务都茶场，嘉定十二年（1219）知浙江严州，十四年（1221）调任莆田郡守。

阮骏（？—1128），字千里，宋兴化军莆田城内阮巷（今城厢区龙桥街道太平社区龙门）人。元丰特奏名进士阮之才子，绍圣元年（1094）进士。知福建建阳县，治绩居最，拟除潮州，谤者不已，乃出遣为浙江台州税监，处之怡然。方腊犯台州，守委防御事，骏率兵应战，踣死五百余人，方腊兵亟引退，朝廷褒奖，转朝散郎。官终河南少尹兼西京留守，金人南侵，率兵拒战，不利，为金人所杀，谥"忠武"。

方略，字作谋，宋兴化军莆田县人，崇宁五年（1106）进士，大观中（1107—1110）授崇德县尉，召除删定官。迁修书局，出提举广东常平。宣和中贬知琼州，改潮州。南宋建炎年间告归，后起复。绍兴八年（1138）撰《南宋兴化军祥应庙记》，有"左朝请大夫、主管台州崇道观方略撰"题名。

吴公诚，字君与，宋兴化军莆田黄石（今荔城区黄石镇）人，绍圣特奏名进士吴诏子，大观三年（1109）进士，调古田县尉，政和初，林利等盘踞山谷，公诚擒之置诸法，尽散其党。提举何谊嘉其功，累章论荐，改承奉郎，转朝奉大夫。致仕，主管浙江台州崇道观，赠三品服，年八十四卒，赠太中大夫。

---

1 〔清〕彭循尧、董运昌等修《（宣统）临安县志》卷六"选举志"作"绍熙元年庚戌余复榜，许兴裔"。按许兴裔为兴化军仙游人，为宝元元年（1038）进士许稹五世孙、绍兴二十四年（1154）进士许知新子，非浙江临安人。

傅诏度，字仲远，宋兴化军仙游孝仁里罗峰（今仙游赖店镇）人，治平四年（1067）进士傅楫子，以父荫补承务郎。调监同安，未赴任。丁母忧。服阕，监涟水县酒税，寻代理县事。历官江苏如皋知县、陆州监税、摄镇江府事、将作监丞。主管浙江台州崇道观。郡学旧在水滨，当兵火梵之，余鞠为茂草。诏度即故址而新之，文风益盛。卒年八十一。

蔡伸（1088—1156），字伸道，号友古，宋兴化军莆田城南蔡宅（今城厢区霞林街道蔡宅）人，天圣进士蔡襄孙，早年与从兄蔡佃、蔡仙蜚声太学，号"三蔡"。政和五年（1115）进士。历太学博士，徐州、楚州、饶州、真州等四州通判。秦桧当国，以赵鼎党被罢，主管浙江台州崇道观。后官终左中大夫，卒赠特进。

傅佇（1081—？），字凝远，宋兴化军仙游县罗山（今赖店镇罗峰）人，重和元年（1118）进士，授无棣县主簿，调南安县丞。迁知晋江县，以张浚荐，除茶司干办公事。南宋绍兴二十一年（1151），以右朝奉大夫知沅州。二十六年（1156），以右朝散大夫主管浙江台州崇道观，当年八月罢。傅佇或误作傅宁，清徐松《宋会要辑稿·职官七》："八日，右朝散大夫、主管台州崇道观傅宁，罢宫祠。以提举茶盐朱冠卿言，其前任真州，科率人户竹木起造仓屋，不即支还价钱故也。"《台州编年史》第3卷"南宋卷"载："傅宁，字凝远，生卒年代不详，仙游县（今福建仙游）人。北宋宣和中（1119—1125）得中进士，授无棣县（今山东无棣）主簿。调南安县（今福建南安）丞，迁知晋江县（今福建晋江）。以张浚荐，除茶司干办公事。南宋绍兴二十一年（1151）以右朝奉大夫知沅州（治今湖南常德），转右朝散大夫主管台州崇道观。二十六年（1156）八月罢。"抑或傅宁为另一仙游人，待考。

林孝泽（1089—1171），字世傅，宋兴化军莆田县义门（今属莆田市荔城区）人，宣和六年（1124）进士，历官福建福清县丞、江西南康知军、提举广东市舶、广东转运司判官。隆兴二年（1164），以左朝请郎知漳州。宋杨万里《林运使墓志铭》载："通判兴国军，秩满，谒祠官之禄，得主管台州崇道观，知南康军。公为郡，严而不苛，吏不敢欺，提举广南路市舶。"则林孝泽主管浙江台州崇道观时间，应在其任南康知军之前。

叶颙（1107—1195），字子昂，宋兴化军仙游县人，绍兴元年（1131）进士，授广州南海县主簿，摄县尉。历知信州贵溪县、绍兴府上虞县，除将作监簿，知处州、常州。宋李心传《建炎以来系年要录》卷一百九十九谓绍兴三十二年（1162）"左朝散郎、知常州叶颙，依所乞，主管台州崇道观"。召为尚书郎，累官端明殿学士、参知政事兼同知枢密院事、知枢密院事、尚书左仆射兼枢密使，以观文殿学士致仕，赠特进，谥正简。

方扩（1107—1166），字端之，宋兴化军莆田城内方巷（今荔城区文献社区坊巷）人，进士方慎从、方慎言侄，绍兴二年（1132）进士，初授江西保昌县尉，历知福建闽县、温州平阳县。后以朝散大夫主管浙江台州崇道观，居官俸养如布衣时，惟以周贫恤旧为急。著有《岳阳唱和集》等。

陈子卿，宋兴化军莆田县人，绍兴三年（1133）十月以左朝请大夫知江西江州，四年（1134）十二月，为湖北制置使司参议官。五年（1135）五月罢官，主管浙江台州崇道观。宋李心传《建炎以来系年要录》卷八十九谓"戊子，左朝请大夫、湖南北襄阳府路制置司参议官陈子卿，主管台州崇道观"。

黄童，字士季，宋兴化军莆田县东里（今荔城区镇海街道英龙社区东里巷）人，状元黄公度从弟，绍兴八年（1138）与公度登同榜进士，历知永春、福清二县，转左宣教郎，罢归。主管浙江台州崇道观。卒赠中大夫。

姚廷瑰，宋兴化军莆田县人，绍兴八年（1138）进士，官承议郎，主管浙江台州崇道观。

黄汝嘉，宋兴化军莆田县人，宣和进士黄享孙，淳熙五年（1178）进士。任南安摄吏，受命重修姜相墓，并留下石刻。庆元五年（1199）官豫章教授，嘉定元年（1208）改宣教郎，知江山县；后转朝奉郎，广州通判；迁朝请郎，主管浙江台州崇道观。

黄公度（1109—1156），字师宪，号知稼翁，宋兴化军莆田县城内东里巷（今荔城区镇海街道英龙社区东里巷）人。绍兴八年（1138）省元，免御试，钦赐状元。历官平海军（今属福建泉州）节度判官兼南外宗簿。秩满回朝，除秘书省正字。时秦桧当国，公度因与赵鼎交好，又贻书台谏，评议时政，为秦桧报诬陷，罢为主管浙江台州崇道观。后官终左朝请郎，赠正奉大夫。

刘夙（1124—1171），字宾之，宋兴化军莆田乌石后垅（今荔城区镇海街道英龙社区）人，与弟刘朔皆师林光朝，时称莆阳"二刘"。绍兴二十一年（1151）进士，历官吉州司户参军、建州教授、临安府教授、绍兴府教授、礼部贡院考官、秘书省正字、枢密院编修官、国史院编修官、著作佐郎、湖北帅参、衢州知州等。乾道元年（1165）以亲老乞祠，主管浙江台州崇道观。卒祀乡贤祠。

黄钺[1]，宋兴化军莆田城内东里人，进士黄童孙，庆元二年（1196）进士，历官承务郎、知福建龙岩县，改承事郎、潮州通判，以"左朝奉大夫主管台州崇道观"（宋《普觉宗杲禅师语录》）。

（二）台州天台县官员

郑至道，字保衡，宋兴化军莆田城内后埭人，殿中侍御史郑伯玉孙，元丰二年（1079）进士。元祐二年（1087）以雄州防御推官改任浙江台州天台知县，其"为政宽简，专于教化"。著《谕民书》七篇。

天台县衙旧址

宋珍，一作宋琛，宋兴化军莆田城内后埭龙埔人，元祐六年（1091）进士，官通直郎，绍圣、元符中（1094—1100），任浙江台州府天台知县。

---

1 按乾道五年（1169）武举正奏名进士黄钺，字子授，为福建宁德人，《台州编年史》《江夏黄研究》等书皆与莆田黄钺混为一人。

至道清风
莆籍廉官天台知县郑至道文化

天台县衙《郑侯去思碑》

郑光与,字以禄,明兴化府莆田县灵川东沙人,成化十六年(1480)举人,弘治八年(1495)任绍兴知县,弘治十年(1497)[1]改任浙江台州府天台知县,任上"居官不扰,节资费,省徭役。民甚便之,立《去思碑》"(康熙《天台县志·秩官志》)。该《去思碑》又称《郑侯去思碑记》,为天台县人范吉所书,碑刻至今尚存。《碑记》中云:"侯,莆田人也,名光与,字以禄,以书经中成化庚子乡试,自诸暨改令吾台。公廉勤慎,节用爱人,凡政之所施,一皆出于诚焉。其为人,直谅简静,不事外饰,惟务尽己之职,而不顾上之喜怒;惟求无愧于心,而不恤身之安危,竟以是得谤。"可见评价是非常高的。弘治《兴化府志》黄仲昭亦论曰:"予观天台人士为光与立碑,而深惜其志,至于太息而不能已,盖其所感者深矣。夫才难之叹,自古已然。为县而得民心有如光与者,乃使之坎凛抑郁以去,其何以为后来者之劝哉?此天台人士所为深太息者欤。予修莆郡人物志,凡其人生存者例未收录,今以光与之事有关于世道甚重,故特破例书之,以告夫可进退人才之柄者。"

---

[1] 按康熙《天台县志·秩官志》"县尹"载:"郑光与,莆田人,由举人永乐十年至。"记任职时间有误。

陈世显，明兴化府莆田城内人，成化十六年（1480）举人，知浙江青田县，弘治十八年（1505）改任浙江台州府天台知县。清康熙《天台县志·名宦传》载："陈世显，莆田人，弘治间为邑令。存心宽厚，律己清廉，无宦情，有长者风。未几去任，邑人思之。"

吴鸿宾（1835—约1913），字云笙，号墨髯、莆仙逸民，清兴化府莆田城内雷山人，光绪十一年（1885）拔贡，朝考一等，以知县分发浙江，署海盐知县，光绪十八年（1892）调补浙江台州府天台知县。天台地僻民贫，号称难治，鸿宾兴利除弊，事无不举。后调知临海县、钱塘县。以知府用升为浙江省候补道员。为近代著名书法家。

宋鉴，字君玉，宋兴化军莆田城内双池巷（今荔城区镇海街道英龙社区双池巷）人，绍熙进士宋钧弟，绍定二年（1229）特奏名进士。历官迪功郎，官安徽宣州（今宣城）儒学教授，改从政郎，转浙江台州府天台县尉。卒后葬涵江囊山寺西九峰。

陈宇，明兴化府莆田县人，隆庆二年（1568）任浙江台州府天台县丞。

林讲，字鲁明，明兴化府莆田县人，建文元年举人林嵒之弟，永乐十五年（1417）举人第三人，宣德初年（1426）任浙江台州府天台县学教谕。

梁璋，字允培[1]，明兴化府莆田县霞林人，成化十三年（1477）举人，成化间授浙江台州府天台县学教谕。康熙《天台县志·秩官志》载梁璋"讲学训士，教有成绩"。天台人思之。任满迁府学教授，升国子助教，讲义甚精。尝典应天乡试文衡，去取慎明。居官禄入皆偿父债，而贫终其身，为当时推重。

林槐，明兴化府莆田县人，万历十年（1582）以吏员任浙江台州府天台县巡检。

林时文，明兴化府莆田县人，监生，万历三十九年（1611）任浙江台州府天台县巡检，后升河南内乡县丞。

曾诠卿，明兴化府莆田县人，天启初年（1621）任浙江台州府天台县巡检。

（三）台州临海县官员

黄殿，清兴化府莆田县人，举人，康熙十二年（1673）任台州府临海知县。

卓宜，明兴化府莆田县人，宣德十年（1435）以吏员升任台州府临海县主簿，

---

[1] 康熙《天台县志·名宦传》作"字允慎"。

任内"有能名，置民间地，拓文庙基址"（《临海县志》）。

郑善桓，明兴化府莆田县人，弘治七年（1494）以吏员任台州府临海县典史。

郑应旂，明兴化府莆田县人，嘉靖三十五年（1556）任台州府临海县学训导。

（四）台州黄岩县官员

许懋，字敏修，宋兴化军莆田县人，治平二年（1065）以太常博士任台州府黄岩知县，迁县学于明因寺。

邱泰，明兴化府莆田县人，进士，正德四年（1509）任台州府黄岩知县，"廉勤公直，境内大治"（《黄岩县志·职官》），任满升知州。

林人纪，明兴化府莆田县人，嘉靖七年（1528）举人，嘉靖十一年（1532）任浙江天台县学教谕，嘉靖十九年至二十四年（1540—1545）任浙江台州府黄岩知县。任内"吏事精致，人不能欺"（《黄岩县志·职官》）。嘉靖二十六年（1547）任户部主事，后升任南京户部员外郎。

陈效良，明兴化府莆田县人，隆庆三年（1569）任台州府黄岩县主簿，掌知印。

傅邕，宋兴化军莆田县人，开禧二年（1206），任台州府黄岩县典史。

郑恰生，明兴化府莆田县人，洪武二十九年（1396）举人，授肇庆府训导，永乐六年（1408）任台州府黄岩县学教谕，平素"涉猎经史，操履端方"（《黄岩县志·职官》），曾主持拓建县文庙，卒于任上。

黄乔孟，明兴化府莆田县人，成化元年（1465）举人，任台州府黄岩县学教谕，升兖州府学教授。

许廷齐，明兴化府莆田县黄石后度人，成化元年（1465）举人，历官河北魏县、浙江汤溪、浙江台州府黄岩等三县儒学教谕，迁任荆府纪善。王多过违，求致仕。未几王败。

吴教，字以宽，明兴化府莆田县黄石塔兜人，成化二十二年（1486）举人，成化末官台州府天台县学教谕，改台州黄岩县学教谕，升广东惠州推官，迁海南琼州府万州知州，改河北永平府滦州。

林应，明兴化府莆田县人，正统十五年（1450）贡生，任台州府黄岩县学训导。

顾惟质，字彬夫，明兴化府莆田县黄石坑柄人，弘治五年（1492）举人，历山东济宁州学训导，弘治十四年（1501）改台州府黄岩县学训导，任内"宅心平恕，操行廉洁，士类多所造就"（《黄岩县志·职官》）。后迁广州府增城县丞，累擢山东兖州府通判。

林大宾，明兴化府仙游县人，岁贡，嘉靖八年（1529）任台州府黄岩县学训导，卒于任上。

（五）台州太平县官员

林鸣冈，号桐厓，清兴化府莆田县人，举人，嘉庆五年（1800）任台州府太平县知县，任上"敏于决事"（《太平县志·职官》）。

林宸谟，明兴化府莆田县人，崇祯间任台州府太平县丞。

张篦，明兴化府莆田县人，嘉靖间任台州府太平县典史。

黄初，字明复，明兴化府莆田县塘下（今荔城区黄石镇塘下）人，天顺六年（1462）解元。成化七年（1471）任台州府太平县学教谕，任上"平易旷达，尝三典文衡"（《太平县志·职官》）。迁台州、温州府学教授。

黄缙，字绍荣，明兴化府莆田县白杜（今荔城区西天尾镇白杜村）人，成化十三年（1477）举人，成化十七年（1481）任台州府太平县学教谕，任内"节缩俸资，立乡贤祠"，时太平县新设，邑无志书，遂率诸生论文考课，校其勤惰，多所成就，纂《太平县志草》。任满离开，"诸生颂之不衰"。弘治七年（1494）升广东兴宁知县。

张泽，明兴化府莆田县人，举人，正德三年（1508）任台州府太平县学教谕，任上"学规整饬"（《太平县志·职官》）。

陈光明，字道昭，明兴化府莆田县人，与弟光华同中嘉靖四年（1525）举人，五河县学教谕，丁艰归，嘉靖十五年（1536）起复任台州府太平县学教谕。官至南京太仆寺丞。

杨文命，字日敬，明兴化府莆田城内方巷人，正统进士杨瑛孙，成化二十二年（1486）举人，授德兴县学训导，升於潜县教谕，正德三年（1508）由教谕降职为台州府太平县训导，任内"天性宽厚，待士极诚"（《太平县志·职官》），任满升浙江绍兴府学教授。

柯俊，清兴化府莆田县人，康熙九年（1670）任台州府太平县特设太平营参将。

（六）台州宁海县官员

曾梦鳌，字君瞻，明兴化府莆田西漳村（今荔城区拱辰街道长丰村）人，万历二年（1574）进士，本年授浙江台州府宁海县知县。

宋祖腾，字尔腾，明兴化府莆田平海卫人，万历三十二年（1604）进士。万历三十三年（1605）任台州府宁海知县[1]。万历三十四年至三十八年（1606—1610）任应天府高淳县（今属江苏南京）知县，值大水，民居尽没，于各圩冲没时，亲棹小舟，下啼号数千人于高屋之脊，高木之梢，多所存活，力请缓征，发粟如民更生，各乡专祠祀之。万历四十四年（1616）迁湖南永州知府。

林光庭，字冲明，号映苍，明兴化府莆田县人，万历三十二年（1604）进士，授阌乡知县，"明习吏事，屡决疑狱"。调襄阳知县，"邑盗充斥，御过客，掠子女，光庭设方略擒之"。被诬，改江西布司榆校，万历四十年（1612）任台州府宁海知县，到任"下车知县粮有火耗，曰此贪窦也，亟革之。敷政宽平，御下严肃。入狴犴者日夜求，其可原者讼于庭，必反覆谕导，立剖为之清。公余就义学，与文士谈艺，情极款洽。修学宫，建文昌阁，置田供祀。葺方正学祠，拨废寺田为祀产。尊前令以忠谏被逮，请当事入祀名宦。"（《宁海县志·宦绩传》）后升户部主事，"奉命督河南粮储。所过凶荒，便宜发赈"。历员外郎，迁武昌知府。

李廷春，明兴化府莆田县人，嘉靖四十三年（1564）举人。隆庆初任台州府宁海县学教谕，隆庆六年至万历二年（1572—1574）任江苏淮安府盐城知县。时李廷春贿严嵩之子严世藩升为内台，同县林云同疏摘其状。严世藩反诬，湖广巡抚白其真相，李廷春被罢官。

吴三畏，字日寅，号半村，明兴化府莆田县人，嘉靖二十二年（1543）举人，授浙江台州府宁海县学教谕，其"学问赅博，行谊端方，士多仰其造就，尤善吟咏，长于楷书"（《宁海县志·宦绩传》）。后升浙江嵊县知县，有政声。五载后，升江西广信府同知。

张钦训，明兴化府莆田县人，嘉靖间岁贡（明经），任台州府宁海县学训导。

林德荣，明兴化府莆田县人，崇祯间任台州府宁海县曼岙司巡检。

陈懋华，明兴化府莆田县人，万历间任台州府宁海县典史（《宁海县志·年表》载）。

---

[1] 清《宁海县志》作万历三十三年至三十六年任知县，而《民国高淳县志》作万历三十四年至三十八年任知县，两种说法时间不同。

郑大猷，明兴化府莆田县人，万历二十年（1592）任台州府宁海县典史。

林良佐，明兴化府莆田县人，崇祯六年（1633）任台州府宁海县典史。

林乾，字宏易，明兴化府仙游县人，永乐年间任台州府宁海县学教谕。

（七）台州仙居县官员

周瑞（1499—？），字循典，号东峰，明兴化府莆田县清江（今荔城区黄石镇清后村）人，嘉靖十一年（1532）进士，观刑部政；十二年（1533）授江西吉安府安福知县。十四年（1535），任浙江台州府仙居知县，任上"留心学校，加惠编氓，去后人咸思之"（《万历仙居县志·官属》）。官终南京国子监博士。

宋邦达，字士泉，号若泉，明兴化府莆田城内后埭（今荔城区镇海街道英龙社区）人。嘉靖四十年（1561）举人。授江西湖口县学教谕。隆庆四年（1570），任浙江台州府仙居知县，与前县令忤，因丈田致害。

余震，字子春，明兴化府莆田县人，举人余星子，国子监生，万历三十四年（1606）顺天举人，四十七年（1619），官浙江台州府仙居知县。

萧鸣盛，《仙居县志·职官》等皆作莆田人，《建阳县志》作建阳人，万历间举人，崇祯四年（1631）任仙居知县，纂修《崇祯仙居县志》。

黄议，明兴化府莆田县人，嘉靖进士黄谦弟，嘉靖四十三年（1564）顺天举人，隆庆元年，任台州府仙居知县。官终苏州府通判。

黄辅尧，明兴化府莆田县人，监生出身，嘉靖三十五年（1556），任台州府仙居县丞。

吴阳保，字景初，明兴化府莆田县城内右厢人，洪武二十九年（1396）举人，授广东韶州府学训导，永乐十七年（1419）迁浙江台州府仙居县学教谕，其"德性纯厚，敷教有方，自是科第始盛"（《仙居县志·官属》）。再迁河南开封府学教授，所至以教导为职，不以修脯厚薄为辞。既去，然思之不置。官终国子博士，勤于教诲。卒祀乡贤祠。

郑敏，明兴化府兴化（莆田）县人，正统举人郑重光侄，岁贡，成化十五年（1479）任台州府仙居县学训导。

林士升，明兴化府莆田县人，岁贡，隆庆元年（1567）任台州府仙居县学训导，升衢州府学教授。

二、台州人在兴化郡莆仙任职官员

周炜,字光庭,宋台州宁海县东岙(今属宁波市宁海县一市镇)人,嘉祐进士周弁之子,元祐三年(1088)进士,历官徽州、温州知州,福建兴化军知军,官终中大夫。

王居安(1167—1232),字简卿,又字资道,宋浙江台州黄岩县人,天赋奇禀,聪颖异常,淳熙十四年(1187)进士。授徽州推官,连丁内外艰,柄国者以居安十年不调,将径授职事官,居安自请试民事,乃授江东提刑司干官。使者王厚之厉锋气,人莫敢婴,居安遇事有不可,平面力争不少屈。入为国子正、太学博士。开禧三年(1207)以司农寺丞知兴化军。其论治以正本为先。初至,条奏便民事,乞行经界法,以平均税负、劳役,又力主遏绝番舶奢侈品贸易,言番舶多得犀、象、翡翠、香物等,乃崇尚奢侈,宜遏绝禁止。其居官通商贾以平米价,诛剧盗以安平民,尝修郡拨废刹田以充学廪,为建造莆田木兰陂水利工程的功臣李长者重立祠像。迁著作郎兼国史实录院检讨编修官,兼权考功郎官。历知太平州。迁工部侍郎。理宗即位,以敷文阁待制知福州,升龙图阁直学士,转大中大夫,提举崇福宫。居安以书生,于兵事不学而能,必诛峒寇而降汀寇,皆非苟然者。卒累赠少保。《宋史》赞"它心公明,待物不贰"。为官敢于直谏,曾使"天子改容,佞奸侧目"。有《方岩文集》。

林唯,字贯之,宋台州临海县人,嘉定元年(1208)特奏名进士,官终福建兴化军仙游县主簿。

胡良,字达之,宋台州天台县人,宝庆二年(1226)进士。嘉初,累迁为国子正。历官内小学教授、宗正寺主簿、秘书郎、著作佐郎。次年,授在外差遣,官终福建兴化军知军。

郑雄飞(1196—1263),字景温,号愓堂,宋浙江台州仙居县人,端平二年(1235)擢进士乙科,授江苏常州晋陵县尉。丁宜人艰,服阕,改任福建兴化军莆田县涵头盐仓兼烟火事,这是其正式官名。在各本《兴化府志》和《莆田县志》中只含糊称其为"涵江镇官",今人或误认为郑雄飞是"涵江士绅"[1]。南宋淳祐三年(1243),郑雄飞以奉承议公就养。据《郑公岁月记》载,郑雄

---

[1] 蔡天新:《莆田海上丝绸之路》,厦门大学出版社,2021年版,第120页。

涵江书院（文庙）正学门

飞曾"以先圣之胄占籍在焉，而寓士有著忠孝之节，得师友之传者，乃鼎创涵江书院"[1]，时间是在淳祐五年（1245）。据载，当时新建成的涵江书院辟有"尊德堂""圣胄斋""忠孝师友祠"，又置有"圣胄庄"。郑雄飞在莆还有主持修复太平陂，溉田二万余亩等政绩。郑雄飞一生历官校书郎、秘书郎、秘书丞、著作郎、知徽州、太子侍读、右谕德、秘书少监、宗正少卿等职，以户部侍郎致仕，赠通议大夫。其生平以公道自任，为政务存大体，以清节著于时，与同邑陈柏、吴梅卿、吴谅号称"四君子"，入祀台州乡贤祠，略历载《台州府志·名臣传》。郑氏在涵江为地方小官只是其辉煌仕途的起点之一，然其"方为小官时，固已事事不苟矣"（《郑公岁月记》）。郑氏为涵江书院鼎建及宋代莆田教育，作出了一定的贡献。

杨克俭，一作杨克伦，字好约，明台州天台县人，洪武二十一年（1388）进士，官御史，建文二年（1400），由户部郎中来任福建兴化府同知。

---

[1]〔宋〕吴坚：《郑公岁月记》，《临海墓志集录》，宗教文化出版社，2002年版，第71—74页。

方文政，明台州宁海县人，岁贡，洪武二十一年（1388）任兴化府仙游县学训导。

周宗璲，字景琏，明浙江台州天台县人，洪武中，以贡生得授礼部主事。永乐二年至十七年（1404—1419）由行人擢福建兴化府知府。其为人倜傥，宽猛有制。时有兴化卫指挥使凌胁（欺压）郡邑，宗璲毅然曰："彼弱我耶？吾有以制乎彼矣。"每相见，不轻与狎，但处之以道，接之以礼；犷卒暴民以法绳之，卫所为之肃然。居官能究利弊而兴革之，政事修举。公暇则召诸生讲论经史，或与士大夫唱和，莆中名胜处多有宗璲题咏，其诗亦可观。宗璲每岁必合三县之士而群试之。谦与林环、曾景修为同窗好友，常居三名之列。黄仲昭《（弘治）兴化府志》论曰："周宗璲能制卫所之强，使民不受其虐；潘本愚能清无征之粮，使民不受其害，皆可谓能吏矣。"

陈光，明台州天台县人，举人出身，永乐六年（1408）任仙游县学教谕。

包原尚，名常，以字行，明台州临海县人，永乐十五年（1417）举人，官福建莆田县学训导。

丘（邱）孟真，明台州天台县太坊桥亭人，岁贡，正统二年（1437）官兴化府仙游知县。

何曾，明台州宁海县人，宣德间岁贡，正统间官兴化府莆田县丞。

陈聪，字惟明，明台州临海县人，正统十二年（1447）举人，官福建莆田县学训导，著有《素庵集》。

罗伦，字从理，明台州黄岩县人，天顺六年（1462）举人，成化十九年（1483）来任兴化府学教授。

彭昭，明浙江台州太平县竹冈（今玉环市楚门镇东西村）人，成化元年（1465）与叔彭俊中同科举人，成化十七年（1481）任福建仙游知县。十八年（1482）主持重建县东惠民药局。

王弼（1449—1498），字存敬，号南郭，明浙江台州府黄岩县南门人，成化十一年（1475）进士，授江苏溧水知县。有政绩。任满升刑部主事，擢刑部员外郎。弘治三年（1490），出任福建兴化知府。王弼为人刚明果断，令行禁止。凡处分狱讼、徭役、科征等事，皆自制稿，令郡吏抄行，案稿不得互异；或忙遽中文书堆叠发房，皆能记忆，吏不敢易置前后，及有所隐匿。时福建布政司参议命兴化税收承担福州水口白沙驿支费，乞割兴化府财赋以支持。王与布政司力争，上疏朝廷免除。弘治八年，泉州、漳州民众起事，声势浩大，福建布政司檄全省各卫、军出兵征伐，巡海副使司马垔掌兵事，命王弼限期征集兴化兵丁。时莆田四周土寇万余正响应起事，王弼上抗说："莆郡小民寡，且与寇邻，倘征丁壮以去，寇至，将谁与守？夫失军机死也，失土亦死也，等死，死土可也！"司马垔钦佩其言，乃舍去，事件终得平定。弘治十年春调任，次年秋却复任，民众塞道至境欢迎，入城时欢呼声响彻里巷。十月，往福州参谒得病而归，城乡百姓遍设坛场祈祷，二十四日卒于府，民众"哭而奠赙也无虚日"，父老筑衣冠冢，其弟与子扶柩还乡。著《南郭集》四卷，林俊作序并批点，诗文奇崛清劲。

杜福，明台州宁海县人，成化间任莆田县丞，参与重修江口尚阳桥工程。

陈宪，明台州天台县人，弘治间任莆田县学教谕。

周尚贤，字时谦，明台州天台县人，岁贡，正德间官兴化府莆田县学教谕。

曹文㮣，字崇柱，号方田，明台州太平县泽国（今温岭市泽国镇）人，嘉靖十年（1531）岁贡，授福建兴化府通判，未任卒。

徐懋官，字居一，明台州黄岩县人，天启间岁贡，任嘉兴县学训导，升兴化府莆田县学教谕。

邵兴道，字子达，号云逵，明台州太平县虞㠀（今温岭马公乡吴岙村）人，以举荐杂选官福建兴化府莆田县丞，后升潞安知县，终龙安知府。

包国显，明台州黄岩县人，举荐杂选出身，兴化府照磨。

张孟雷，字义宾，号凤南，明台州太平县寨门（今温岭市城南镇寨门村）人，以举荐杂选任兴化府莆田县巡检。

陈尹进，字永精，明台州太平县（今温岭市）前陈人，以举荐杂选官福建兴化府巡检。

陈茂琳，明台州黄岩县人，以举荐杂选任兴化府莆阳驿丞。

董僎，清台州宁海县人，乾隆五十三年（1788）任兴化府莆田县典史。

罗东之，字茂栋，清台州黄岩县井头罗村人，同治间监贡，历官福建漳浦、兴化莆田盐大使加同知衔。光绪八年（1882）补用泰宁知县，升用同知。

三、在台州和兴化莆仙两地任职的官员

钟离松（1101—1186），字其绍，少时字少公，一字绍公，宋浙江会稽（今绍兴）人[1]，48岁甫登绍兴十八年（1148）进士。乾道五年（1169），以朝请郎任福建兴化知军，于兴化县广业里溪东为湘溪乡知县郑厚立"名贤坊"，于溪西为布衣郑樵被召立"特起坊"。郑樵夹漈草堂原为土草房，钟离松始改为瓦房，并题"草堂胜迹"匾，清代后"夹漈草堂"被列为莆田"二十四景"之一，今改建为"郑樵纪念馆"。乾道五年（1169）曾主修《莆阳图经》。钟离松在《宝积莲社画壁记》中自署"朝请大夫、前主管台州崇道观"。卒年八十六。

钟离松题"草堂胜迹"匾（重刻匾）

傅自得（1116—1183），字安道，宋河南光州固始人，南渡后侨居福建泉州南安，以荫补官，为福建路提点刑狱司干办公事。主管浙江台州崇道观，通判漳州。绍兴二十五年（1155），任福建兴化知军。因忤逆秦桧罢官。南宋隆兴元年（1163），再知福建兴化军，召为吏部郎中。乾道九年（1173），除直秘阁、福建路转运副使。知建宁府，改两浙东路提点刑狱。寻知兴国府，以朝奉大夫、直秘阁主管武夷山冲佑观。卒年六十八岁。著有《至乐斋集》。

---

1 南宋嘉泰元年《嘉泰会稽志》、清李慈铭《越缦堂读书记》及今人任林豪、马曙明编著《台州编年史》第三卷皆认为钟离松为浙江会稽人。宋释宗鉴《释门正统》载："钟离松，字少公，婺（金华）人。"杨倩描主编《宋代人物辞典》则认为钟离松是"南宋建康府江宁（今江苏南京）人"。今从《嘉泰会稽志》记载。

冯荣叔，里籍不详，绍兴二年至三年（1132—1133）以承务郎任浙江绍兴府余姚县丞，十六年（1146）升右宣义郎、知河南信阳军。绍兴二十八年（1158）任江西瑞州知州，绍兴三十一年（1161）八月以右朝请郎降授主管浙江台州崇道观，三十二年（1162）升任福建兴化知军。后知安徽濠州，改知湖北黄州。以贪鄙复贬主管台州崇道观，隆兴二年（1164）罢职。

黄烈，字辉道，宋福建汀州临汀（今长汀）人，绍兴十二年（1142）进士，老成畏厚，乡党推重。调潭州（今湖南长沙）户曹，再调福州候官县丞，当途交荐，改京秩，任福建兴化军仙游知县，后以承议郎主管浙江台州崇道观。

曾用虎（1176—1245），字君遇，号盘隐居士，宋福建晋江人，丞相曾公亮之后，庆元四年（1198）与兄曾从龙中同榜举人。初为建安户曹掾，洗手奉职，调常州犇牛镇，改秩知浙江台州宁海县，时有豪富大家，仗势成性，作手作脚，"匿赋税，吏噤不敢索"。用虎闻知，不畏不怯，"杖而殉之，输毕乃释"，其他老奸耳闻目睹，便不敢再作弊，输送以时。不久，知南剑临尤溪县，擢通判福州。绍定四年（1231）以宗正寺丞出知福建兴化军。时汀州、邵武贼盗四起，前守王克恭从莆人陈宓板筑之议，举事未就而卒，继属通判越汝盟又卒，用虎来，锐意为之。乃相度地势，料量工役，筑军城，周围七里有余，建五门，上立楼橹，巨丽突兀，既完且美。筑城次年，下令免除夏税一年，用节约之经费代民输纳，以酬民劳。建平价粮仓，控制粮价。建三步泄，灌溉千顷田地。修太平废陂，民号之曰"曾公陂"。捕盗时力不扰民，而豪强若有损害民众行为的，必镇压。廉洁克己，凡人情赠送，土木游观，均不参与。民间有大利病，必勇于兴除，不以费用多少而弃之。莆人感之，为立生祠。后增祀于太和庙，邑人刘克庄为记。进直秘阁知府事，提点江西刑狱并兼郡事，移转运判官。端平二年（1235）进直华文阁摄帅事。同年五月除尚书吏部郎中。卒进朝议大夫、晋江开国男。

陈振孙（1179—1262）[1]，初名瑗，字伯玉，号直斋，宋浙江安吉县梅溪镇人，或称为浙江吴兴（今湖州市）人，或作永嘉（今温州）人。嘉定元年（1208），出任建康府溧水县学教谕。三年任满，离职。八年，起为绍兴府教授。改南城知县。

---

[1] 陈振孙生卒年有多种说法，此依司马朝军著《文献辨伪研究》（武汉大学出版社，2021年版）说法。

宝庆三年（1227），任福建兴化军通判。任满除军器监簿与诸王宫大小学教授。端平三年（1236）任浙江台州知州兼浙东提举，嘉熙元年（1237）五月改知嘉兴府。端平中提举浙西，擢侍郎。淳祐四年（1244），除国子司业。九年（1249），除宝章阁待制，致仕，卒赠光禄大夫，刘克庄铭其墓。

振孙性喜藏书，任兴化军通判时，访购和传录当地藏书家如郑寅、李馥、方渐、郑樵、林霆、李氏诸家藏书，周密《齐东野语》载："近年惟直斋陈氏书最多，盖尝仕于莆，传录夹漈郑氏、方氏、林氏、吴氏旧书至五万一千一百八十余卷。"振孙仿《郡斋读书志》体例，编《直斋书录解题》56卷，将古代图书分为五十三类，保存了四部的顺序，对著录各书说明卷帙、作者，略加评论。既记印本，也记抄本、拓本。具有极高的目录学价值，也颇有文学评论价值。

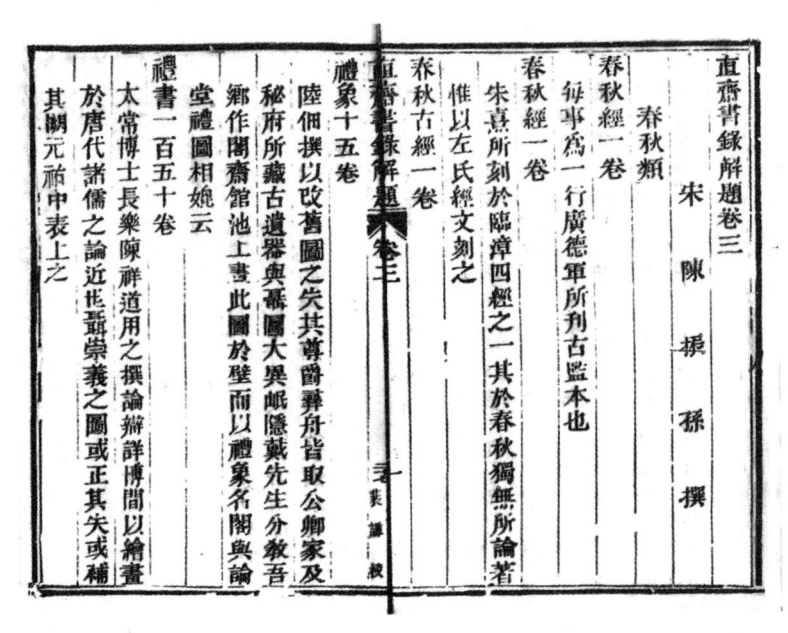

《直斋书录解题》书影

杨栋，字元极，号子舟，宋四川眉州青神（今眉山市青神县）[1]人，绍定二年（1229）榜眼。历西川制置司干官，入为太学正。绍定四年（1231），召试授秘书省正字。淳祐元年（1241）三月，迁校书郎，四月，为枢密院编修官，以臣僚言奉祠。淳祐二年（1242）以枢密院编修官出任福建兴化军。涵江有孔子后裔，杨栋为其建孔庙，辟田建涵江书院，训其子弟。任职仅一年，迁福建提点刑狱，寻加直秘阁兼权知福州，兼本路安抚使。后历太子詹事、工部侍郎、国子祭酒、礼部尚书、同知枢密院事兼参知政事、参知政事等职。杨栋勤奋好学，言论切直，恪守程宋理学，是南宋末年"负海内重视"的理学名士。曾出知太平州，以论罢奉兴国祠。起知婺州。累官礼部尚书，加端明殿学士、同签书枢密院事、兼太子宾客，进同知枢密院事兼权参知政事。五年，拜参知政事。以台臣言罢职予祠。起知建宁府，辞。应台州守王华甫请为台州东湖上蔡书院山长，遂居浙江台州。著有《崇道集》《平舟文集》。

---

1 阎邦本《宋杨栋不是眉州青城人》一文认为《宋史》记载杨栋是"青城县人"有误，因宋代眉州无青城县，故杨栋应为眉州青神县人。见《西华师范大学学报（哲学社会科学版）》1990年第4期。

附录三 莆仙与台州的诗联交往

本附录选录兴化郡莆田、仙游文人与台州文人的部分诗联，以见两地自古存在的文化交往。包括莆仙文人吟咏台州诗联作品，台州文人吟咏莆田诗联作品以及两地文人的赠挽、酬唱等交往作品。这些文人往往还兼官员身份，因任职、宦游而创作诗联作品，从而对当地文化产生一定影响。

壹 莆田人咏台州名胜诗

〔宋〕郑至道（1首）

郑至道，见前简介。

刘阮洞

采药归来世代赊，洞门方此扫烟霞。
碧潭清沚弄明月，翠巘高低飘落花。
芳草已迷当日路，白云空想旧人家。
自惭不是浮筋侣，谩向山前醉帽斜。

〔宋〕陈宓（1首）

陈宓（1172—1230），字师复，号复斋，莆田县白湖（今荔城区镇海街道阔口社区）人。丞相陈俊卿第四子，状元梁克家女婿。以父荫入仕，历官南安盐税监、南外睦亲院主管、安溪知县、南康知军、南剑知州，以直秘阁主管崇禧观致仕,赠龙图阁直学士。有《复斋龙图陈公文集》等。

忆天台之游

小酌一杯金凿落,共听终席玉潺湲。

何时筑室屏山侧,静与秋蟾作伴眠。

〔元〕陈旅(1首)

陈旅(1288—1343),字众仲,号荔溪,元福建兴化路莆田县崇福里(今莆田市秀屿区忠门)人。幼孤,笃志于学,荐为闽海儒学官。后历任国子助教、江浙儒学副提举、应奉翰林文字。至正元年(1341)迁国子监丞,越二年卒于官,年五十六。有《安雅堂集》。

题天台桃源图

天台一溪绿周遭,溪南溪北都种桃。

东风吹花开复落,游人不来春水高。

钱塘道士张彦辅,画图送得刘郎去。

昨夜神鹊海上来,洞里胡麻欲成树。

〔明〕林俊(1首)

林俊,见前简介。

送方介卿知台州(节录)

天台仙人已尘土,天台桃源今有无。

洞口春风昨夜梦,赤城霞气开画图。

溯风踏云吾何有,今日天台落君手。

丹砂许服谁收争,珍重苍生一杯酒。

才名太守人中仙,紫绶金章当盛年。

清水万丈出丹壑,古来事业看无前。

〔明〕彭韶(1首)

彭韶(1430—1495),字凤仪,号从吾,明福建莆田县涵口(今荔城区新度镇港利村)人,后移居城内方巷(坊巷),天顺元年(1457)进士,授刑部山西司主事。丁忧归，后历官广东司员外郎、郎中、四川按察副使、四川按察使、广东左布政使、大理寺卿、右副都御史、刑部右侍郎、吏部左侍郎、刑部尚书等。卒谥惠安，赠太子少保。有《彭惠安集》。

宿登台桥

赤城何处可登游，千仞危桥跨碧流。

帝力无边思盛世，民功不宰踵前修。

诸军警柝山门晓，独客观风海国秋。

岁月驱驰空老大，倚阑长自看飞鸥。

【校注】登台桥，原在浙江台州府宁海县胡陈港北端、黄公渡上。"跨海二十四洞，可通舟楫。宋绍定（1228—1233）中发运郑霖与僧元海同建。"（明《崇祯宁海志》）今桥已淹没于胡陈港水库中。宁海最早置县于西晋太康元年（280），唐代后曾并入台州临海县和章安县。武则天永昌元年（689）复置，先后属台州、临海郡以及直属浙江省等。1983年7月宁波地市合并，宁海县已划属宁波市。

〔明〕洪珠（2首）

洪珠，字玉方，号西淙山人，明福建莆田县黄石林墩人，正德十六年（1521）进士，历官户部主事、郎中、绍兴知府、右参政、应天府尹等。洪珠与其叔洪楷，先后任绍兴知府，崇扬名教，绍兴人作歌颂云："大洪小洪，先后同风。"洪珠任职浙江时，曾游天台并题诗作。

一、宿国清寺

看山随所适，苍岭又天台。

渴饮湫中水，饥餐石上苔。

寺幽嫌俗客，僧老共清怀。

莫问寒山事，恐知刺史来。

【校注】刺史，指唐贞观时台州刺史闾丘胤，曾作《寒山子诗集序》。国清寺坐落于浙江天台山南麓，距天台县城约3公里，为佛教天台宗祖庭，也是日本佛教天台宗的祖庭。初建于隋开皇十八年（598），殿、堂、客房约700余间，现尚存清朝重建殿宇14座，总面积7.3万平方米，建筑面积2.3万平方米，寺院由数十个大小不同、风格各异的院落和建筑群组成，雄伟壮观。《皇明进士登科考》《天台胜迹录》等作者作"洪洙"误。

二、万年寺

国清远入万年寺，古殿松杉不记年。

法雨有时飞色相，昙华无语结生缘。

看山探水寻渠瘦，得句题诗大放巅。

老衲请书山第一，论文兴感重拳拳。

【校注】万年寺位于浙江天台城关镇西北万年山麓，创建于唐太和七年（833），初名平田禅院，会昌（841—846）中废，大中六年重兴。五代后梁时名福田寺，宋雍熙二年（985）改寿昌寺，建中靖国初（1101）毁于火，崇宁三年（1104）重建，绍兴九年（1139）改为报恩广孝寺，后复为万年寺。原寺院建筑总面积近三万平方米，房舍上千间，可惜屡遭火灾，今仅存大雄宝殿、天王殿、金刚殿及后殿厢房等部分建筑40余间。

万年寺

〔明〕吴教（1 首）

吴教，字以宽，明福建莆田黄石人，成化二十二年（1486）举人，授浙江天台县学教谕，任满升广东惠州推官，正德八年（1513）转任湖北襄阳推官，升海南琼州府万州知州，改河北永平府滦州知州。

寒明岩

石洞穿云出陟冈，风光满眼自相忘。
于今世上乾坤窄，自古仙家岁月长。
著屐原来追谢老，食桃何必问刘郎。
兴来欲与山僧借，半亩松阴结草堂。

【校注】寒明岩为寒岩山、明岩山的合称，位于浙江天台县龙溪乡。两山同山相背，相传唐贞观年间（627—649），因诗僧寒山子居此而得名。《舆地纪胜》卷十二载："明岩在天台县西北七十里。岩前峭壁屹立，亦号幽石，其下窍穴透邃，日光穿漏，怪石森然。"有狮口洞、初来洞、朝阳洞、仙人洞、石月岩、响岩、将军岩、合掌岩、仙人井、五马隐等胜迹。寒明岩素为天台胜游之区。

寒明岩景区

〔清〕吴鸿宾（1 副）

吴鸿宾（1835—约1913），字云笙，号墨髯、默禅、重竺、莆仙逸民，清福建莆田城内雷山人，曾祖自仙游迁莆，遂为莆人，光绪十一年（1885）拔贡，朝考一等，以知县分发浙江，署海盐知县，光绪十八年（1892）调任天台知县，改临海知县，调钱塘知县。丁母忧，服阕以知府用，升浙江省候补道员。光绪三十二年（1906）徐锡麟、秋瑾等革命党人发起的皖变开始，吴辞官归里，专心于书法艺术。

罗汉堂对联

西竺如来现丈六金身，当日驮经归上国；

大阿尊者列五百法相，何年卓锡入天台。

【校注】罗汉堂，在国清寺伽蓝殿后，为乾隆四十五年（1780）宝琳和尚主持与禅堂、静观堂等殿堂同时建造。1991年新建的罗汉堂为七开间建筑，堂内供奉五百罗汉香樟木雕像。

张琴（1首）

张琴（1876—1952），字景程，号治如，一作知庐、持儒、桐云轩主人，晚号石匏老人，福建莆田城内人，清光绪三十年（1904）进士，选庶吉士，未散馆，以办学务授翰林院编修。入民国，任国会议员。1925年返乡从事教育与著述。有《桐云轩诗集》《桐云轩声画集》《莆田县志稿》等数十种。

题天台石梁图

石梁流水净无尘，药草芳菲满地春。

好景偶然生眼底，几人修得再来身。

【校注】天台石梁，天台县石梁山，位于城北石桥山中，距县城25公里。石梁景区面积6.5平方公里，风景奇特壮丽，为天台山风景名胜区精华所在，也是400多位诗人留下的足迹的"唐诗之路"所在名区。

李耕（1首）

李耕（1885—1964），字砚农，号一琴道人，福建仙游县人，著名画家，曾任福建美协副主席。此为题画诗。

天台采芝

胡麻出处近人家，此夜佳期月色斜。

误入天台容易事，教君寻路傍桃花。

天台采芝
（李耕画并题诗）

贰 台州人咏莆田名胜诗

〔明〕周宗璲（2首）

周宗璲，名琰，字景琰，明台州天台县人，洪武中，以贡生授礼部主事。永乐二年（1404）由行人擢兴化知府，任职至永乐十七年（1419）由陈宗辉接任止。

一、石室岩

闲情携伴上嵯峨，不二门中听法华。

台殿上方开佛刹，树林深处见人家。

钟鸣石室春眠虎，斋散松簷晚聚鸦。

正欲禅关成入定，忽传飞马报宣麻。

【校注】石室岩位于福建莆田市城厢区龙桥街道下磨村大象山。"石室藏烟"为原莆田"二十四景"之一。史载北宋之时便有"石浮屠五级，今圮"。明代在石塔旧址上重建现存的七层方形砖塔，中留通孔，人称"天井"。每层原有的木构回栏式塔檐虽因年久脱落无存，然其无檐砖塔古朴庄严的形象，却

石室岩

也富有独特的立图案感。寺后伏虎岩遗址之上有一块巨石，宛若巨舌从山腰向前吐出伸向岩顶，俗称龙舌石。石上古榕盘根错节，绿荫蔽天，周围还有海印洞、空观石、卓锡泉、虎源等诸胜景。

二、囊山寺

巨崖忽坠清溪浒，崭然上拥深树林。
地险久无斤斧入，生自阿年传至今？
山中怪奇不可数，似与人间异风土。
古根寒漱百道泉，铁干高排九秋雨。
金风昨夜吹扁舟，有客不归心悠悠。
唤童解衣换美酒，晚来独酌溪上楼。
隔溪野火明复没，老僧囊头坚不出。
若人岂是知禅宗，羡尔平生有仙骨。
我生于世无所求，闲来便作山门游。
山中猿鹤不相讶，水饮岩栖终白头。

【校注】囊山慈寿寺，俗称囊山寺，位于莆田市涵江区江口镇囊山村囊山山麓，创建于唐乾符三年（876），开山祖师妙应禅师，法名涅槃，传说出行时

囊山寺

有两只驯虎跟随，人称"伏虎祖师"，囊山寺初名"伏虎庵"，后改名"延福院"。光启二年（886）闽王王审知为祝其母亲寿诞，扩建寺院并奏请唐廷赐名"慈寿禅寺"。囊山，峰顶山峦重叠，累列如莲瓣，"古囊列��"原为莆田"二十四景"之一。

〔明〕王弼（11首）

王弼（1449—1498），字存敬，号南郭，明浙江台州府黄岩县人，成化十一年（1475）进士，除江苏溧水知县，迁刑部主事、员外郎。弘治三年（1490），以当道荐，出知兴化府。《黄岩县志》载王弼早有诗名，才思豪逸，后师山谷，故多拗句，造思甚苦。著有《南郭集》《尊乡录节要》。

一、南山

萧寺寻闲偶一行，攒眉不是晋渊明。
石泉晴溅青苔湿，竹雨凉沾白纻轻。
坐定老僧休作礼，当空幽鸟亦忘情。
烦君扫净鹅溪雪，来看狂夫醉笔横。

【校注】南山，古称莆山，俗称凤凰山，位于福建莆田市城西一千米处，南山古为莆城镇山，今景区内有十多处景观。梁陈时，郑露三兄弟在南山创建闽地第一所学堂"湖山书堂"，开启莆田文教之先。山麓的广化寺是福建著名古刹之一，今存全国文物保护单位释迦文佛塔。

二、南山四首，次丁石崖韵

（一）
我爱南寺好，聊为清夏游。
杉松动满壑，山云相荡浮。
忽报催诗雨，已至碧峰头。

（二）
岩际暝烟起，夕阳犹在林。
啼鸟忽不见，满庭苍翠深。
此境无人会，悠悠契予心。

（三）

作吏非本性，爱山犹浅缘。

持此两端意，蹉跎成岁年。

小诗聊取适，无劳费深镌。

（四）

醉客晚风里，野田春涨时。

水荇绿相倚，海榴红未舒。

夜归春鼓急，农功在前陂。

【校注】诗题一作《游广化寺》。

三、溪声亭联吟
——与周瑛、林俊、司马垔

云萍偶相逢，扶携到斯境；（司马垔）

地籁起潜寂，天韶隔墙屏。（周　瑛）

涧雷喧白昼，窗雨射寒影；（王　弼）

撄山虎豹嗥，赴壑蛟龙猛。（林　俊）

樯帆势正危，鼙鼓战未醒；（司马垔）

赵瓦撼秦军，吴囚毙汉艇。（周　瑛）

掀揭苏秦辩，叱咤项籍逞；（王　弼）

碬石发神机，井干轧修綆。（林　俊）

潮吼雪山崩，林号霜柏挺；（司马垔）

乱霆敲竹屋，惊涛翻石鼎。（周　瑛）

夜琴猱绰工，晨佩步趋整；（王　弼）

撄攘斗穷兽，跳踉叫夷犷。（林　俊）

初闻特澎湃，细听忽渊永；（司马垔）

风沙行绝塞，雪霰卧孤艇。（周　瑛）

呜呜沫出吻，幽咽语含梗；（王　弼）

哀怨类不平，呫嗫如有请。（林　俊）

遇坎收唶嘈，在蒙养清静；（司马垔）

洗心尔诚能，借榻僧或肯。（周　瑛）

流光尽此中，谁能迥倒景；（王　弼）

缅怀川上翁，默默发清省。（林　俊）

【校注】溪声亭，又称溪声阁，在南山广化寺左厢功德堂后，阁后溪声悦耳，树影婆娑，为寺中清幽之地。明嘉靖间曾重修，万历十六年重建。1982年，广化寺大修，改建为尊客堂，为招待来宾之所。在祖堂侧别建新楼一座，仍名溪声阁，而址已移。

同会四人：王弼、周瑛、林俊、司马垔。周瑛（1430—1518），字梁石，号蒙中子、白贲道人，晚号翠渠，明福建莆田黄石清浦村人。成化六年（1470）进士。历官广德知州、南京礼部郎中、抚州知府、镇远知府、四川右布政使等。著有《翠渠摘稿》《书纂》等，编纂《漳州府志》《兴化府志》。林俊（1452—1527），字待用，号见素、云庄，明福建莆田城内人，成化十四年（1478）进士，授刑部主事，进员外郎，历姚州判官、云南副使。正德时以右副都御史巡抚四川，嘉靖时官至刑部尚书。著有《见素文集》《西征集》。司马垔，字通伯，号惧庵、兰亭居士，明浙江山阴（今绍兴市）人，幼敏睿，博极典籍，成化八年（1472）进士，授广德州提学，以监察御史视学南畿，校文日阅千卷，评品次第不爽。擢福建按察司副使，寻乞归，辟园亭，杜门谢人事，以诗酒自娱，工书法词翰，著有《兰亭渚集》。

四、题周廉宪归来亭次韵

天上归来五亩宫，湖头亭子恰相容。

门迎兰水三千丈，兴入壶山几百重。

花径落红时雨霁，竹林分翠晚烟浓。

个中便是神仙乐，肯放高怀到赤松？

【校注】周廉宪，指明莆田黄石清江人江西按察使周轸，归来亭为其致仕后所筑。

五、题双林庵

庵在县南七里间许木兰陂下，有温泉出焉，浴既而作。

双林郁灵秀，气若洪炉然。

中有太阳精，融液成温泉。

我来效沂浴，容与东风前。

缅思点也乐，千载如一年。

外浴百骸净，内浴心垢捐。

浴身不浴心，真乐何由传。

【校注】1942年编《仙游乡土志》载："双林温泉，在双林寺右，明正统仙游知县萧弘鲁建，仙客骚人多会于此。明郡守王弼诗：'双林郁灵秀，气若洪炉然。阳精含钟物，融液成温泉。我来效沂浴，值兹春景妍。缅想点也乐，一日同千年。外浴百体净，内浴心垢捐。世人浴身不浴心，点也之几何由传。'"当为误植。

六、《次韵邵秋官游九鲤湖》二首

（一）

一天炎霭树头分，两袂清风透毂闻。

啮足不嫌青涧石，荡胸自爱碧峰云。

龙依古洞藏精气，花迎灵祠有异芬。

定有玉函传秘诀，等闲不遗世间闻。

（二）

仙山一路少人家，随意吟诗到日斜。

丹凤并栖青锦树，玉虬双驾碧云车。

昼雷聒坐泉鸣壑，凉气侵衣雨湿花。

夜梦函香朝上界，紫皇亲手赐流霞。

七、游九鲤湖

涓涓初见出蒙时，忽忽狂奔势莫支。

月白捣琼千杵合，天机裁帛万丝垂。

九鲤湖

清秋雨歇猿听惯，静夜风高鹤睡迟。
却恨馀波落平地，成川又与浊流期。

【校注】本诗题一作《瀑布泉》。

〔明〕蔡潮（1首）

蔡潮（1467—1549），字巨源，号霞山，明浙江台州临海县城人，弘治十八年（1505）进士，授翰林院庶吉士，迁兵科给事中。正德六年（1511），任湖广按察佥事，提督学政。十年，任贵州右参议。嘉靖元年（1522）任福建布政司右参政。六年，以筹措督运军粮及协力抗倭功，升河南右布政使。

木兰陂

木兰陂水接天清，载酒吹笙对月明。
自觉客愁今夜减，剩遗野逸后人评。
泉流不尽贤妃恨，村叟能传长者名。
千古功祠临绝岸，残碑读罢荇萧蘅。

〔明〕玄玄子（1首）

玄玄子，明浙江天台人，云游天下而隐其姓名者也。

和四楼逸叟九鲤湖题壁

青竹杖头挂一瓢，东来双舄问王乔。

琪花瑶草龙蛇窟，日午流虹结彩桥。

叁 莆田、台州两地文人官员交往诗

一、〔宋〕刘克庄与台州文人（3首）

刘克庄（1187—1269），字潜夫，号后村居士，宋兴化军莆田城内后村人，以荫入仕，淳祐六年（1246）赐进士出身，累官至工部尚书、龙图阁学士。曾因诗构祸，一生命运多舛，仕途不畅，曾经三起三落。是南宋"江湖诗派"领袖，与前辈杨万里、陆游并称一时，也是豪放派词人。有《后村先生大全集》。

送戴复古谒陈延平

仓部当今第一流，艰难有诏起分忧。

城危如卵支群盗，胆大于身蔽上游。

应是孔明亲治事，岂无子美可参谋。

君行必上辕门谒，为说披蓑弄钓舟。

【校注】陈延平，即莆田人陈宓，曾任南剑州（今南平市）知州。

刘克庄造像（刘克庄文化馆）

《哭吴卿明辅》二首

（一）

水心文印虽传嫡，青出于蓝自一家。

尚意祥麟来泰時，安知怪鹏集长沙。

忤因宫妾头无发，去为将军手污靴。

他日史官如立传，先书气节后词华。

（二）

吴兢史法蔡邕碑，每叹斯文尚在兹。

老夺故交堪痛惜，晚徵集序未遑为。

单传骨髓惟吾子，空呕心肝向阿谁。

道远束刍携不去，覆翻遗墨岂胜悲。

【校注】吴卿明辅，即吴子良（1198—1256），字明辅，号荆溪，台州临海人，宝庆二年（1226）进士，历官国子学录、司农寺丞、秘书丞、淮东提举、两浙转运判官、直敷文阁、江南西路转运判官兼权隆兴府、湖南运使、太府少卿等。子良居官办实事，尚气节，所至之处声闻卓著。宝祐四年（1256）因忤右丞相史嵩之而罢官。著有《荆溪集》《林下偶谈》等。

二、〔宋〕戴复古与莆田文人（9首）

戴复古（1168—1247）[1]，字式之，号石屏，浙江台州黄岩（今温岭市）屏上村人，其先祖戴镒于五代时避乱由闽迁台州，遂为浙人。复古终生不事科举，壮年出游，一生大半时间都在浪游江湖，创作了大量江湖诗篇，终成著名江湖派诗人。有《石屏集》。

寄刘潜夫

八斗文章用有余，数车声誉满江湖。

今年好献南郊赋，幕府文章有暇无。

【原注】时在建康作制幹，唐人诗：芳誉香名满数车。

---

[1] 戴复古生卒年有多种说法，此依吴茂云《新发现〈戴氏家乘〉中戴复古家世和生卒年》的考证，见《台州学院学报》2013年第二期。

【校注】刘潜夫，即莆田人刘克庄。

访陈复斋寺丞于私第

以时为出处，真有古人风。
奉母易为孝，事君难尽忠。
闲居非傲世，直气尚摩空。
语及朝廷事，乾坤万感中。

【校注】陈复斋，即莆田人陈宓。

《寄复斋陈寺丞》二首

（一）

长忆西湾击小舟，野人曾伴使君游。
夜浮星子邀明月，雨对庐君说好秋。
坐拥红妆磨宝砚，醉歌赤壁写银钩。
当时一段风流事，翻作相思一段愁。

（二）

岂说从来用处难，出乘五马看庐山。
凤凰览德下千仞，虎豹憎人上九关。
持论太高天动色，忧时未老鬓先斑。
平生风节谁其似，汲黯朱云伯仲间。

【校注】复斋陈寺丞，即莆田人陈宓，嘉定九年（1216）知江西南康军时与戴复古相识。

访古田刘无竞

前说建阳宰，古田今似之。
难兄与难弟，能政更能诗。
文字定交久，江湖识面迟。
人传花萼集，俱受水心知。

【原注】潜夫宰建阳有声，人言自有建阳无此宰。

【校注】刘无竞，即刘克逊（1189—1246），字无竞，号西野，刘克庄大弟，以父荫补承务郎。绍定初知福建古田县，嘉熙初迁邵武知军，召为太府寺丞，工部郎官。淳祐元年（1241）知潮州，三年（1243）除福建提舶，五年（1245）知泉州，六年（1246），以直秘阁主管崇禧观。有《西野集》已佚。克逊58岁卒。

古田县行览呈刘无竞

客游花县自逍遥，百里风光在两桥。
语出桑阴鸠妇喜，身穿麦秀雉雏娇。
青山一任云来去，绿水多为风动摇。
上下相安长官好，野亭闲坐听民谣。

【校注】刘无竞，即莆田人刘克逊，时知福建古田县。

《寄后村刘潜夫》三首

（一）

朝廷不召李功甫，翰苑不著刘潜夫。
天下文章无用处，奎星夜夜照江湖。

（二）

拥节持麾泽在民，仰看台阁笑无人。
刘蕡一策传千古，何假君王赐出身。

（三）

客游仙里见君时，拥絮庵中共说诗。
别后故人知我否，年几八十病支离。

【校注】后村刘潜夫，即莆田人刘克庄。

三、〔明〕林俊与台州官员（9首）

林俊，见前简介。

《南山次谢方石韵》二首

（一）

独屋闲云中自春，田家鸡黍不曾贫。

住山日月长如许，知是桃源几世人。

（二）

浊酒黄花记昔游，南山分付一青丘。
苍苔石子今无路，须信人间未白头。

【校注】谢方石，即谢铎（1435—1510），明浙江台州府太平县人，天顺八年（1464）进士。

鹡鸰，次谢方石韵

凉落秋声几断荷，相扶力浅意还多。
悲鸣昨偶分荆下，犹听然萁煮豆歌。

《次谢方石得请还家志喜韵》四首

（一）

苦乞藏身又翠微，老便公冗得全挥。
谁将世局等闲看，公自山云一例归。
再脱笼囚心愈放，强随鞭谴梦还非。
感深帝力难名地，稽首尧天望转巍。

（二）

行藏一缕脉全微，吾道先生此发挥。
君实出当明主重，景仁行谢好官归。
中朝士品谁相右，末路时名我厚非。
天目赤城双巨眼，南山秋色雨巍巍。

（三）

为别山灵愧转深，东华衰病强谁禁。
归酬云鸟自佳事，吟对烟波还素心。
恋阙未忘公自信，住山无系老从侵。
闭门春雨蕡腾外，柘叶鸠鸣子院阴。

（四）

石林扫轨北山深，混迹渔樵意转禁。

野鹤梅边寻短兴，冥鸿天外寄遐心。
身轻久脱穷忙累，梦破犹悬恶俗侵。
一出三年归怪晚，入门双树结繁阴。

《挽谢方石侍郎》二首

先生第一流人也，一踪南北，不及拜先生。先生缪为知己，噫！山斗指归固也，先生独何哉？哭公有不能自己者，独先生恸哉。

（一）

江湖落落梦深依，一臂无交迹竟违。
丈事此身犹漫寄，先生今日是真归。
两间正气指容屈，百种幽怀泪暗挥。
琬琰宸奎董狐笔，方山祠木重光辉。

（二）

老于海上烦除目，病却山中绝著书。
顺敛神功还造化，例局玄局看乘除。
云龙分浅伤邻笛，酒炙心多感素车。
自恨斯生无半面，缪妆牙角借吹嘘。

四、〔明〕柯潜与台州文人（2首）

柯潜（1423—1473），明兴化府莆田县人，字孟时，号竹岩。景泰二年（1451）状元，官至翰林学士兼经筵官，詹事府少詹事。有《竹岩诗文集》。

送夏宗仁按察福建

铁冠高著豸袍新，持节巡行出帝京。
海上有官皆避马，天南无处不知名。
荔枝花暖香连市，榕叶烟深绿满城。
想见行台台上月，冰心一片玉湖清。

【校注】夏宗仁，即夏埙（1426—1482），字宗仁，号介轩，明浙江台州天台人，景泰二年（1451）进士。初任监察御史，视察广西时，除贪官，止偷盗，通钱帛。天顺初年（1457）巡视福建。累官广东按察使、布政使，江西布政使，右副都御使，四川巡抚等。著有《介轩稿》等。

挽括苍周德儒处士

休休林下客，心事付沙鸥。

有子死应足，无官生不忧。

影寒萝径月，香冷菊花秋。

凄绝怀人处，斜阳独倚楼。

【校注】括苍，地名，今属浙江台州市临海市括苍镇，因其境内的括苍山而得名。周德儒，明代布衣诗人。

五、〔明〕黄仲昭与台州官员（1首）

黄仲昭（1435—1508），名潜，以字行，号未轩，明福建莆田人，明成化二年（1466）进士，授翰林编修，以直谏遭廷杖罢归。后起为南京大理寺评事、江西提学佥事等。弘治八年（1495）乞休专事著述。有《未轩集》，并纂《八闽通志》《延平府志》等。

挽莆田县学司训天台陈先生

家学渊源旧着声，鲲鳞早已化沧溟。

校文江右推公道，领教闽南足典型。

鹏上承尘应未久，梦迷飞蝶竟难醒。

梨花疏雨天台社，愁绝孤坟宿草青。

【校注】司训，明清县学教谕的别称。莆田县学司训天台陈先生，指弘治间莆田县学教谕陈宪。

六、〔明〕陈音与台州官员（3首）

陈音（1436—1494），字师召，号愧斋，明福建莆田涵江人，天顺八年（1464）进士，选庶吉士，授翰林院编修，与修《英宗实录》。进侍讲，擢南京太常寺少卿、太常寺卿。坚持大节，学问渊博，从学者众。有《愧斋集》。

《和谢方石抒怀》二首

（一）

暇余撚断数茎髭，欲下敲推转自疑。
驽钝久忘三省训，鹤鸣空咏九皋诗。
清朝勋业成何事，白首交游愧故知。
几坐寒窗思往过，老来依旧似儿痴。

（二）

霜雪纷纷入鬓髭，浮生如梦亦何疑。
遭逢幸际真龙会，悉窃应同硕鼠诗。
欲使胸中渣滓化，须防屋漏鬼神知。
溯流直到源头处，始信工夫用不疑。

【校注】谢方石，即台州人谢铎。

寄李西崖、谢方石

空斋兀坐日西移，过隙光阴鬓易丝。
岂有纤毫裨海宇，空将铅椠恼襟期。
百年每叹知音少，两地长思会面时。
独喜圣朝千载遇，朝阳应待凤鸣岐。

【校注】李西崖，即李东阳。谢方石，即谢铎。

七、〔明〕黄廷用与台州官员（1首）

黄廷用（1500—1566），明福建莆田城内人，字汝行，号少村、四素居士，嘉靖十四年（1535）进士，历官翰林院检讨、司经局洗马兼翰林侍讲、衡州府通判、南京太仆寺少卿、工部右侍郎，以论罢归。积极支持莆田抗倭斗争。有《少村漫稿》。

赠伯元宗子归天台

杜陵总是名家子，白驹赤血能千里。
追风蹑景匹神龙，一顾长安秋思起。
霞标遥立海城岑，台彩低临玉树阴。
我亦有梦游天姥，欲入翠微访竹林。

八、〔明〕周如磐与台州官员（1首）

周如磐（1567—1626），字圣倍，号镇庵，明福建莆田县清浦（今荔城区黄石镇清后村）人，万历二十六年（1598）进士，历官翰林检讨、江西乡试主考官、右春坊右庶子、礼部右侍郎、礼部尚书、文渊阁大学士，卒谥文懿。有《澹志斋集》。

送心坤叔台州场官

屈指浮沉十载余，承恩此日捧除书。
千家煮海衔舻下，一苇乘风度雁初。
委羽山高鹤驾远，赤城霞起仙人居。
闲曹小阮能相忆，尺素频题寄鲤鱼。

九、〔明〕王弼与莆田文人（5首）

王弼，见前简介。

《见素小画，次西潭韵》三首

（一）

老素弄笔风落纸，古木槎牙龙半死。
造化红红复紫紫，机缄之妙正如此。

（二）

素公作诗故奇特，石鼓聱牙字难读。
素公作画如作诗，峭石插天松压屋。

（三）

黄须黝面海东叟，胸中云梦吞八九。
醉卧不知潮退走，钓船阁在扶胥口。

【校注】见素，指莆田人林俊，字见素。

喜林见素宪长至

长忆苍黄送别时，相逢又是十年期。
冰山已逐尘埃尽，铁汉今为柱石资。
老大形骸空自愧，风流侪辈实吾师。

颂公识取投桃意,为倒行囊两月诗。

【校注】林见素宪长,指莆田人林俊。宪长,明清对都察院都御史的尊称。

与林见素连榻夜话

作事昂藏见道真,羞同馀子混风尘。
亦知骨鲠成名易,不道权奸煽祸频。
天定正当思痛日,玉成须惜履艰身。
百年气概看终始,未必今人愧古人。

【校注】林见素,即莆田人林俊。

十、〔明〕谢铎与莆田文人（19首）

谢铎（1435—1510）,字鸣治,号方石,明浙江台州府太平县桃溪（今浙江温岭大溪镇）人,天顺八年（1464）进士,官至礼部右侍郎兼国子监祭酒,卒赠礼部尚书,谥文肃。著有《桃溪集》等。

赠师召二十二韵

念昔初举官,与君实同舍。
少年江海心,一见即倾下。
世情重边幅,欺人每昏夜。
矫论故谲奇,危颜惜资借。
下此混俗流,滔滔不停泻。
清渭与浊泾,泯没相注射。
疏拙惭末能,效学且不暇。
君心人罕知,君面人可诈。
辟之在璞玉,谁与连城价。
又如无弦琴,见者辄惊讶。
又如不和羹,人皆啖其炙。

谢铎铜像（温岭毛竹下村）

识君愧莫真，羡君宁自贳。
从君愿执鞭，送君空辍驾。
君去方暮秋，君来必初夏。
晴雨正覆翻，蓬麻失凭借。
理道贵目前，渺邈唐虞化。
圣贤足绪余，礼乐岂虚诧。
红紫苦乱朱，稂莠日侵稼。
大番造化炉，仅足补其罅。
涓酌亦沧溟，培塿乃嵩华。
意远言近迂，达人恐遭骂。
持归慰阒寥，庶为知己谢。

【校注】师召，即莆田人陈音，字师召。

《送陈师召四绝句》四首

（一）
秋尽湘江雁未归，马头黄叶向人飞。
多情正怯东郊路，一夜西风又客衣。

（二）
古貌如心见者知，论交况是十年期。
黑头倾盖江湖晚，自把离杯写赠诗。

（三）
故国归来十载初，秋风不是忆鲈鱼。
交游事业清朝望，囊底休藏旧谏书。

（四）
君住南闽我浙东，眼看归路不相从。
武夷山下秋云白，高出天台第几峰。

退直遇雨柬师召、宾之二兄

墨云如轧雨如倾,咫尺金门不可行。

天地有情君信否,里边落雨外边晴。

【校注】师召,即莆田人陈音。宾之,即李东阳(1447—1516),字宾之,号西涯,明湖广茶陵州(今湖南茶陵)人,天顺八年进士,累官少师兼太子太师、吏部尚书、华盖殿大学士。其立朝五十年,清节不渝,文章典雅流丽,工篆隶书,卒谥文正。

再次斋宿韵,柬师召侍讲

寂寂天街漏下初,清斋真共客愁馀。

星辰夜静瞻高阙,风雨春深忆敝庐。

末路心情妨局促,腐儒分数本迂疏。

相知此夕怜君在,慷慨平生独慰予。

次韵二首,奉和师召得孙之喜

(一)

宦路多年长子孙,黑头犹喜对清尊。

衣冠共荷升平世,福泽先归积庆门。

诗句竞呼题上壁,欢声几欲达重阍。

将车载酒他时事,文若应看侍讨论。

(二)

阶庭谁复见兰芽,君是同年第一家。

天上凤雏元有种,海中仙果再生华。

诗书阅世真堪赖,金玉堆山未许夸。

万事祇今何但足,只应烂醉作生涯。

与师召过北海子,因忆宾之相约不果却寄

乌外青山昨雨过,马头西望翠嵯峨。

烟光平堕寒云起,秋色空明水气多。

岐路有情方坎坷，客心无赖亦蹉跎。
归来莫怪相期晚，不出从嗔奈尔何。

途中遇雨再次师召韵

短笠轻蓑势欲倾，一程难似两程行。
梦惊九折过长坂，望极三神隔大瀛。
在处路头皆坎坷，几时天气是清明。
多情不及南归雁，刚待秋风一夜鸣。

次韵代老马留别师召主人

盐车休恨逸群才，百念真同涸辙埃。
国有隗台空自贺，世无伯乐合教猜。
敝帷已分槽间没，束帛犹烦野外来。
塞上秪今谁得失，此翁心事已全该。

郊斋有怀定轩、愧斋二公

路歧南北几能同，灯火无端又泽宫。
踪迹此生随地在，梦魂中夜与天通。
起从病废终惭我，老向交游正忆公。
恩苦未酬归未得，小山落尽桂花风。

【校注】定轩，即黄孔昭（1428—1491），明浙江台州太平县人，初名曜，后以字行，改字世显，号定轩。天顺四年（1460）进士，授屯田主事，成化间为文选郎中，累迁南京工部右侍郎，以疾卒。嘉靖中追谥文毅。有《定轩存稿》。愧斋，即莆田人陈音。

再次前韵邀定轩、愧斋二公登鸡鸣山

病骨天生不作难,十年未觉带围宽。
计从归路晚方惬,梦若登山夜不安。
万古地堪形胜在,百年人几故交欢。
典衣已办江南酒,洗眼须君一醉看。

七月廿一日留别陈太常先生

去年八月二日到,未到今年八月归。
白头自爱此身在,清世敢言吾道非。
乡井梦随多病苦,江湖心与故交稀。
相逢莫问莼鲈兴,不待秋风已拂衣。

读林贵实奏章

病起翻然欲致身,揽车犹得问埋轮。
论深肯綮终谋国,利尽锱铢不在民。
鸣马几看惊立仗,怒龙谁复念批鳞。
极知痛哭非今日,绛灌还须用老臣。

【校注】林贵实,即林诚(1426—1487),字贵实,号颐庵、井庵,明兴化府莆田县人,天顺八年(1464)进士,授广东道监察御史。

题菜,送林贵实谢病还莆田

东曹岂不荣,促刺如窘步。
秋风一夜生,吴中是归路。
凄凉辽海东,白首公孙度。
挥锄瓦砾间,黄金不曾顾。
古人重食菜,百事皆可作。
送君归去来,日涉园中趣。
菜长并亦苏,青山日未暮。

哭学士柯先生

苦忆西州路未通，闽山高栎万山空。

中朝物论宁须我，天下苍生独后公。

文字百年余旧业，栽培中道失全功。

墨衰何日停新命，遗表犹堪激下风[1]。

【原注】［1］先生居忧时起为祭酒，不就。

【校注】学士柯先生，指柯潜（1423—1473），福建莆田人，字孟时，号竹岩。景泰二年（1451）状元，官至翰林学士兼经筵官，兼詹事府少詹事。有《竹岩诗文集》。

闻叶吏侍讣，兼哭柯先生

地望参差物论中，老成儒雅几人同。

恨高闽岭天如窄，秋尽吴江梦亦空。

恶竹有情生上下，踣麟无路避西东。

皱眉不尽平生业，磊碨应知半塞胸。

【校注】叶吏侍，指叶盛（1420—1474），字与中，号蜕庵，自号白泉、泾东道人，明江苏昆山人，正统十年（1445）进士，累官吏部右侍郎、左侍郎，卒谥文庄。柯先生，指莆田人柯潜。

附录四

郑至道兴化军同科进士录

宋代是莆仙进士最多的时代，共有进士1779人，其中从北宋建隆元年（960）杨砺榜进士翁处厚、翁处易到宣和六年（1124）沈榜的164年间，兴化军莆田、仙游、兴化三县共有进士（含特奏名进士）655人。这在全国是比较罕见的，这也是莆田"文献名邦"辉煌的科举成就。

一、元丰二年（1079）时彦榜进士简述

郑至道是北宋元丰二年（1079）己未科时彦榜进士，该科共录用进士348人，省元先浚明，状元时彦。兴化军（莆田、仙游、兴化）共有14人正奏进士。据《宋会要辑稿·选举》七之二二至二三《亲试》载："元丰二年三月十一日，上御集英殿试礼部奏名进士……得进士、明经、诸科时彦以下总六百二人，第为五等、赐及第、出身、同出身、同学究出身。"《续资治通鉴长编》卷二九七、《宋史全文》卷十二上同。可知此榜进士、明经、诸科登科总数为602人。那么，所放进士、明经、诸科又分别为多少人呢？《治迹统类》卷二十八载："〔元丰〕二年三月庚辰（十一日），御集英殿策试，遂赐时彦、陈瑾、朱浚明、晁补之、家彬、张康国等三百四十八人及第、出身。"《十朝纲要》卷八、《宋状元图》及《文献通考》卷三十二均同。据此可知，此榜进士登科人数为348人。这样，此榜诸科登科人数则

为254人。关于此榜的特奏名登科人数，《宋会要辑稿·选举》七之二三《亲试》载："〔元丰二年三月〕十三日，试特奏名进士……得进士、明经、诸科总七百七十八人，赐同学究出身，授试将作监主簿、国子四门助教，长史、文学、助教。"《续资治通鉴长编》卷二九七同。其他史书均缺载。可知此榜特奏名进士、明经、诸科登科人数为778人。该科进士郑至道与刘跂均有雄州防御推官经历。该科进士比较有名气的有陈瓘，进士甲科第三名，谏议大夫，为徽宗朝著名言官。当时执政的新党大臣如章惇、蔡京、蔡卞、曾布，无不遭其弹劾，结果以言入党籍被除名，编隶台州（今浙江临海），在台五年，稍闲自便。政和元年（1111）又贬居江州，并被严命"不许辄出城"，旋令居南康（今江西庐山市）。不久，移至楚州（今江苏淮安）。宣和六年（1124），陈瓘病逝于楚州，终年66岁。晁补之（1053—1110），字无咎，号归来子。济州巨野人，元丰二年进士。元祐时，任太学正、著作佐郎。绍圣末，坐党籍，谪监处州、信州酒税。徽宗即位，为史部员外郎、礼部郎中、兼国史编修、实录检讨官。党论起，外出知湖州、密州、果州、达州、泗州，卒。十余岁即受苏轼赞赏。世称"苏门四学士"之一。诗词文章皆有成就。还有晏融之孙、晏几道堂侄晏中。

二、元丰二年（1079）兴化军同科进士名录

元丰二年（1079）己未科时彦榜，兴化军三县有宋观、黄中、郑至道、方师颜、刘秘、陈嘉劭、庄柔正、李敦锡、朱寘、蔡观、方公衮、方安道、方原道和谢斯立等14人中第。郑至道之外，另13人略历如下：

1. 宋观，字民望，宋兴化军莆田县后埭龙埔（今荔城区镇海街道英龙社区）人，天圣进士宋堂孙。元丰二年（1079）时彦榜进士。从政郎，循州司户参军。迁福州推官。转宣教郎，知杭州新城县。元祐六年（1091）改知惠安县，迁朝奉大夫、大名府少尹兼北都副留守，除开封府少尹。政和四年（1114）以朝请大夫出知漳州。卒后葬常泰里。

2. 黄中，宋兴化军莆田县人，元丰二年（1079）时彦榜进士。官至奉议郎。

3. 方师颜，宋兴化军兴化县清源西里百俊（今属涵江区庄边镇百俊村）人，景祐元年（1034）进士方倪之子，元丰二年（1079）时彦榜进士。元祐七年（1092）任海盐（今属浙江）知县。

4. 刘秘，字密生，宋兴化军莆田县人，元丰二年（1079）时彦榜进士，官至宣德郎、湖州乌程县丞。

5. 陈嘉劭，一作陈嘉邵，宋兴化军莆田县人，天祐进士陈淑孙、宣和进士陈鹤之父，元丰二年（1079）时彦榜进士，同年知惠州海丰县（今属广东），以子陈膏贵赠朝议大夫。

6. 庄柔正，宋兴化军莆田县人，元丰二年（1079）时彦榜进士。元符年间以奉议郎任福清知县。官声卓著。元符二年（1099）重修福清天宝陂水利工程（在今福清市融城镇龙江街道观音埔村），熔铜汁固其基，修渠2000米，更名为元符陂。灌溉万亩农田，百姓得其利。天宝陂是闽中地区现存最古老的大型水利设施之一，灌溉农田1.9万亩。据《福清县志》载：尝改筑天宝陂，故听讼陂旁，大树下，兼以董役，令投牒者人负一石，理之曲者以石为罚。不数月，陂成，名之曰"元符陂"。陂石皆熔铁以固之。至今为百世利。曾以奉议郎教授在兴化府学立宋徽宗御书诏刻石碑。

7. 李敦锡，宋兴化军莆田县人，元丰二年（1079）时彦榜进士。崇宁间任泉州永春知县。

8. 朱寘，宋兴化军仙游县孝仁里（今仙游赖店镇乌墩自然村）人，朱绂从子，朱绖子。宋元丰二年（1079）时彦榜进士。元符三年（1100），为秘书省秘书丞，因朱绂事入元祐党籍，并遭罢免。政和元年（1111），起知南雄州（今属广东），辞不赴，寻卒于家。其子迁居仙游枫亭。

9. 蔡观，字成甫，宋兴化军仙游县人，宋元丰二年（1079）时彦榜进士。徽宗建中靖国元年（1101）任淮南东路提举（元祐初年提举司并入提刑司，故又称提刑）。

10. 方公袞，字汝补，宋兴化军兴化县广业里寿峰村（今属涵江区庄边镇走墘村）人，其先祖与方偕〔兴化军兴化县清源西里百俊（今属涵江区庄边镇）人〕为同族。方次彭从弟。元丰初，以布衣上殿，条奏十事，曰"教太子、举实、奖清吏、擢恬退、禁鼓铸、严茶商、恤民困、宽州县、减丁钱、益户口"。神宗嘉纳，官以潮州教授。复登元丰二年（1079）时彦榜进士，擢诸王宫教授。与韩魏公（韩琦）相从最密，韩魏公曾言公袞论事剀切，正而不阿；立己公忠，清而不挠。公袞尝录韩言行，曰《魏公遗事》。年未五十卒。卒后入祀仙游乡贤祠。

在新县西南祺山唐枢密副使詹万钟故居有其题咏。子方亚夫,字几仲,三举礼部,再擢第一。名士林自谓亚夫"文章警拔,源流贾、马,观所著述,隐然有讽谅深意"。林震谓亚夫"兼周人六德,六行之书"。

11. 方安道,宋兴化军兴化县广业里寿峰村(今属涵江区庄边镇走埏村)人,方次彭三子。元丰二年(1079)时彦榜进士。元符三年(1100)知泉州德化县。官至儒林郎,镇潼军节度掌书记。南宋诗人谢翱曾作《食荠歌送别方安道》:"山中荠发烧余地,与君为客同食荠。荠长故君收烬余,君归食荠如食荼。我家瓯越草应出,土湿烟青归不得。相逢举酒复为别,对君盘中不忍食。"

12. 方原道,宋兴化军兴化县广业里寿峰村(今属涵江区庄边镇走埏村)人,方次彭次子。元丰二年(1079)时彦榜进士,方氏公衮、方次皋、方安道、方原道叔侄四人同第,一时传为佳话。官至从政郎、循州龙川(今属广东)知县。

13. 谢斯立,宋兴化军莆田县涵头龙津山坝(今莆田市涵江区涵东街道铺尾村)人,先世祖籍陈留(今河南开封),五代时跟随王审知从河南光州固始迁入福建,卜居仙游来苏里,后一支迁莆田涵江,为涵江谢氏始祖。斯立以"神童"闻名,年少登元丰二年(1079)时彦榜进士,官至会稽(今浙江绍兴)知府。谢斯立之子谢史,孙谢洪、谢莹、谢升贤,曾孙谢之任,来孙谢候善(释褐状元),六代皆先后登进士第。有"一脉六代七进士,文武英才出谢门"之誉,传为佳话。

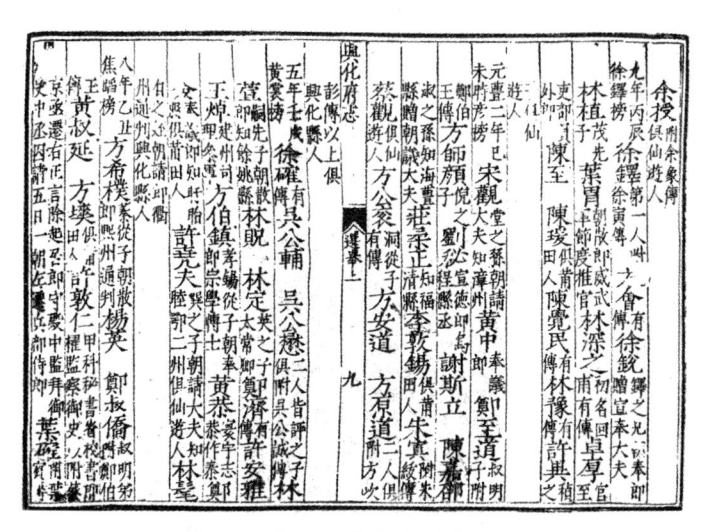

明万历《兴化府志选举》书影

附录五 郑至道《谕俗编》书影

天台令郑至道谕俗七篇

县令之职，所以承流宣化于民，为最亲民。不知教令之罪也。予自至官，观尔百姓日以争讼来至于庭，其间多违理逆德不孝不悌，凌犯宗族，结怨邻里，以至婚姻之际多事苟合，殊无恩义。五服之亲，间以服纪全然不知，浮浪盗贩之人日益加众。如此者皆由风俗鄙陋，教道未至，兼修学从宦之家少小人无所观法。若不晓告而加之罪，是罔民而刑之也。今采诸经

传，择其文理易明而可以感动人之善心者，为谕俗七篇，庶几百姓各以此更相训教，率而行之。礼义之风必从此始。若顾尔旧俗，反予教言，恣意任情，必犯刑禁

孝父母

父兮生我，母兮鞠我，拊我畜我，长我育我，顾我复我，出入腹我。欲报之德，昊天罔极。故孝子之事亲居则致其敬，养则致其乐，病则致其忧，丧则致其哀，祭则致其严。所以为厚德之报也。昔周文王事王季，鸡初鸣则衣服至于寝门外，问左右曰今日安否如何。左右曰安，文王乃喜。其有不安，则左右以告文王

離然此言其能養父母者也孝之道又不止於能養而已故孟子曰惰其四支不顧父母之養一不孝也博奕好飲酒不顧父母之養二不孝也好貨財私妻子不顧父母之養三不孝也從耳目之欲以為父母戮四不孝也好勇鬬狠以危父母五不孝也五不孝事君不忠非孝也莅官不敬非孝也朋友不信非孝也戰陳無勇非孝也事君不忠非孝也居處不莊非孝也事君不忠非孝也戰陳無勇非孝也五者不遂災及其親敢不敬乎孝經曰居上而驕則亡為下而亂則刑在醜而爭則兵三者不除雖日用三牲之養猶為不孝也如此則所謂孝者又貴乎修身謹行不

文王色憂行不能正步王季復膳然後亦復初凡食上必白視寒暖食下問所膳然後退其有疾武王亦如此事文王不敢有加焉然則不孝其親而欲子孫事我以孝豈可得也漢不害為上大夫歸於家其親石建為郎中令己老每五日一歸省親入諸子之食問侍者取其中衣身自洗濯復與侍者不敢令其親知之夫貴者之事親猶如此況於賤乎晉王祥至孝繼母不慈每使掃除牛下祥愈恭謹父母有疾衣不解帶嘗藥必親嘗母常欲生魚時天寒冰凍祥解衣將剖冰求之忽有雙鯉躍出其孝誠所感如此

俶日壽俶被謗宣公遣往齊使盜待於路欲殺之壽知以告俶使勿去俶曰襄父之命不可壽遂先行為盜所殺俶俶後至曰壽何罪請殺我盜又殺之故詩人作二子乘舟之詩思之也晉王祥王覽異母弟也朱氏待祥不慈祥被楚撻覽年數歲輒涕泣抱持之朱氏虐使祥覽與俱又嘗使祥妻覽妻亦與共之朱氏患之乃止祥喪父後朱氏與祥有日篤母兄猶如此況同母乎南唐江州陳氏七代同居族人數百口每食鋪廣席以次就坐有犬亦先嘗夫異母兄猶如此況同母乎南唐江州陳氏七代同居族人數百口每食鋪廣席以次就坐有犬

兄弟者同受形於父母一氣所生骨肉之至親者也辱其親非獨養口體而已今爾百姓父母在則私分異財離居各食從妻子之歡忘父母之愛且禮曰父母在不有私財又曰子甚宜其妻父母不悅則出之子不宜其妻父母曰是善事我子行夫婦之禮沒身不衰然則私貨財順妻子豈為孝乎

愛兄弟

詩曰凡今之人莫如兄弟死喪之威兄弟孔懷言死喪則相恤也又曰脊令在原兄弟急難兄弟鬩于牆外禦其侮言患難則相救也昔衛宣公有子二人曰

睦宗族

亲者身之所自出，祖者父亲之所自出，祖则爱吾身岂亲者皆不可不尊祖，推尊祖之心顺而下之，则宗族皆人祖之遗体，可不敬乎睦族者尊祖之义，重今者圣人等人情之轻重，立为五服以别亲疏，以定上下，以治祖祢，下以治子孙，旁以治兄弟，岁时之间合族以食序以昭穆，别以礼义，使之生则有恩以相欢，死则有服以相哀，然后宗族不能自胜，则执持棒杖遂人理不知族属，苟有忿怨不能自胜。

居乡之礼年长以倍则父事之，十年以长则兄事之，五年以长则有随之，见父之执不敢进不使之退不敢退，不问不敢对，其於道路则父之齿随行兄之齿雁行，所任轻则分之，以至班白者不负戴於道路，则古人所以待乡党之老者又如此，不贵於乡饮酒之礼於岁十二月师乡党之民会聚以正齿位长者坐少者立，初食以厚少长之道也，其有祸患则邻里之薄所以示氏以孝弟之道也，其有祸患则邻里之同其忧故曰乡有丧舂不相邻里不巷歌行吊之日不饮酒食肉焉汉万石君居乡里共子庆行于乡里有丧不敢相勉邻里有疾不

恤邻里

古者五家为比，使之相保五比为闾，使之相受四闾为族，使之相葬五族为党，使之相救五党为州，使之相赒如此则百姓和睦之道。孟子曰乡田同井出入相友守望相助疾病相扶持则百姓亲睦矣。礼记曰

犬百馀头共食一槽，一犬不至，馀犬为之不食禽兽。犹如此况於兄弟平，今尔百姓不明礼义悖逆天性，久若不能止乎，且能使此虐头取其田庐，败其荒坟，所恋池器物取其朽败者曰，我素所服食，身曰所安。毫之利而弃绝至恩，信妻子之言而结为死怨。岂知兄弟之义哉。後汉薛包好学笃行弟子求分异，包不能止力中分其财奴婢引其老者，同与我事。久曰田庐取其荒頓者曰吾少时所理意，所以弟子数破其产辄复赈给。呜呼兄弟叔姪之不和，皆由争财之不平，使能少慕薛包之风，岂复有争也。

重婚姻

男女有別然後夫婦有義夫婦有義然後父子有親婚姻者禮之本所以合二姓之好上以事先祖下以繼後世可不謹乎是以婚姻有納采問名納吉納徵請期五者之禮皆主人設几筵於家廟而受之所以敬婚姻也古者男女非有行媒不相知名非受幣不交不親故齋戒以告鬼神明則證以名鄉黨僚友不以厚其別也夫幽則質於鬼神明則證以名鄉黨然後行婚姻之禮則男女不可以苟合也如此及婚禮既

強凌弱以少犯長豈知古人所以交鄰里之道哉

重婚姻

為內史醉歸入外門不下車萬石君聞之怒而不食慶惶恐請罪萬石若責之曰內史貴人入閻里里中長老皆走避內史坐車中自如豈當如此自後慶及諸子入里門常趨至家王吉居長安東家有大棗木垂於庭中其婦取以啗吉後知之乃去其婦東家有伐其樹王陽婦去東家全王陽婦還又請令還婦里中為之語曰東家有樹王陽婦去東家棗完王陽婦還仁厚鄰人有失家者州里似此不與爭後所失家自還鄰人大慚迎前所認家並謝簡笑而受之夫古人所以睦鄰里者如此今爾百姓以富淩貧以

正喪服

禮記曰三年之喪何也曰稱情而立文以別親疏貴賤之節而不可損益也其曰久喪甚者其愈遲三年者所以為至痛飾也斬衰苴杖食粥枕塊所以為至痛極也創大者其日久痛甚者其愈遲三年者所以為至痛飾也凡生天地之間有血氣之屬莫智於人故人於其親也至死不窮將由夫邪淫之人則彼朝死而夕忘之然而從之則鳥獸之不若也將由夫修飾之

久而愈熾誠可哀也

正喪服

成男子親迎受之於也母送之門戒之曰往之女家必敬必戒無違夫子以順為正者教以為婦之道也既而出於大門男先率女女從男夫婦之義由此始也蓋婦人從人者也幼從父兄嫁從夫夫死從子男先而女從則人之義也昏禮也昏姑也婦執棗栗腶修以見舅姑降自西階婦禮降自阼階以著代也古人於婚禮之義如此今爾百姓婚娶之際多不詳審閨閫之義甚薄男女之家視婚姻如買雞豚為婦人者視夫家如過傳合偶然而合忽爾而離淫奔誘略之風

此哀之發於聲音者也斬衰唯而不對齊衰對而不言大功言而不議小功緦麻議而不及樂此哀之發於言語者也斬衰三日不食齊衰二日不食大功三不食小功緦麻再不食齊衰之喪疏食飲水不食菜果大功之喪不食醯醬小功緦麻之喪不飲醴酒此哀之發於飲食者也父母之喪寢苫枕塊不脫絰帶齊衰之喪居堊室蒲席大功寢有席小功緦麻牀可也此哀之發於居處者也斬衰布三升齊衰布四升五升六升七升八升九升小功十升十一升大功

君子則三年之喪若駟馬過隙然而遂之則是無窮也故先王焉之中制止於三年使足以成文理則去矣然則何以至期日天地則已易矣四時則已變矣其在天地之間者莫不更始焉故以是象之也又期之喪何以三年也曰加隆焉耳取法於人人所以輩升而下則漸殺之使勿及也故斬衰以爲隆取法於天地凡取法於人以成女理也以下取法於地中取法於人所以輩升而一之理盡矣斬衰貌若苴齊衰貌若枲大功貌若止小功緦麻容貌可也此哀之發於容體者也哭若往而不返齊衰之哭若往而懐小功緦麻哀容可也

人之所以異於禽獸者以有人理也人理莫大於忠信忠信則不欺於君信則不欺於人人能內不欺心外不欺人然後可以爲人而異於禽獸矣苟能力行不被拘繫陷於刑禁小則鞭撻肌膚大則編配絞斬破蕩家產離棄骨肉方此之時欲爲四民之業而何可得也
崇忠信
臨海令彭仲剛續喻俗五篇

能此四者則謂之浮浪游手之民浮浪游手之民衣食之源無所從出若不爲盜賊即私販禁物一旦身

古有四民曰士曰農曰工曰商士勤於學業則可以取爵祿農勤於田畝則可以聚稼穡工勤於技巧則可以易衣食商勤於貿易則可以積財貨此四者皆百姓之本業自生民以來未有能易之者也若不能其業紀年月皆不知以此觀之則死時不爲服服而不終其制者亦多矣其去禽獸豈遠哉
重本業
二升緦麻十五升此哀之發於衣服者也聖人取於人情制爲五服其等級如此今爾百姓親屬相犯間一則仰以事父母俯以育妻子而終身之事畢矣

附录六 郑至道《刘阮洞记》书影

巢而深余不能具其名曰外石巢則升於其上與祕笈
長而嚴之覽備矣合而舉之以名曰隱巖嫏嬛其區是
嚴也遁於近覆於青天之下無一綸之翳而眼不察誰
守而固誰匿而微果有隱也哉或曰是巖遺於人者非
也乃寘石其處

鄭至道元祐二年以雄州防禦推官爲天台令秩
滿邑人請之有弘闕留鄴坊囙家于令

劉阮洞記 以下劉阮洞

劉阮洞其傳久矣余竊於此訪於故老往往不知其
所在比按圖得之以詢護國寺僧介豐乃曰洞居寺之
東北二里斜行山谷隱於榛莽間人跡罕及景祐甲戌先

師明照大師嘗採藥見金橋跨水光彩眩目二女未笄
戲於水上如劉阮所見此水仙之洞府也元祐二年春
乃鑿山開道立亭於其上環亭夾道植桃數百本所以
追遺迹續故事也越明年三月十日丁丑寺僧報桃花
盛開幷以其景物之
文監征開封曹峴得之來遊而黃巖縣主簿西安王泹
之彥楚與其弟宣德郎知金華縣事漢之彥昭繼至乃
相與幅巾杖藜徜徉歌沿澗而上觀綠波之漣漪聽
寒音之潺湲微風過之餘韻清遠飄飄然猶鏘佩環而
朝玉闕也遂名之曰鳴玉澗澗之東有塢植桃數畦花

寒光襲人虛碧相映危崖蕩花紅雨散亂其東峰則
危峭狀儀奇偉上有雙石如綰攣髻遂名之曰雙女
峰其西峰則壁立千尋上連巨嶽朝陽方升先得清照
遂名之曰迎陽峰其中峰則居中處焉以雙女迎陽
之輔翼羣山之翠合而有之遂名之曰合翠峰三峰之
間林麓疏廣草石現異左連瓊臺雙闕之山右接石橋
合澗之水採芝擷翠佩芳枻橤輕而白雲隨逍遙乎不
死之鄉而不知塵境之卑隘涉世之有累也遂名之曰
逍仙塢自塢以出至於迎陽峰之下有石匾於山腹廣

光射日落英繽紛點綴芳草流紅縹紗擁水前下此背
人食桃輕舉之地也遂名曰桃花塢自塢以北行百步
攢峰聳翠左右迴擁中有澗流澂澈淵澄可鑑毛髮羣山
從之及水窮而道盡則有潭清澈淵澄可鑑毛髮羣山
倒影浮碧搖蕩中有洞門潛通山底其深不測雖洼淋
暴注而不盈大旱焦山而不涸此寺僧見沙中有盤石二不
沒水者數寸可坐以飲自上流盃盤仙會飲之地也遂名
石名之曰金橋潭潭之南流盃盤仙會飲之地也遂名
之曰會僊石擘石之端仰而視之三峰鼎峙峻極雲漢

彼鳥知其非劉氏之子阮氏之孫獻洞府之未廣而復
為山間之遊乎既而夕陽西傾幕煙四塞洞天之景怳
若失之於是縈雲路騎歸驂松月照人金影破碎遙聞
雛犬乃悟人間諸君皆懍然而驚相顧而語疑夫陵谷
之更變而子孫之遷易也時郭彥文立馬謂余言曰數
千百年湮沒之迹自公發之今日勝遊之樂可無文以
紀之乎洞中之幽趣固難而文辭俗景物富而才思窮不
能盡洞中之幽趣固難名之景發不盡之意則諸君之新辭
雅詠在焉非余所能道也

表數丈寺僧因石址結亭於其上畫栱雕甍翬飛鳥革
前臨滿泚瓦影浮動魚躍圓波光弄樽俎浮盃之迹顧
指在目遂名之曰浮盃亭是日也天氣清明東風和暢
巖端過雨疏雲罩日余與諸君攜茵席挈壺觴上登崔
嵬下弄清淺流爾藉草惟無僃具之所適山殽野蔌具於臨時
膽靈溪之鱗如金庭之蕨無不畢解衣漉酒玉山自頹
帽幢石帶之節也酒酣浩歌振林木音無宮商唯意
無衣冠之束也意所欲飲命樽注之一引而盡量窮則
止無鐘鼓之節也酒酣浩歌振林木音無宮商唯意
所發樵夫牧豎為之捫高崖履危石倚柯倚策而視之

后　　记

郑至道，在浙江台州天台县，是一位较著名的历史人物。他不但在天台白鹤镇一带留有文化遗迹，在民间也流传有他的传说故事。但对郑至道故乡的莆田人来说，这是一个十分陌生的名字，除地方志中的"选举志"、南湖郑氏族谱曾提及其姓名外，其他文献史料皆难寻其踪迹。由于机缘的巧合，在挖掘莆田历代廉官名宦史料过程中，我们注意到郑至道是宋代莆田一位颇为优秀的地方廉官典型人物，其地方治政事迹和廉勤精神，对今天开展的廉政建设和廉政教育，都还是具有借鉴学习以及教育警示意义的。

由于时空的阻隔，加上文献史料以及文化遗存的匮乏，很多宋代史实已模糊不清或湮没无闻，给后人造成了研究的许多困惑。如明清时代国家级的一统志、浙江省志、台州府志及天台县志，皆只记载郑至道是"莆田人"，至于莆田具体何处，则没有交代。新时期，天台当地有人撰文说郑至道是"莆田广业（今涵江区白沙）人"，于是积非成是，在天台广龙郑村的郑至道事迹简介以及各种宣传文字，遂皆沿袭此说，无人指讹。实际上，北宋郑至道世居兴化军莆田县城内后埭，莆田南湖郑氏族谱中有其完整的世系记述。他是南湖郑氏入莆先祖郑露的后裔，与兴化军兴化县广业里著名历史学家郑樵先祖浔阳郑庄，并不是同一世系。此次经过对史料的梳理，弄清了郑至道的莆田世系以及先祖郑露的"开莆来学"史实，这对天台宣传郑至道文化也将是有帮助的。

2022年2月中共中央办公厅印发的《关于加强新时代廉洁文化建设的意见》明确指出："用中华优秀传统文化涵养克己奉公、清廉自守的精神境界。结合实施中华优秀传统文化传承发展工程，汲取崇德尚廉、廉为政本、持廉守正等传统廉洁文化精华，增强文化自信和历史自信。挖掘历史文献、文化经典、文物古迹中的廉洁思想，整理古圣先贤、清官廉吏的嘉言懿行，推动中华优秀传统文化创造性转化、创新性发展。组织开展我国反腐倡廉历史研究，把握腐败导致人亡政息的历史规律，运用历史智慧推进党风廉政建设。"莆田市古称兴化，雅称莆阳，俗称莆仙，地处东南沿海，地理位置独特，兼擅山海之利，历史上教育发达，科甲鼎盛，人才辈出，文化积淀丰厚，故自古有"文献名邦""海滨邹鲁""壶兰雄邑"之誉，今天则已被列入国家历史文化名城。宋代是莆阳文化发展的第一个高峰，正奏、特奏进士及诸科达1588名，据统计宋代所取进士中，每42人中就有1个莆田人。状元、榜眼、探花以及赋魁、别试第一名人数，也是位居福建之首。作为莆阳望族郑氏，也是科举世家。据统计，宋代莆仙郑氏登进士第者达134人，可谓科甲丛芳，簪缨接武。由于莆仙历代名人众多，高官显宦素来引人注目。如在清官廉吏中，任监察御史、给事中言官以及有御史、给事中经历者达240多人，若加上封赠御史、给事中官衔者，则总数超过300人，确是名副其实的"御史之乡"，因此莆田御史官员成为研究古代廉官的重点对象，这自然是无可非议的。但在莆仙历代2400多位进士加上数千举人，他们更是一个十分庞大的官员群体，其中任职基层县令以及有县令经历的官员就有1500余人，这些官员多数默默无闻，虽然有些人任上政绩斐然，但影响仅限于一方，随着时光的流逝，他们的许多廉勤事迹和可贵精神，就渐渐湮没无闻了，这是文献名邦名人文化的一个损失。因此，对于郑至道之类的基层廉官，应作为莆仙名人文化研究的另一个关切点。同时，持续挖掘、激活历史人文中的廉洁因子，推动新时代廉洁文化建设，这也是莆田学院廉洁文化研究中心做实做细廉洁文化建设的生动实践。

　　郑至道任职天台，任满定居天台，成为一位影响莆田和台州两地文化的历史人物。同时，通过研究郑至道文化，还可让人了解莆田、台州两地的文化特色和文化交流，郑至道仿佛成为一位沟通莆田、台州两地的文化使者，一道连接两地文化交流的桥梁纽带，这是我们研究郑至道文化的另一个收获。撰写郑至道这类基层廉官的专著，是莆仙名人研究的一个新的尝试，囿于文献史料和编者水平，本书的内容难免尚不够周详，叙论的深度亦有待提高，敬希读者见谅并赐以教正。

编著者
2024年9月于莆田学院

图书在版编目(CIP)数据

至道清风:莆籍廉官天台知县郑至道文化/莆田学院莆仙文化研究院编;陈春阳,刘福铸编著. —福州:海峡文艺出版社,2024.12
ISBN 978-7-5550-3923-5

Ⅰ.K827=441

中国国家版本馆CIP数据核字第2024J7J208号

至道清风——莆籍廉官天台知县郑至道文化

莆田学院莆仙文化研究院　编　陈春阳　刘福铸　编著
出 版 人　林　滨
责任编辑　余明建
出版发行　海峡文艺出版社
经　　销　福建新华发行(集团)有限责任公司
社　　址　福州市东水路76号14层
发 行 部　0591—87536797
印　　刷　莆田市贝叶书坊印刷有限公司
厂　　址　莆田市城厢区龙桥街道东园西路366号1314室
开　　本　787毫米×1094毫米　1/16
字　　数　300千字
印　　张　19.5
版　　次　2024年12月第1版
印　　次　2024年12月第1次印刷
书　　号　ISBN 978-7-5550-3923-5
定　　价　86.00元

如发现印装质量问题,请寄承印厂调换